THE NEW
(AB)NORMAL

Reshaping Business and Supply Chain Strategy
Beyond Covid-19

全球
新常态

疫情后商业与供应链的重塑

[美] 尤西·谢费（Yossi Sheffi） 著

毛大庆 译

机械工业出版社
CHINA MACHINE PRESS

麻省理工学院的供应链专家尤西·谢费从供应链风险管理视角来看待危机，描绘了新冠疫情对商业、供应链和社会的影响，揭示了供应链在帮助个人、政府和企业应对危机方面的关键作用，进而探讨了企业如何改进供应链管理方式，加强免疫系统，以在充满不确定性和动荡的商业环境中创造更好的未来。谢费教授指出，在充满危机和不确定性的环境中，商业人士和企业家更需要了解未来的情况。这本书旨在帮助企业重新定义它们的商业模式，并适应快速发展的经济形势。

北京市版权局著作权合同登记　图字：01 – 2021 – 3401 号。

图书在版编目（CIP）数据

全球新常态：疫情后商业与供应链的重塑／（美）尤西·谢费（Yossi Sheffi）著；毛大庆译. —北京：机械工业出版社，2023.11

书名原文：THE NEW（AB）NORMAL：Reshaping Business and Supply Chain Strategy Beyond Covid-19

ISBN 978 – 7 – 111 – 74058 – 2

Ⅰ. ①全… Ⅱ. ①尤… ②毛… Ⅲ. ①供应链管理 Ⅳ. ①F252.1

中国国家版本馆 CIP 数据核字（2023）第 198604 号

机械工业出版社（北京市百万庄大街22号　邮政编码100037）
策划编辑：李新妞　　　　　　　责任编辑：李新妞　蔡欣欣
责任校对：郑　雪　薄萌钰　韩雪清　责任印制：刘　媛
涿州市京南印刷厂印刷
2024 年 1 月第 1 版第 1 次印刷
169mm×239mm·18.75 印张·1 插页·254 千字
标准书号：ISBN 978 – 7 – 111 – 74058 – 2
定价：89.00 元

电话服务　　　　　　　　　　网络服务
客服电话：010 – 88361066　　　机　工　官　网：www.cmpbook.com
　　　　　010 – 88379833　　　机　工　官　博：weibo.com/cmp1952
　　　　　010 – 68326294　　　金　书　网：www.golden-book.com
封底无防伪标均为盗版　　　　机工教育服务网：www.cmpedu.com

新冠疫情后商业与供应链战略的重塑

郭杰群　宁波（中国）供应链创新学院院长，博导

如同列夫·托尔斯泰在《安娜·卡列尼娜》开篇所写，幸福的家庭皆相似，不幸的家庭各不同。人类历史上，每一次危机事件也各具原因。2019 年底突然暴发的新冠疫情所覆盖的地区、所持续的时间、所造成的混乱程度、所引发的政经后果在近百年和平环境中从未有过。疫情也使得供应链这一原本陌生的专业名词普及千家万户、引发政府高度重视。其原因非常简单：消费者在日常生活中所习以为常的、理所当然的、随心所欲的购买行为因为疫情而被迫受阻，失业率急速上升，经济大幅下滑。但是，在成千上万家企业倒闭的同时，又有很多企业在疫情中蓬勃发展。企业供应链发展历史上一个巨大的转变正在我们眼前展现。疫情后的企业、社会将如何改变？全球化的进程是否会因为疫情而终结？对于这些问题的预测是困难的，但成功应对疫情的企业皆相似。通过对疫情中成功应对供应链挑战的企业行为、政府行为的分析，我们是否能够归纳或者总结出可实施的思路呢？

全球顶级供应链管理大师、麻省理工学院讲席教授、宁波（中国）供应链创新学院荣誉院长谢费博士，在 2020 年初敏锐地关注到新冠疫情的暴发对企业和全球供应链的影响。他随即放下手中正在写作的其他书稿，开始对数百家企业、机构进行调查以及与高管进行访谈。谢费教授系统地整理了来自不同行业——如零售、制造、餐饮、物流等——不同规模企业在疫情中所采取的应对举措，结合他四十多年来在供应链管理领域的研究，以及对新冠疫情的观察和思考，系统地阐述了供应链在商业、经济、民生中所发挥的重要作用，并重点讨论了疫情后企业发展的机会与挑战，为企业布局未来发展提供了有益的思路。

一个充满不确定的世界

基于 IMF 研究员 Hites Ahir 和斯坦福经济学教授 Nicholas Bloom 对全球 143 个国家的数据研究，全球社会经济的不确定性正在增长。新冠疫情只是造成全球不确定性的事件之一。

然而，与火灾、地震、海啸等自然灾难事件（影响即可显现，且恢复意味着重回常态）不同，公共卫生事件既具有自身可扩散性又具有外溢性。从最先发现疫情的地区，病毒不断渗透，导致全球多地学校被迫停课、商业活动被迫中断；另一方面，外溢性扰乱了需求和供给，导致就业率、经济的巨大下滑；同时，疫情也对未来消费行为和商业模式产生显著影响，恢复不再是回到常态，而是新阶段——即，新（非）常态——的产生。

疫情的突然暴发所引发的大规模影响使得绝大多数企业、政府机构措手不及。群体免疫代价惨重，病毒自身还可能不断发生各种形态的变异，并对商业带来进一步的不确定性和影响。

从全球社会来看，贫富差距意味着贫困者接触到有限医疗设施的可能性要远远低于富裕者，贫富差距进一步拉大。因贫富差距而引发的社会动荡将越发激烈。而政府因为财政收入大幅下降，不得不开动印钞机，由此导致政府负债率急剧上升，为未来经济的持续稳定发展埋下了巨大隐患。

人类发展的可持续进程当前面临严峻挑战。除了上述社会现象之外，近 10 年来频繁发生的极端自然事件并不会因为疫情的到来而停滞，北极冰川仍在加速融化，人类生存环境面临更大的压力（或者说，人类对自然环境的破坏日益严重）。当前各国政府提出的碳中和目标，对短期经济发展必然有抑制作用。两者如何平衡是人类迫切需要考虑的难题。在一个充满不确定性因素和结果的时代，企业该如何面对、采取哪些措施，有什么样的发展机会，诸多问题令人深思。

供应链面临的挑战

供应链并不如其字面所示，是一个简单的线性链条。它纵深长、复杂、不透明。在疫情期间，由于疫情在各地区的影响状态不同、政府管控方式的差异、文化思维的沟壑，导致不同地区的经济周期错位，加上物流限制，供需分歧急剧加大。由于未来经济发展的不确定性大、可视性低，企业基于历史数据和经验的传统市场营销统计预测误差增加。比如，疫情期间数据显示，家庭卫生纸用量突然增加，酒店卫生纸用量突然减少，皆远离常态数值区间。特别是，在新（非）常态的环境中，消费者行为也发生明显转变。比如，线上消费行为激增。在企业数据获得不充分或者数字化转型还没有完成之时，疫情所带来的面对面交流、实地考察的限制，使得供应链的实际状态，与企业由于对风险的担忧而产生的对供应链的预测，显而易见会产生严重分歧。供应链系统中的牛鞭效应在疫情中呈现得更为明显。近两年来口罩价格与库存的变化就是一个明显案例。

由于供应链纵深长，企业即便可以获得其直接供应商的准确货品信息，也难以获得其二级或者更远层级供应商的信息。供应链的稳定需要信息的透明，但透明是基于信任之上的。在激烈的商业竞争中，屈指可数的企业愿意向交易伙伴披露自己的贸易信息。因此，希望通过信息互通而稳定供应链系统在实践中面临挑战。不但如此，很多企业的深层供应商很有可能还在同一时间向其竞争对手供货，即企业和其竞争对手的深层供应商相同。所以，通常所说的增加供应商的数量以降低物料短缺风险的举措在实际应用中未必奏效。而要解决这一问题，企业必须增加投资，采取相应措施来深入了解其深层供应商的信息。事实上，一些有远见的企业已经在大规模地通过加快数字化技术的应用来寻求应对方案。不过，需要指出的是，这些企业的数字化应用效果仍然有限。其中一个重要的原因是，供应链上下游的不同参与者所采纳的技术缺乏标准化且不兼容，使数据的整合和分析都面临挑战。

在疫情的影响下，越来越多的企业体会到供应链数字化转型的重要性，并开始加大数字化转型实施力度。大量企业的运营数据被存储在云端。但是，所有信息传递的线上化又增加了供应链的脆弱性——比如，当互联网突然发生中断时，或者数据库突然被黑客攻击时。因此，信息沟通方式的多元化与信息的收集、分析、跟踪同样重要。

全球经济与企业，特别是新兴市场，在过去的半个世纪中一直得益于全球化的推进。随着技术的进步，全球供应链条越来越长，中间节点越来越多。可以想象，其中任何一个节点中断，对链条的后续都将产生影响。这种你中有我、我中有你的状态，再加上构建稳定供应链的不易，意味着当前一些国家政府所鼓吹的贸易脱钩，在现实中是不可能的，至少在短期是不容易的。

在全球化进程中，企业追求效率。产业集群、地域集中的形成是追求效率的一个重要表现。产业的集聚极大地降低了生产成本，对于知识的分享、人才的获取、产品的创新都有贡献；同时，政府的政策支持更聚焦，对地区经济更容易产生规模效应和正向循环；但是在另一方面，这也导致了供应链聚集风险。一个地区事件可能对遍布全球的下游企业造成无法规避的冲击。谢费教授在书中列出一个案例——2011 年发生在泰国的洪水导致了全球35% 的计算机硬盘生产中断。在 2020 年疫情暴发初期，当疫情还局限在中国时，不少言论已经指出企业必须搬迁出中国以减少供应链在未来中断的可能。然而，当西方国家疫情不可控时，中国又成为供应链最稳定的来源。如何平衡供应链的集聚和风险对企业是一个长期的战略问题。

新冠疫情凸显了关键医疗用品在最需要之时无法满足急速增加的需求。长期以来，受到企业与学界重视的 Just-in-Time（JIT，精益生产，或准时生产）突然面临尖锐批评。批评者认为 JIT 过度强调通过避免库存来减少成本，从而导致了生产商无法应对因疫情扩散而引发的需求（Just-in-Case，JIC，有备无患生产）；由此，降低了供应链应对冲击的韧性，企业应该放弃JIT，加大库存以应对未来突发的需求。JIC 与 JIT 之争并不是一个简单的学术争论，谢费教授对两者展开了细致的讨论。当然，在关乎生命时，生产成本可能不再是主要因素，但企业又是讲究效率的，一个无法生存的企业没能力谈论 JIC。那么，JIC 与 JIT 之间的矛盾应该如何解开？

1998 年，美国总统克林顿签署了医药用品国家战略储备制度，但在奥巴马总统和特朗普总统执政期间,该政策没有得到严格执行。此次疫情的暴发促使了政府进行反思——医疗战略储备应该如何落地。谢费教授指出一个比较好的类比是美国在 1975 年为应对石油供应危机而设立了国家战略石油储备。由于执行的严肃性,美国自此之后再没有经历过国内石油供应危机。但医疗用品特别是医药具有时效性,如果战略储备物资受到国家控制在一般状态下不可动用,那么如何建立一个制度,既可以保证医药在需要时有效,同时又确保足够的库存量呢?

疫情中,关于企业加强应对风险的能力即所谓供应链韧性的讨论非常热烈。为了提升企业的韧性,在多地设立分部是一个策略。但是这往往局限于大型企业,它们有相应的能力和资源。比如,沃尔玛在美国就设有 150 多个大型配送中心。一旦发生地域性冲击而导致沃尔玛的某个配送中心无法运营时,其他临近区域的配送中心就将承担受影响配送中心的相应业务,而这些配送中心的部分业务再由其邻近的配送中心承担,如此,一层层进行传递和转换,从而将矛盾缓解。遗憾的是,中小企业并没有这样的能力和资源。面对供应链冲击,它们的存活能力非常弱。所以说,疫情不但导致人与人之间贫富差距的变化,而且使得不同规模的企业差距越加明显。中小企业是经济、就业、税收的主要贡献者,提升它们的供应链韧性是保证社会经济稳定的重要举措。

应对疫情不仅仅是一家企业的职责,也不是一家企业可以做到。提升全国制造系统的柔性应对能力更为关键。2020 年疫情所需的口罩是正常年份的 27 倍,是全球所有口罩生产厂家产能的 10 倍。即便政府大规模存储口罩,建立国家医药用品战略储备在这种极端环境下也无济于事。因此,应对疫情的最佳策略是建立具有柔性的全球生产系统。如此,在需要时,部分制造商可以随时转产生产出所需物资。比如,球鞋、尿不湿的生产商可以转换工艺来生产口罩(如 New Balance),汽车生产商可生产呼吸机(如福特),酿造商可生产液体杀菌剂等。这些举措在一定程度上缓解了突发事件下对物资的需求。另一个案例是医疗人员的供给。在疫情期间,各地医疗人员启程支援受影响地区的报道不断，凸显了一方有难、八方支援的精神。但从供应链专业角度来思考，如果疫情在多地同时发生，医护人员互相支援的能力会受到极大影响。那么，该如何应对呢？在不少国家都设有后备兵役的制度，我们是否应该借鉴此制度，增加地区性后备医疗人员呢？培养当地后备医疗人员不但可以普及、提升当地民众的医疗知识，而且面对应急事件时可以更加迅速地应对，且减少对事件中外地支援人员的运输压力。

总之，新冠疫情凸显出大量需要解决的供应链问题。要有效地应对供应链的挑战，必须理解风险来源，对可能的风险进行分类，并理解其发生的概率，以及一旦风险发生将会带来的危害。由此才能进行相应的应对设计。尤为重要的是，企业应该加速设计预警机制，因为预警机制可以帮助企业获得宝贵的时间，为即将到来的风险进行准备。在市场混乱的时期，谢费教授在其书中指出三个举措：

1. 维持生存、应对和恢复所必需的资源。比如，通过削减成本、减少长期投资来维持运营资金。

2. 注重敏捷的决策流程。进行信息分析并具有可以迅速采取行动的能力。

3. 实现内外机构信息的分享来协调行动。在危机时刻，实时信息、迅速协调和快速决策是制胜法宝，而领导力是关键因素，官僚作风是大敌。

未来与机会

新冠疫情为骄傲自满、自以为人定胜天、不顾环境恶化的人类提供了一个极好的反思机会。人类社会、经济的可持续化发展策略，从微观到宏观都亟须审视。疫情带来了危机，也带来了未来的发展机会。

谢费教授指出，疫情中最明显的一个商业现象是电子商务的兴起。在实体零售店（包括一些大型的、历史久远的）纷纷倒闭的同时，线上销售再创新高。书中提到一家创立于2003年的中国化妆品公司。这家公司有300多个实体店。2020年初的疫情冲击导致这家公司的实体店销售额下跌90%。

公司迅速转向微信、淘宝直播等线上销售方式。其结果是，仅受灾最严重的地区——武汉一地的销售额就达到前一年的3倍之多。到如今，结合线上线下的全渠道销售策略已经被商家广泛采纳。然而，全渠道营销并不是简单的线上与线下结合。以物流为例，一个线上的订单应该如何进行派送，才能利润最大化？这其中涉及众多算法的优化。沃尔玛开发的底层技术模型极大地增强了其竞争力，使其获得了比同类零售商更高的回报。比如，为避免最后一公里的运输成本，沃尔玛采用了线上销售、实体店拿货方式。研究发现85%的客户在实体店拿货时还会同时进行其他物品的采购。沃尔玛还采用线上销售、同城实体店发货的方法来提升其送货效率。利用其遍布在全国的实体店，该方法有效地阻击了竞争对手亚马逊，迫使亚马逊随后也开始租用一些地方商场来实施同城发货。可以预见，未来的竞争将更加依赖于对供应链效率的提升，而对数据的整合分析是竞争的基础。

供应链虽然面临挑战，但其基本原理没有变。《三国志》中谋士郭嘉针对曹操进军乌桓推进速度太慢，曾进言"兵贵神速"，为曹操平定北方立下大功。在新常态之下，企业在战术布置上也需要"兵贵神速"。新冠疫情中，能否有效收集各方信息并快速做出决断，是成功企业与失败企业的分水岭。毕竟，当对未来无法做出准确预测时，更加敏捷、迅速、先行的企业才能获得有限的资源。一些企业甚至能在消费者觉察之前，就通过供应链的调整——如购置新设备、设计新产品、选择新的供应商、确保未来物流运力、加速零部件的运输及库存等——妥当防范生产中断。自然界永远是适者而不是强者生存。谢费教授指出，疫情之后的新（非）常态中，并不是迅速反弹回旧常态的企业能够生存，只有那些能够迅速发现新机遇的企业才能够发展。

新冠疫情带给供应链的一个深刻教训是，企业应该追求全球化，而不是减少相互依存走向孤立。自力更生听起来很吸引人，但从来没有一个企业或者地区可以通过孤立走向持续的繁荣。从数据可以看出，即便是美国在对华出口美国产品增加关税后，回归美国的企业数量也并没有发生明显变化。在一个充满不确定的世界里，当企业有着更多元化的供应商和客户时，它才能更好地应对风险。

谢费教授的这本书，我前前后后读了多遍，受益良多。谢费教授以流畅的文笔、丰富的案例涉及了我在上面展示的供应链面临的所有挑战和机遇，并更广、更深入。这几年，所谓 VUCA 一词变得非常流行，但实际上，VUCA 一词在上世纪 80 年代就已经出现。新冠疫情让人恐惧，人们希望能够回到一个完全可控的环境中。但掩卷沉思，人类发展历史中的哪个阶段不是面临 VUCA 呢？未来只属于那些在新（非）常态下能够发现并利用创新机会的企业。

译者序

大流行时代之后的世界在如何改变

转眼，2023 年已经到了尾声，从 2020 年初到 2022 年底短暂又漫长的三年中发生的事，在今天看来，似乎已经离我们很远了。人们对于随时随地的出差、说走就走的旅行、一拍即合的聚会重新习以为常，可是翻看日历，大流行时代却并不像文艺复兴、大航海时代、黑暗的中世纪那样遥远，人们之所以更愿意对此只字不提，或许只是源自潜意识中的回避心态作祟。

时至今日，新冠疫情在直观上对于文明世界的影响已经大不如前，甚至变得微不足道，但一个无可辩驳的事实是：世界，早已因疫情而彻底改变。

尤西·谢费教授在本书中提出的一个时代划分概念：在历史的蜿蜒曲折之间，一些大事件成为人类文明的拐点，新冠疫情就是这样的大事件之一。

很多年后的历史学家在回顾人类历史上科技发展速度最快的 21 世纪时，很可能会像划分"公元前""公元后"、划分"中世纪""文艺复兴"、划分"二战""冷战"一样，为 2020 年至 2022 年设置一个重要的历史研究节点：BC—before Covid–19、AC—after Covid–19。

如果不借助于网络上留存的过往资料，对于 BC 时代的生活及商业场景，很多人的印象可能都变得模糊了，甚至会下意识地以为，今天的 AC 时代，与曾经的 BC 时代，并没有什么明显区别。

这只是一种错觉，尤其是当你认真阅读了麻省理工学院谢费教授的这部作品之后。

谢费教授撰写本书的初衷之一，是想帮助企业高管调整疫情后的商业模式及供应链，但当我的翻译工作结束时，我的观点是，本书的受众应该是每一个人，每一个在近三年疫情中坚强生活、努力工作的人。

关于总结、反思、回顾疫情的作品有很多，本书的特别之处在于，它向我们提供了一个完全不同的视角去反思疫情，诚如本书的副标题——Reshaping Business and Supply Chain Strategy Beyond Covid-19，疫后商业与供应链的重塑。

而本书的主标题，也是贯穿全书的一个重要概念——新常态，这里指的并非仅针对中国经济的新常态，而是在全球视角下，在疫情改变世界过程中所逐渐成型且成为趋势的那些商业模式和技术驱动力。

在持续数年的疫情作用下，一切都变了，更有意思的是，置身于这场改变之中的我们，似乎并没有特别明显地感受到改变的发生。

本书的意义之一，就是将这些似乎不易察觉的改变呈现出来，并辅以支撑数据，让更多人对 AC 时代（后疫情时代）有更深刻的理解与洞察。

绝大多数人都生活在微观环境中，每天考虑的是柴米油盐，关心的是婚丧嫁娶，若非必要，普通人不会刻意了解世界的宏观状态，到底是什么在链接着人类的社交和企业的贸易，关于制造业、仓储运输业对于生活的影响，人们知之甚少。

谢费教授认为，在某种程度上，这种缺乏意识的情况恰恰证明，供应链通常运作得很好。

于是，跟随本书，我们返回到疫情暴发之初的混乱与恐慌的状态之下，疫情让所有人非常敏锐地意识到，支撑这个世界正常运转的，是一条强大的供应链，正是疫情让全球供应链在某些时间点上面临支离破碎的危机。

全球一体化的时代，国家之间、企业之间、人与人之间必须相互依存，才能获得更高效且高质量的生活。供应链正是通过计划、存储、分销和服务等一系列活动来提供人类生活所需所有产品的经济网络。

当疫情暴发后，因为防疫的需要，依存关系出现了破裂的迹象，谢费教授认为，疫情对于供应链的持续破坏重点作用于物流渠道的关闭、消费需求的衰减，同时，又令其他一些与疫情相关的物品的需求出现了暴发式增长。

具体而言，疫情破坏了供应，因为物流设施在感染暴发和防疫封锁的情况下关闭。随之而来的是大面积的失业、减少人员流动，还有消费需求的变化，这导致人们停止或减少了对一部分消费品的购买，市场需求被扰乱，与此同时，包括医疗用品、清洁用品、刚需食品及避难产品在内的另一部分物资的需求则出现了迅速增长。

是的，人类的世界，在疫情之下被迫停摆，但又被迫继续坚强地运转。

在疫情之下的非常态运转过程中（在这里我所对应的"常态"，是疫情前持续几十年的商业秩序），物流、运输、仓储、制造业逐渐适应与改变，最后塑造出一个革新与发展后的"新常态"，也就是在疫情结束之后，逐渐恢复正常的生活节奏与商业市场。

谢费教授搜集了疫情期间全球企业为应对改变所做出的大量努力与尝试，其中最典型的就是对于供应链自动化程度的提升。

众所周知，疫情让曾经的常态距离变得更远，而供应链正是一门关于距离的生意，如何通过技术手段化解因为距离的拉长而带来的负面影响，是积极应对疫情的关键所在。

供应链对数字技术的需求是由众多因素共同推动的，比如消费者的线下购买习惯被迫转移到线上，比如办公室、工厂车间和仓库的工作者密度必须降低，简而言之，一切需要人与人近场完成的商业场景，都亟待改变。

幸运的是，技术在这个时点上给出了理想的解决方案：物联网、移动互联网、机器人、云计算和人工智能等关键技术的不断进步，带来了成本的下降，有助于实现商业基础设施的悄然革命，通过自动化技术，使供应链更快、更有效。

事实上，在疫情暴发之前，ABC（人工智能、大数据、云计算）已经占据了商业科技革新的风口，并显示出颠覆传统商业模式的巨大潜力。

疫情的暴发，推动并加速了新技术的落地，在这个过程中，技术的发展速度超乎想像，人类的商业世界发生了彻底的改变。

书中引用了丹麦物理学家尼尔斯·玻尔（Niels Bohr）的名言："预测是困难的，尤其是对未来的预测"，这也正是本书试图向读者呈现的"对未来的预测"，或者换一种说法，是基于对过去的回顾、对现实的挖掘，探讨商业发展与科技进步作用下即将呈现的未来。

疫情虽然结束了，但后疫情时代的商业世界仍有漫长的康复期。

如果你了解人类历史上那些令我们胆战心惊的金融危机，就会发现一个耐人寻味的规律，自 19 世纪中期以来，每一次严重金融危机过后，人均国内生产总值平均需要八年才能恢复到危机前的水平。

因此，预测未来绝非本书的目的，真正值得我们重视及深入理解的是，疫情过后的全球新常态将如何左右彼此的生活与工作？

在跟随本书回顾那些熟悉却又陌生的疫情片段的同时，我们更应珍惜这个穿越疫情、来之不易的世界，在新常态中，为生活开启更多的可能性。

前　言

2020 年初，当新冠疫情来势汹汹之时，我正在写我的第五本书（关于供应链管理的创新历史）。随着疫情的蔓延和封锁的开始，越来越明显的迹象表明，新冠病毒不会奇迹般地消失——相反，它将会对人们的生活、生计和全球经济产生巨大的影响。我写的那本关于创新历史的书不得不停滞——供应链历史上最大的革命正在我眼前发生。

有关新冠病毒感染者的个人故事，科学家如何急于了解和治疗这种疾病，以及政府如何采取（或不采取）措施保护其公民等方面，已经有很多文章进行了讨论。但关于新冠病毒对全球经济结构的影响，以及公司在面对供应中断、囤积和对医疗用品的迫切需求时迅速和彻底地改变其业务的文章较少。本书探讨了企业在疫情的混乱中所做的工作，以及它们在未来几个月和几年中可能采取的措施，以确保它们在疫情中幸存下来并在之后能够茁壮成长。

在新冠大流行之前，当人们问我妻子我是做什么工作的时候，她的关于我在供应链方面工作的回答往往让他们感到困惑。普通人中很少有人了解制造、仓储和运输公司的巨大全球网络，而正是这些公司将大量的消费品带到离普通人最近的商店货架或门前。在某种程度上，这种缺乏意识的情况证明供应链通常运作得很好。人们想要的商品几乎总是在他们想要的时候放在商店的货架上，这一事实使人们很容易认为把它们放在那里的所有艰苦工作是理所当然的。当病毒同时扰乱了供应商、运营和消费者需求时，每个人都敏锐地意识到了供应链的存在，以及它们是如何努力应对挑战的。我的妻子不需要再解释了。

从流行病到潜力

本书首先介绍了公司如何在病毒撕开更多漏洞的情况下，努力修补全球生态结构。尽管第一部分"发生了什么"集中讨论了供应链如何处理自2020年春季以来的新冠疫情，但本书并不是大流行病本身的历史。本书的其他五个部分既考察了疫情的近期影响，也考察了疫情在未来几年对供应链和企业的可能影响。与1918年流感大流行一样，新冠病毒已经在世界不同地区形成了进一步的感染和影响浪潮，为企业管理者特别是供应链高管，带来了"打地鼠"般的挑战。最终，一些公司将死亡，一些可以继续生存，而另一些将茁壮成长。

尽管正如丹麦物理学家尼尔斯·玻尔所称的那样，"预测是困难的，尤其是对未来的预测"，但本书试图将其预测建立在科学、历史和企业必须运作的永恒结构元素之上。本书结合了对公司高管的采访，展示了不同行业对新冠疫情和未来的思考。里面的许多想法和建议来自于对病毒已经造成的变化的分析，各种可用技术的价值主张，公司如何管理以前的中断，以及风险管理和供应链管理中的许多框架。

加速不健康者的消亡

在某种程度上，新冠病毒对企业的影响就像它对人的影响一样——主要是伤害或杀死那些之前本已存在的不健康状况。这种病毒加速了健康状况不佳的人和公司的灭亡。这一不幸的事实开始激励人们和公司改善他们的健康状况。例如，戒烟人数创下新纪录。

维持公司的健康意味着要对抗新冠疫情对供应商、运营和客户的破坏性影响。第二部分"与不确定性共存"使用了供应链风险管理的视角——源自我之前的两本书《弹性企业》（*The Resilient Enterprise*，2005年）和《弹性的力量》（*The Power of Resilience*，2015年）——来说明公司如何创建一个能够快速识别和管理与大流行病、自然灾害和其他威胁有关的企业免疫系统。

标准的破坏缓解工作侧重于使一切恢复正常，而正在流行的新冠疫情正在创造一种生活、工作和教育的新常态，这在第三部分"必要调整"中有所涉及。消费者对传染病的持续恐惧（以及政府遏制病毒传播的强制管制）意味着许多行业（例如零售业、酒店业、娱乐业、体育业和教育业）的健康都取决于为员工和顾客创造"安全区"。另一个新常态是居家工作，这将使员工能够生活在任何地方，使公司能够从任何地方招聘人才。教育，特别是高等教育，面临着一次重大的破坏（同时也孕育着极大的机遇），它颠覆了高成本的线下教育模式，而转向在线或混合教育。令人遗憾的是，伴随着新冠疫情加剧所发生的一个趋势就是，贫富差距越来越大。

加速先进技术的采用

书中的许多内容（尤其是第四部分"未来的供应链"）展示了病毒是如何通过创造新的需求，加速了预先存在的技术采用趋势。物联网（IoT）、人工智能（AI）、实时数据分析、数据可视化和数字化等技术，为供应链的远程模块和流转中的库存提供了可视性，同时实现了无接触、无纸化操作。自动化和机器人技术能够帮助公司处理需求的激增，还能在人烟稀少的办公室和工厂保持生产力。由于担心被感染和应政府要求留在家里，在家做更多事情的技术（例如，电子商务、远程办公和在线教育）的使用率激增。尽管所有这些技术都被用来应对新冠疫情的直接影响，但这些技术对供应链和企业也有长期的好处。

但是，数字化不能没有实体

尽管大体趋势是一切数字化，但世界和日常生活中的许多东西仍然是实体的。我们吃的食物、穿的衣服、服用的药物、使用的家用电器、驾驶的车辆等，都依赖于由物理材料制成的物理产品，这些物理产品往往要经过长途运输和交付。没有任何应用程序可以取代卫生纸，但有一些应用程序可以帮助我们找到稀缺的卫生纸。

新冠病毒让我们明确地意识到，我们不能简单地关闭经济和所有的避难所。某些地方仍必须由人来制造和运送生活中的日常必需品（和奢侈品）。还有一些地方仍必须由人来制造和运送治疗病人和防止疾病不受控制地蔓延所需的大量医疗保健相关用品。文明依赖于供应链。供应链将地球上的财富转化为我们需要的产品，然后以能够承受的价格向 78 亿人提供这些产品。当病毒、禁令或经济衰退来势汹汹时，考验着维持文明实际运行的人员和程序。

未来：一个新的动荡 20 年代？

从根本上说，这本书讲的是企业在非常不确定的时期仍试图创造一个更好的未来，这一点在第六部分"下一个机会"中有所强调。尽管人们对巨头公司（如亚马逊、沃尔玛和塔吉特）的利润激增以及新冠病毒对小企业造成的损害有很多议论，但技术方面的加速趋势实际上可以使小公司和大公司之间的竞争环境更加公平。敏捷的小企业正在使用越来越多的现成的云计算和移动应用程序，在其供应链和客户界面中部署复杂的技术。

在本书的研究和采访中，我们清楚地看到了灵活性和敏捷性在管理 2020 年初的混乱局面和转舵面向变化后的未来中的核心作用（第 3、4 和 24 章）。供应链可能已经被病毒的传染和煽动消费者恐慌的媒体信息推到了崩溃的边缘。然而，许多公司及其供应链确实挺身而出，生产口罩、消毒剂、通风器和一系列抢手的、被囤积的消费品。尽管食品需求的结构和数量发生了空前的动荡，但食品供应链仍然保持着正常。

新冠病毒证明了我们都是相互依赖的。这一启示吓坏了一些人，他们试图退回到一个国家可以实现自给自足的幻想世界。与此相反，那些熟悉供应链的人知道所有相互连接的部件的潜在力量，如果一个人连接正确的部件并使其活动同步，几乎可以做到任何事情。因此，所有这些相互联系提供了一个无与伦比的机会，以满足人类的需求，即使这些需求发生了巨大的变化。最终，本书关注的是公司如何改进它们创造、培育和管理这些相互依存关系（即供应链）的方式，以实现繁荣。

致　谢

与我以前的书不同，这本书是在它所关注的事件正在发生时写的。尽管时间紧迫，环境不断变化，这本书还是取得了成果。这一切是在一个非常敬业的团队的帮助下才得以实现的。首先，我要感谢 Working Knowledge®团队的安德莉亚（Andrea）和丹娜·梅尔（Dana Meyer）。他们负责研究和组织信息，撰写和编辑草稿，最重要的是，他们为报道中的想法和方法提供了很多有益的建议。

麻省理工学院运输与物流中心的营销和沟通团队在多个方面也提供了帮助。丹·麦考尔（Dan McCool）是一位严厉的编辑，他提出了宝贵的建议，肯·科特瑞尔（Ken Cottrill）也是如此。丹还负责设计，将我的 PowerPoint 数字重新制作成 EPS 文件，并将文本排版成电子版。萨曼莎·瓦尼（Samantha Varney）负责确保所有参考文献的格式正确，并与艾米丽·费根（Emily Fagan）一起研究和组织了自助出版的过程。阿瑟·格劳（Arthur Grau）负责生产管理和封面设计。许多人对这本书进行了最后的审阅。他们包括安德莉亚和丹娜·梅尔；萨曼莎·瓦尼——她还招募了她的妹妹麦肯锡（Mackenzie）来一起做这项工作，还有邦妮·博斯维克（Bonnie Borthwick）；以及一如既往的丹·麦考尔。他们都是一流的、敬业的专业人员，与他们一起工作是一件令人高兴的事。

最后，我最衷心地感谢陪伴我 51 年的妻子阿娜特（Anat），她在研究、组织、写作和编辑这本书的五个月里一直支持着我。令人难以置信的是，在最后一次通读中，在五位经验丰富的作家和编辑分别阅读和校对手稿后，她仍然发现了错误。

本书得益于对几位高管的采访，他们在有许多其他紧迫问题需要担心的情况下，仍旧慷慨地提供了宝贵时间：

Daniel Biran，副总裁，安全部，Biogen 公司

Ralf Busche，高级副总裁，全球供应链战略与管理，巴斯夫集团

Mike Duffy，首席执行官，C&S 批发公司

Lorne Darnell，创始人兼主席，FreightVerify 公司

Jeff Fleck，高级副总裁——供应链首席执行官，客户产品集团，佐治亚太平洋公司

Dennis Flynn，高级总监，供应链与库存管理，沃尔玛电子商务

Elyssa Kotzen，联合创始人兼首席运营官，新英格兰乡村超市

Jeff Kotzen，联合创始人兼首席执行官，新英格兰乡村超市

Stefan Lazarevic，总经理，NCR Serbia & EMEA 外务部部长

Nicole Murphy，高级副总裁，全球制造和技术运营部，Biogen 公司

Peter Puype，全球供应链副总裁，Biogen 公司

Heather Ostis，供应链副总裁，达美航空

Rich Pirrotta，首席收益官，FreightVerify 公司

Karl Siebrecht，联合创始人兼首席执行官，Flexe 公司

Meri Stevens，全球副总裁，消费者健康供应链与交付，强生公司

Lynn Torrel，首席采购兼供应链官，伟创力公司

Bindiya Vakil，首席执行官，Resilinc 公司

Dave Wheeler，首席运营官，New Balance 公司

Marija Zivanovic-Smith，高级副总裁，企业营销、沟通与外务部，NCR 公司

在此我对他们所有人表示最深切的感谢。自然，所有的错误、误引都属于我的责任。

尤西·谢费

2020 年 9 月

目　录

第二部分　与不确定性共存

第六部分 下一个机会

THE NEW (AB) NORMAL:
Reshaping Business and
Supply Chain Strategy
Beyond Covid-19

第一部分
发生了什么

"Es ist ernst!"（"这很严重！"）

——德国总理、量子化学博士安吉拉·默克尔
一次面向德国民众的电视讲话
2020 年 3 月 18 日[1]

2020 年伊始，见证了现代史上最黑暗的黑天鹅事件之一：一种足以在世界各地迅速传播但又不引人注目的传染病，使一些人误认为"这只是流感""它会消失的"。如果新冠病毒（Covid-19）会使被感染者长出好莱坞电影里常见的发光的绿色脓疱，那么各国领导人会迅速发现并阻止它的传播。但恰恰相反，患上这种病的一些人没有明显的症状，另一些人只有轻微的症状。然而，它也导致非常多的人住院和死亡，变得极其危险。

1　病毒的蔓延

在 2019 年，一种新的病毒在全球暴发，而且从动物身上转移到人类身上。随着这一转移，该病毒加入了导致呼吸道感染的 200 多种不同的病毒，如鼻病毒、冠状病毒、流感病毒、麻疹、肠病毒、腺病毒和副流感病毒。像许多呼吸道疾病一样，病毒通过飞沫中的呼吸道排泄物、气溶胶和表面的残留物传播。

错失信号

2020 年 1 月初，科学家们确定该疾病是一种与 SARS（严重急性呼吸系统综合征）有关的冠状病毒。SARS 曾在 2003 年引发短暂的流行病，在已知的 8 422 个病例中，有 11% 的人死亡。这种新病毒被称为 SARS-CoV-2，它引起的疾病被称为新冠病毒感染（Covid-19）。科学家们还开发出一种检测方法，用于检测从人们身上收集的鼻咽拭子等样本中的病毒。该检测可用于已发现体内有病毒复制的人。

然而，新冠病毒有一个阴险的特点，使它比以前任何其他大流行病都要糟糕。那就是，许多被感染的人没有表现出任何症状，却仍然具有传染性。这种无症状的传播使病毒更难对付，因为一个简单的、有即时结果的测试（如检查体温或询问症状）无法发现这种疾病传播者。因此，缓解措施被推迟了几个月，错过了发现在整个社区传播的大部分病例，这导致了数不清的原本可避免的死亡。

2020 年 1 月 27 日，慕尼黑大学附属医院的传染病研究员卡米拉·罗特（Camilla Rothe）博士发现了德国第一例新冠病毒病例，他是一家汽车零部件公司伟博思通（Webasto）的员工。通过追踪联系人，罗特博士认为这种感染来自一位同事，可他没有表现出任何症状。她在一封简短的电子邮件中提醒了几十名医生和公共卫生官员："传染病实际上可以在潜伏期内传播。"[1]尽管人们（基于 SARS）普遍认为只有有症状的人才能感染他人，但罗特博士和她在慕尼黑的同事还是敲响了警钟。

罗特博士的团队发送了一封电子邮件，然后向《新英格兰医学杂志》（New England Journal of Medicine）提交了一篇论文，详细介绍了他们的发现[2]。该杂志在 1 月 30 日立即发表了这篇论文。慕尼黑团队并没有因为这一重要发现而获得赞誉，而是受到了来自一些学者、政治家、公共卫生官员以及媒体的攻击。这些攻击甚至发生在法国教堂[3]、钻石公主号游轮（有 700多人患病）[4]、西奥多·罗斯福号航空母舰（船上 4 800 名水手中有 60% 被感染）[5]和许多其他曾出现无症状感染的地方。尽管证据越来越多，但是到了 2020 年 4 月 2 日，世界卫生组织（WHO）在其每日新冠病毒感染情况报告中仍然指出："到目前为止，还没有记录到无症状传播。"[6]

在关键的两个月里，包括世界卫生组织和欧洲疾病预防和控制中心在内的卫生机构对慕尼黑团队的发现争论不休，而没有呼吁立即采取行动。一场关键的公共卫生讨论演变成了一场关于如何称呼没有明显症状的感染者的语义辩论。[7] 瑞典公共卫生局则没有那么宽容："声称病毒会在潜伏期内传染的消息来源缺乏对这种分析的科学支持。"[8] 法国卫生官员在他们的宣告中很坚定，一张政府海报宣称："没有症状 = 没有被传染的风险。" 即使到了 6 月，世界卫生组织也没有承认无症状传播，导致被美国顶级专家安东尼·福奇（Anthony Fauci）博士指责为提供"不正确的信息"[9]。

直到 3 月底，欧洲卫生官员才最终承认，无症状的传播在疾病的发展中起了很大作用。后来的研究发现，40% ~ 55% 的传播发生在症状出现之前。[10] 此外，症状平均需要六天才能出现。这个时间长度使被感染的人几乎有整整一周的时间来接触和感染其他人。（然而，请注意，病毒的复制确实需要一些时间，因此个人在感染病毒的几天后可能是最具传染性的）。这些具有传染性但无症状的人并不是新冠病毒感染大流行严重的唯一警报原因。

超级传播者的出现

到 2020 年 3 月 6 日，新闻报道了西雅图所在的华盛顿州金县的 58 例新冠病毒感染病例和 1 例死亡病例。[11] 西雅图以北约一小时车程的斯卡吉特县，只有一个报告病例。[12] 当斯卡吉特县众赞歌合唱团的指挥亚当·伯迪克（Adam Burdick）考虑为定于 3 月 10 日的合唱节进行每周排练时，他并不太担心。斯卡吉特县的生活很正常。学校和企业都在运行，也没有禁止大型集会的规定。伯迪克给歌手们发了一封邮件，排练开始了。它按计划在弗农山长老教会进行。

有 61 名成员到场。他们采取了一些预防措施：在门口分发了洗手液，成员们没有握手或拥抱。伯迪克对《洛杉矶时报》（*Los Angeles Times*）记者回忆道，"这似乎是一次正常的排练。"[13] 几位成员提前到达，在一个大的多功能厅里摆放椅子。他们安排了 6 排，每排 20 把椅子，间隔 6 ~ 10 英寸，中间的过道将左右两边的舞台分开。大多数合唱团成员坐在他们平时排练的座位上。成员们彼此紧挨着坐着，唱了两个半小时。

在 3 月 10 日排练后的三周内，52 名歌手（85%）被诊断出新冠病毒感染，3 人住院治疗，2 人死亡。[14] 美国疾病控制和预防中心（CDC）随后的调查显示，虽然在 3 月 3 日的排练中没有成员出现任何症状，但在 3 月 10 日的排练中，有一人出现了轻微的感冒迹象。[15] 似乎，一个人传染了几十个人。[16]

后来人们发现，这种"超级传播者事件"在疾病的传播中发挥了巨大的作用。比如生物技术公司渤健（Biogen）在波士顿举行的管理层会议，有来自世界各地的 175 名高管参加。[17] 佐治亚州奥尔巴尼的一场葬礼引发了一场疫情，很快导致周围的农村地区成为美国累计发病率最高的地区之一。[18] 在韩国东南部城市大邱，超过一半的被感染者是新泉寺耶稣会[19]的成员及其联系人。[20] 中国香港大学流行病学教授本·考林（Ben Cowling）说道，"如果我们能够阻止超级传播的发生，将使大多数人受益。"[21]

超级传播者事件的特点是感染者身处人群中，通常是在大型聚会中、室内、通风不良的场所中，人与人之间的距离小，且不戴口罩。最近的研究表明，70% 的被感染者没有传染任何人；相反，超级传播者事件居多。[22] 当一个被感染的超级传播者参加大规模的聚会，广泛的社交活动，或到访拥挤的室内场所，如酒吧和餐馆，这一个人可以感染许多人。[23]

许多超级传播者事件与活动无关，而是发生在养老院、肉类加工厂、邮轮和海军舰艇等设施中。虽然飞机似乎是一个适宜的传播场所——每次飞行会有数百人被限制在一个封闭的空间内数小时——但统计数据并不支持这一假设。麻省理工学院的阿诺德·巴内特教授是统计学和航空领域的专家，他估计在两小时的飞行中，被附近的乘客感染新冠病毒的概率约为 1/4300。对于中间座位保持空座的航班，这个概率几乎下降了一半，为 1/7700。[24]

即使飞机上的传染病人对其他乘客的风险很小，但他们确实带来了更重大的社区风险。每天大约有 500 万人乘坐国际航班。[25] 在这些看似健康的游客、回国的公民或周游世界的商务旅行者中，不受欢迎的病毒携带者很容易隐藏起来。因此，在新冠病毒感染开始时，病毒实际上是在众目睽睽之下飞到了世界各地，形成了未被发现的病例群。

早期传播

对旧医疗样本的分析发现，法国的一名男子在 2019 年 12 月底感染了新冠病毒，他可能是从他无症状的妻子那里感染的，他的妻子在巴黎戴高乐机场的一家旅客经常光顾的杂货店工作。因此，该疾病在法国知道新冠病毒进入该国的近两个月前就已经到达。[26]另外，到 2019 年 12 月 18 日，新冠病毒已经在意大利北部蔓延。[27]同样，虽然当局认为美国第一例新冠病毒感染死亡病例于 2020 年 2 月 26 日在西雅图发生，但验尸分析显示，2 月 6 日在加利福尼亚已经发生了一起新冠病毒感染死亡病例。[28]事实上，美国疾控中心在 6 月的一份发病率和死亡率周报中得出结论："不同的数据来源表明，SARS-CoV-2 在美国的有限社区传播发生在 1 月下旬和 2 月初。"[29]

《波士顿环球报》（*Boston Globe*）指出，2 月 26 日总部位于剑桥的生物技术公司渤健的管理层会议，是马萨诸塞州疫情暴发的中心，该州 92 例感染中的 70 例与该会议有关。[30]《环球报》（*Globe*）给出了相对客观的描述，指出大多数想要接受检测的与会者被告知他们不符合检测标准。

麻省理工学院和哈佛大学的布罗德研究所与马萨诸塞州总医院和马萨诸塞州公共卫生部合作进行了一项更科学、更深入的研究，对新冠病毒进入波士顿地区的情况进行了相对客观的描述。事实证明，马萨诸塞州第一例确诊的病例可以追溯到 2 月初，也就是渤健公司会议召开前的几周。研究人员报告说："从数据中可以看出，没有一个单一的事件或货物进口是导致病毒在波士顿地区持续传播的原因；相反，在几周内有多个进口输入，既有来自国内的，也有来自国外的。"[31]在分析马萨诸塞州 331 个病例的基因特征时，研究人员发现，有证据表明，该病毒是通过至少 30 次独特的传播（主要来自欧洲）进入该地区的——然后在许多场景中导致了进一步的社区传播。

有几个因素促成了新冠病毒的指数级国际传播：航空旅行的盛行，无症状传播，以及超级传播者事件。当然，许多国家的政治家缺乏准备，不接受专家的医学判断，也丝毫没有起到阻断传播的作用。

与地震、海啸或龙卷风等自然灾害不同的是，泛发性灾害可以蔓延到全世界。大多数自然灾害在当地迅速发生，并立即产生可见的影响。它们随后消退，人们开始收拾残局。相比之下，大型传染病会在几个月或几年的时间里在各地发展、徘徊或重新出现。大型传染病的传播一波三折，在不同的时间、不同的地方暴发。大型传染病和其他灾害之间最显著的区别是，经济损失不是由大型传染病本身造成的，而是由应对措施造成的。

于是，遏制病毒和阻止疾病的努力开始了。

中断后的经济

随着新冠病毒感染病例数量的激增，流行病学家很快意识到，这种病毒具有高度的传染性，在那些被感染的人中，发病率很高，需要采用住院、重症监护和使用呼吸机等措施来保持氧气流入病人严重受损的肺部。该病毒证明，在许多地方，它可能导致患病人数每隔三四天就翻一番。这意味着一个病例可能在一个月内变成1 000例，两个月内变成100万例，三个月内变成10亿例。如果不加以制止，该病毒将迅速在全世界蔓延，杀死数百万人。

在适当的医疗护理下，新冠病毒感染并不像SARS那样致命（但它的致命性仍比典型的流感病毒高10倍）。然而，前提是"有适当的医疗护理"，这在意大利北部和纽约市等地很快就被证明是不可能的，因为激增的病例使医院不堪重负。在大多数国家，即使是发达国家中的富裕国家，每1 000名公民只有不到5张病床[32]，其中大部分病床已经被有其他健康问题的人占据。如果允许病毒不受阻碍地传播，它将很快淹没医院，导致更多的人死亡。

由于没有疫苗，没有治疗方法，而且住院率很高，避免死亡灾难的唯一方法是让感染者的指数增长曲线趋于平缓。这需要降低感染者将疾病传播给其他人的速度，因而也就要求大幅减少人际交往。

在美国，2020年3月错综复杂的关闭和就地收容令，对企业和就业产生了破坏性的影响。在不到两个月的时间里，超过3 600万美国人申请失业[33]，官方失业率在2020年4月底飙升至14.7%。[34]经济遭受冲击的速度不同于以往的任何经济危机。2008 年的全球金融风暴需要 18 个月将美国的失业率从 5% 慢慢提高到 10%，而新冠病毒危机仅在一个月内就将失业率从 4.4% 提升到 14.7%。

汽车动力电子设备供应商安波福的总裁兼首席执行官凯文·克拉克（Kevin Clark），在 5 月 5 日举行的公司 2020 第一季度收益电话会议上描述了这种影响："从 3 月中旬欧洲和美洲完全停产，新冠病毒对全球汽车生产的影响比我们以前预计的任何衰退情况都要突然和严重。[35]"许多公司对经济衰退的速度没有准备。当时福特公司的首席执行官吉姆·哈克特（Jim Hackett）说，"我们没有意识到会有关闭的开关。我们知道可能会进入衰退期，它更像是一个调光开关，但（如今是直接）关闭？"[36]

病毒的影响不仅仅是生物和经济方面的，还有心理方面的。一开始，实际被感染的人口比例微乎其微。在 3 月中旬美国关闭的时候，美国的已知病例仅仅占总人口数的 0.001%。然而，感染的速度如此之快，以至于对 99.999% 没有被感染的人产生了深刻的影响。

"只要流血，就有后果"

起初是关于卫生纸短缺的谣言，后来演变成一种奇怪的全球现象——囤积卫生纸。[37]

英国广播公司（BBC）等知名媒体，使用了"新冠病毒恐慌：人们为什么要买卫生纸？"这样的标题。[38]杂货店空空的货架和抱着大堆卫生纸的人群的画面，成为电视、互联网和报纸的标题，引人入胜。这样的标题和图片促使人们购买更多的东西，迫使零售商对购买进行限制，这只会加剧恐慌。在澳大利亚的悉尼，货物供应一到，超市货架就被清空。一份报纸报道称，警方甚至被叫去处理一起纠纷，其中恐慌的购物者在争夺卫生纸时竟掏出了一把刀。[39]

媒体很快找到了一个新的、更好的目标来吸引焦虑的眼球。2020 年 3 月 13 日，《纽约时报》称，"恐慌的购物者清空了货架，因为对新冠病毒引发的焦虑在上升"，在警告中加入了一幅沮丧的购物者凝视着空荡荡的超市货架的画面。[40]克劳克斯公司环境可持续发展副总裁比尔·莫里斯指出，消费者可能会因为产品是"在我体内""在我身上"还是"在我周围"，而给予产品不同的重视程度。消费者对食品（"在我体内"）比对卫生纸（"在我身上"）更敏感。[41]事实上，对食品短缺的恐慌给了媒体（包括传统媒体和社交媒体）一个收获金钱和点击率的机会，充分利用"只要流血，就有后果"这句老话，造成了广泛的恐慌。

有时，这些警告更有针对性。3 月 25 日，美国有线电视新闻网（CNN）称，"由于新冠病毒引发的恐慌性购物，鸡蛋价格正在飙升"，同时还发布了一段被多次重复使用的商店空货架视频。[42]而《美国新闻与世界报道》在 4 月 6 日宣布，"新冠病毒引发的恐慌性购买，清空了货架上的鸡蛋。鸡蛋市场的下一步是什么？"[43]——再次掀起了恐慌性购买的浪潮。现实中并没有出现系统性的鸡蛋短缺。然而，媒体仍在继续报道。

在这些报道之后，又出现了另一波可怕的头条新闻，即由于一些牛肉和猪肉加工厂关闭而导致的肉类短缺。例如，4 月 29 日，《波士顿环球报》警告其读者："你附近的杂货店即将面临肉类短缺"。[44]

哗众取宠背后的真相

媒体从未告诉其读者和观众的是，这些空荡荡的货架照片通常是在一天结束时拍摄的。任何人在早晨超市刚开门时去看，都会发现货架上有充足的存货。大多数报纸的报道都懒得报道的原因是，商店是供应链的最后一段。仓库工人在白天准备发货。这些货物在晚上离开，并在晚上到达商店。在那里，工人们卸下卡车，打开包装箱，并将货物补充到货架上。商店在晚上补货，因为这可以让工人在货架旁补货，而不会因为购物者在过道上拥挤，这一点在大型传染病蔓延期间更加重要——至关重要。

这场传染病确实对卫生纸的供应产生了一些影响。因为办公室、工厂、大学、餐馆都关闭了，这些机构使用低档卫生纸的需求消失了，而家庭使用的高档卫生纸的需求上升了。零售卫生纸供应链可以轻松应对消费者使用卫生纸增加 40% 的情况，却无法应对媒体头条报道引起的与囤积有关的销售激增 200% 以上的情况。

一些新闻头条——例如那些提到农民在未收获的农田里耕种、倾倒牛奶和对动物实施安乐死的新闻，在没有背景说明的情况下，同样给读者造成了误导。这些现象中的每一个都有不同的原因。随着餐馆、公司校园和大学的关闭，对新鲜产品的需求也随之消失。总的来说，取而代之的是对速食食品、罐头和其他不易腐烂食品的需求。这种转变导致了新鲜农产品的过剩。

倾倒牛奶是学校和餐馆需求消失导致的结果，这些需求大部分没有被家庭需求取代。它还发生在奶牛场的"旺季"，即奶牛产奶量多的时期。最后，虽然《纽约时报》哀叹每天有 370 万加仑的牛奶被倾倒[45]，但它忽略了这个数字的背景。根据美国农业部的估计，这个数量只占牛奶供应量的 5%，而其实美国 30%~40% 的食物都被浪费了（主要是被消费者浪费）[46]。

肉类恐慌源于几家大型肉类加工厂的暂时关闭，但短缺情况在几天内就有所缓解。新闻报道和电视报道忽略了美国猪肉产量的 27%[47]、家禽（不包括火鸡）产量的 18%[48]、牛肉产量的 13%[49] 以及火鸡产量的 11% 用于出口[50]。美国是世界上第四大肉类出口国，仅次于巴西、印度和澳大利亚。简而言之，美国生产的食物足以养活其人口。

此外，媒体没有为零售商限购的做法提供足够的背景介绍。4 月 21 日，彭博新闻社的头条新闻称，"食品配给面对的是曾经被宠坏的购物者。"[51] 事实上，零售商限购是为了防止囤积造成的短缺；这样做并不是因为他们面临供应短缺。他们没有冷静地解释商店为了抑制恐慌性购买和囤积而采取的措施，以确保所有顾客都能得到服务，而排队的做法只会加剧恐慌性购买。

然而，无论是因为恐惧卖点、经济压力、对点击率的追求，还是个人的膨胀，记者们似乎都在挑拣耸人听闻的故事来报道——无论是否准确，无论是否有完整的背景。事实是，从来没有真正的粮食短缺。在某些地方和某些时候，购物者找不到他们最喜欢的肉类或他们喜欢的燕麦片。虽然有些买家可能真的对食品短缺的前景感到恐慌，但那些导致恐慌性购买和囤积的新闻标题是没有道理的。

恐慌性购买超出了卫生纸和不易腐烂食品的范围。一些消费者开始相信，文明的终结即将到来，甚至灾难就在拐角处。像瓶装水这样的日用品也从货架上被抢购一空。2020年3月，电池的网上销售量增加了一倍，发电机的销售量增加了三倍[52]，人们甚至预期会停电。

媒体成为恐慌的超级传播者，证明不良信息的毒性甚至比病毒更强。一张误导性的图片、视频或推特可以在瞬间感染数百万人的思想。德国人把由此产生的恐慌性消费行为称为 Hamsterkauf[53]，让人联想到仓鼠把自己的脸颊塞得鼓鼓的，准备迎接欧洲北部的严冬。末日即将来临，所以是时候屯货了。直到后来，媒体才用更平稳的报道来淡化此前狂热的报道。[54]

虚假信心的危害

从一开始，新冠病毒就伴随着许多不确定因素。它的传染性如何？谁具有传染性，何时开始传染？这种病毒是如何传播的？感染病毒的人应该如何治疗？即使在新冠病毒已大范围流行的大约8个月后，科学家们仍然不能确定它对儿童的传染性如何，感染了病毒的人可以在多长时间内对其产生免疫力，以及疫苗是否会像预期那样发挥作用。这些不确定因素带来了更大的风险，专家、记者和政府官员早期的错误答案和过度自信也是如此。

公民、记者和决策者们自然要求能够立即解答有关该病毒的重要问题。许多专家和可能成为专家的人都非常乐意提供答案——乐意提供帮助，并获得短期内的名声。然而，这些答案中许多是基于意见、推测、传闻，或受偏见或方法错误影响的数据。一些错误的答案甚至是由阴谋论（5G手机塔导致新冠病毒）[55]或发起人的所谓经济利益（重新包装的工业漂白剂可以防止新冠病毒）[56]所驱动。

即使专家们在回答问题时小心翼翼地保留了所有的不确定性和当时普遍存在的科学知识的局限性，媒体也倾向于将细微的答案浓缩成明确的声音。最后，世界各地的决策者必须采取行动，这意味着选择一种具体的解释——从理论上讲——要权衡证据和后果。其结果是，错误的想法被作为绝对的事实提出，并被纳入政策之中。当后来的证据与先前的观念相矛盾，并最终说服了最初错误观念的坚定信仰者时，公众感到受到了双重打击，对专家和官员失去了信心。

许多领导人、媒体评论员甚至科学家，常常忘记这样一个事实：没有关于新冠病毒行为方式的证据，实际上并不是真的没有证据。例如，仅仅由于没人知道是否有病例是由无症状的人传播的，并不意味着没有这种病例发生。"我们没有看到它的发生，因此它不可能发生"的逻辑，只有在人们仔细地试图寻找证据、证明无论"它"是什么都不会发生的情况下才是真的。矛盾的是，确认某些事情没有发生（例如无症状的感染或无症状的传播）的方法是努力寻找它确实发生的证据（例如，对无症状的人进行测试）。

良好的科学推理的本质是以证伪为中心，而不是验证。这就是"黑天鹅"概念的寓意。这个概念的来源可能是二世纪的罗马诗人尤韦纳尔，他把不存在的事件描述为"非常像黑天鹅"。在当时和后来的几个世纪里，欧洲人都不相信黑天鹅的存在，因为他们所见过的天鹅都是白色的。然而，每次都看到白天鹅并不能证明所有的天鹅都是白色的；这种信念在1697年被证明是错误的，当时的一位荷兰探险家成为第一个在澳大利亚西部看到黑天鹅的欧洲人。因此，如果人们想证明黑天鹅不存在，就必须寻找它们——只有在考察了世界上所有的天鹅之后，才能得出结论。

由于有缺陷的缺乏证据的推理，世界各地的政府一度忽略了大型流行病通过社区进入并早期传播的情况。然后他们认为，低数量的阳性测试结果证明不存在社区感染。这些早期的低病例数所证明的是负责测试项目的官员的无能。后来对旧样本的分析证明，在许多地方，大流行病的到来比"第一批已知"的病例要早得多，而且血清学数据表明，对于当局已知的每一个病例，都有更多的未知病例在社区里游荡，传播疾病。

自然，在这种不确定的联系和虚假自信的答案方面，新冠病毒绝不是独一无二的。每一次破坏都伴随着基本的未知数，让决策者感到沮丧。飓风预报员可以绘制出飓风的可能路径，但随着新数据的出现，预报也在一天天变化。迅速变化的2008年金融危机造成了严重的不确定性，使公司、银行甚至国家处于金融毁灭的边缘。随着每一次混乱，决策者可能不知道另一只鞋是否即将落下，甚至不知道鞋盒里有多少只鞋。

2 供应链中断

供应链是利用自然资源生产、产品制造、运输和零售来提供人类生活所需所有产品的经济网络。新冠病毒引发了三类对供应链的持续破坏。第一，大流行病破坏了供应，因为物流设施在感染暴发和政府封锁的情况下关闭。第二，由于失业、封锁令或需求和愿望的变化，人们停止或减少了一些物品的消费，因此扰乱了需求。第三，极大地促进了对其他物品的需求，如医疗用品（个人防护设备、呼吸机）、清洁用品、某些食品和许多其他适合就地避难生活方式的产品（面包机、面粉、酵母、拼图、运动器材、染发剂等）。对于一直以来如运转良好的机器一样嗡嗡作响的现代经济和现代供应链来说，新冠病毒像是给工作带来了满满一箱扳手。

那些需求无度（恐慌）的顾客

沃尔玛首席执行官道格·麦克米伦（Doug McMillon）说，"人们对纸制品、清洁剂和主食等商品产生了前所未有的需求。"[1]沃尔玛的近5 000个网点处于消费需求突然激增的第一线。麦克米伦补充说，"对于其中的许多商品，我们在两三个小时内卖出了通常在两三天内卖出的数量。"包装食品的销售额增加了四倍多，汤羹类的销售额几乎增加了五倍。[2]"不仅洗手液、消毒湿巾和喷雾、卫生纸、牛肉、猪肉这类商品很难找到，而且像笔记本电脑、办公椅和纺织品在我们的一些商店和网上也被清空了，"麦克米伦说[3]。

无论是 Hamsterkauf 式恐慌性地囤积卫生纸，还是卫生官员建议适当地使用更多的消毒产品，或是在家用餐的次数显著增加，许多产品的需求随着新冠病毒大流行对经济和消费者心理的重塑而激增。尽管会计师或沃尔玛的股东可能会对收入的激增感到高兴，但负责保证供应的商店经理面临着严峻的挑战。他们的痛苦将在供应链的上游被放大。

在典型的零售供应链中，零售店从零售商的仓库进货，而零售商则直接从分销商那里进货，后者汇总多家制造商的产品并供应给零售商。制造商的工厂则从不同的供应商那里获得零部件和材料，而在离零售商很远的链条上，供应商从农场、矿山和其他自然资源采集者那里获得他们的原材料，无论这些资源是自然发现的还是种植的。因此，产品订单"沿着供应链的各个环节往上走"，要求交付更多的产品（如卫生纸），然后产品"流向下游"（沿着供应链）。森林变成原木，原木变成纸浆，而纸浆变成卫生纸。最终产品通过各种分销中心被运走，到达零售商的实体或电子商务货架，然后在那里被惊慌失措的购物者迅速抢走。

为了满足顾客的需求，零售商准备了许多物品——典型的杂货店可能准备有 40 000 ~ 75 000 种产品和被称为库存单位（stock keeping units，SKUs）的产品变体。商店以循环库存（考虑到许多过程，如运输，是批量进行的，而销售是在一段时间内进行的）和安全库存（补偿补货准备时间内需求的随机性）的形式维持库存。存货确保了消费者在访问商店或网上订购时能找到他们想要的东西，但也使零售商付出了代价。包括被捆绑在库存中的资金成本，存储和空间费用，产品过时的风险，税收，以及库存服务的成本。此外，零售商保有的库存单位越多，每个库存单位的平均保有量和销售量就越低，需求变化的影响也越大。商店经理必须平衡货架上产品的种类，确保不必占用太多的库存成本，同时也不发生缺货的情况，造成销售损失。

为了达到货物的"黄金分割"库存——每种产品都不能太多、也不能太少，商店要预测每个库存单位的需求。一个典型的杂货商通常在其供应网络中保持大约一个月的库存（包括商店和分销中心）。当然，零售商不可能保持非常大量的易腐物品库存——新鲜水果、蔬菜、奶制品、面包和鲜鱼——如果消费者购买的新鲜食品比预测的数量少，就会造成大量的浪费。

然后，新冠病毒出现了。

当各地的消费者突然冲向各个零售店，购买比以前更多的纸制品、清洁剂和主食时，巨大的销售高峰使货架上的产品被买空，零售商的仓库也被买空。正如沃尔玛所经历的那样，每两三个小时销售了相当于原先两到三天的商品量，这意味着消费者在短短几天内就买下了零售商一个月的全部供应。"我们正在经历的这三个月，"百胜餐饮集团首席执行官大卫·吉布斯（David Gibbs）宣称[4]，"相当于在一个季度内完成了三年的销售额。"

零售商增加了他们的订单，但从供应链远端补货的过程可能需要几天、几周或几个月，这取决于供应品的来源。在供应链的上游，制造商不得不增加产能，但促进生产的需要突显了新冠病毒的另一个主要影响。在大流行病影响需求的同时，它也扰乱了供应。

供应中断

当开始出现供应中断时，复杂的产品涉及一个需要逐项打钩的物料清单（BOM）。一个产品的物料清单列出了制造该产品所需的所有零件和数量，就像一本食谱中的材料清单一样。如果一家汽车制造商不能获得物料清单上的任何一个零件，那么它就无法生产汽车。同样，如果一家制药商不能获得一种药物的所有原料，它就无法生产这种药物。正如本杰明·富兰克林所警告的（使用一句古老的格言），"由于缺乏钉子……王国就会丢失。"[5] 在美国，停产引发了人们对美国将耗尽某些关键医疗用品的担忧。事实证明，这些担心是没有根据的。虽然美国和欧洲确实缺少口罩和防护服（以及呼吸机）等保护性设备，但美国从未缺过重要药品。

需求激增的影响可能是立竿见影的，且在商店的货架上表现得非常明显，而供应中断的影响可能需要过一段时间才能感受到。在2011年日本东北地区地震期间，通用汽车公司花了大约一个月的时间才意识到其库存中缺少哪些零件。许多零件仍然在运往装配厂的路上，即使生产它们的工厂可能已经被击垮，但零件仍然在卡车、铁路或船舶上运输。这些运输中的库存，与客户端的零件库存一起，有助于延迟或缓冲供应商停工对客户的影响。

相比之下，离传染病暴发点较近的汽车制造商面临更直接的影响。因此，供应中断的影响从最初的地点扩散开来，通过货运和库存的变化向消费者蔓延。

交通中断

新冠病毒大流行通过就地收容、旅行禁令和检疫令禁止了人们的流动。停止人员流动对货物流动产生了令人意想不到的后果，因为货物的流动需要人：卡车司机、铁路工程师、飞机驾驶员和船员。在为写作本书而进行的采访中，达美航空的供应链管理副总裁希瑟·奥斯提（Heather Ostis）[6]和市值270亿美元的食品批发公司C&S的首席执行官迈克·达菲（Mike Duffy）[7]都谈到了要求对外来者进行隔离的地方规定所带来的影响。空勤人员和卡车司机不愿意去有检疫规定的地方，因为他们担心会被困在那里。当地的封控要求给长途卡车司机带来了另一个挑战：高速公路休息区的关闭和停留在卡车站的有限时间，使卡车司机没有了洗手间、吃饭的地方和停放卡车过夜的地方。

新冠病毒感染只是扰乱贸易和货物运输的一长串大流行病中的最新一个。事实上，"检疫"一词起源于鼠疫时期。鼠疫从1345年到1350年横扫欧洲，消灭了大约三分之一的人口。威尼斯人控制的港口城市拉古萨（现在的克罗地亚杜布罗夫尼克）的官员颁布法令，规定来自鼠疫疫区的船只和商队不能进入港口或城市，除非他们在锚地停泊或在外围营地停留一段时间进行消毒。一开始，船只和商队必须隔离 30 天（意大利语为 trentino）[8]。随着欧洲其他地方推行了这一做法，他们将隔离的时间延长到 40 天。

现代货物运输的奇迹是，总的来说，这项工作安静而高效。在正常情况下，数以千计的船只、数以千计的飞机、数以百万计的火车和数以百万计的卡车将数十亿种货物从原产地运往目的地。"成本结构，获取产品的能力，运输和交付能力，这些通常是你认为理所当然的事情"，亚马逊首席财务官布莱恩·奥尔萨夫斯基（Brian Olsavsky）在 2020 年第一季度末告诉投资者。"而在这个季度，不再如此。这就是不确定性的来源。"[9]

被牛鞭打中

隐藏在所有销售和补货活动模式中的，是供应链的另一个破坏性动态来源：牛鞭效应（bullwhip effect）。当消费者把货架上的东西一扫而光时，沃尔玛、塔吉特和亚马逊等零售商不得不订购补货。事实上，他们不得不订购足够的货物，以重新填充空的货架，并预测未来的销售情况（似乎非常高）。追踪消费者需求变化对供应链中所有参与者的影响可以发现，终端消费者层面的变化在供应链上游被放大，因为它们迫使供应链上游发生变化。

为了简单解释这一现象，假设平时零售商每天卖出 100 包卫生纸，保有 4 天的库存（400 个库存单位）。假设该零售商经历了一次销售量激增，在一天内卖出了 200 包卫生纸，只剩下 200 包的库存。在这一天结束时，零售商将至少订购 200 包卫生纸，以补充库存，但如果零售商预计销售激增将持续下去，它将再订购 400 包——总共 600 包——以确保在每天销售 200 包的情况下保有 4 天的库存。然后，分销商看到零售商的订单从 100 包增加到 600 包。分销商将遵循类似的逻辑，增加库存以满足未来更多的销售。当分销商从工厂订购更多的产品时，将引起供应链的上游发生变化，因为工厂要从其供应商那里订购更多的产品。因此，消费者需求的变化会随着订单在供应链上的流动而放大，这就是"牛鞭"一词的由来。

这种放大效应在客户需求下降时也会发生。比如说，在传染病大流行期间，消费者对派对用品的需求下降了50%。零售商的订单会更少，同样的逻辑会再次传到供应链上。在供应链的上游，订单可能会在很长一段时间内骤降至零，而所有下游的分销商和零售商会慢慢卖掉大量过剩的库存。无论消费者需求是增加还是减少，其结果都会产生供应链上的牛鞭效应，对于供应链上游的公司来说尤其艰难。

2008年金融危机期间的宏观经济数据表明，牛鞭效应在全球范围内都存在。例如，美国的零售额（代表消费者需求）下降了12%；美国制造商将库存降低了15%，制造业销售下降了近30%，而进口则暴跌超过30%[10]。对125家荷兰公司的调查发现，那些离终端消费者较近的公司收入下降了25%，而离消费者较远的公司则下降了39%~43%。[11]

在新冠病毒感染流行期间，中国立即明白了牛鞭效应对许多在全球供应链中深入运作的中国中小型供应商的潜在影响。这种牛鞭效应可能对他们造成致命的打击。因此，中国的国有银行开始以非常低的利率，有时是零利率，向小企业提供贷款；还呼吁大幅降低对所有小制造企业的征税。

当需求在经济衰退或传染病引起的停产过后恢复时，牛鞭效应也会发生。供应商可能需要几周或几个月的时间来恢复，并将零件送到下游的制造商那里，而制造商必须生产产品并将其供应给零售商。如果零售商不向制造商订货，制造商也不在需求实现之前向其供应商订货，那么潜在的销售将在整个渠道中流失。因此，当经济复苏时，能够在订单出现之前把握好时机的就会成为赢家[12]。然而，过早下单会让急于求成的零售商持有大量未售出的商品。牛鞭效应只是供应链管理者在传染病大流行期间和为未来做准备时，不得不面对的一个波动来源。

3　决战时刻

当人们为了躲避传染病而在家里隔离时，一支专业的队伍在艰难的条件下保障着食品供应链的运转。这支队伍由分销商的雇员、配送中心人员、物流规划人员、货架制造人员、采购专业人员、运输经纪人、卡车司机、卡车站服务员、仓库工人、批发商和其他专业人士组成。他们确保食品能够流向超市和其他零售店以及电子商务配送中心，尽管媒体上到处可见的空荡荡的货架（图片试图讲述另一个故事）。

令人难以置信的供应链快速追赶是对管理和运营美国供应链的优秀人才的证明。在杂货店送货员或为顾客服务的超市店员背后，有着一条复杂的供应链，涉及数百万人，他们确保重要的供应品到达消费者手中。在新冠病毒感染大流行期间，他们经常在面对空前的需求时进行这项繁重的工作。这些每天都在持续完成几乎不可能完成的任务的供应链专业人员，是新冠病毒危机中的无名英雄。

从食物供应角度思考到底发生了什么

与媒体的世界末日论调相反，新冠病毒感染大流行并没有打破美国或欧洲的食品供应链。消费者经历的零售短缺只是暂时的。正如通常的情况一样，从头条新闻的背后可以看出真实的情况——人们从哪里获得所有的食物，以及人们想要购买的东西发生了结构性的变化。美国经济的突然停顿给该国的消费品和食品供应链带来了两个直接的打击。消费者迅速改变了他们购买食品和家庭用品的地点和内容。

第一个打击源于各州突然关闭公共集会场所，如餐馆、酒吧、办公室、学校、体育场馆和大型餐饮活动。所有这些地方都停止订购食品和其他产品。突然间，专门为这些公共场所提供产品的制造商和分销商受到过剩的库存和过剩的产品困扰，如15夸脱一箱的液体鸡蛋，50磅一袋的洋葱，10磅一盒的30个牛肉饼，以及那些放在公共厕所里的巨大单层卫生纸卷。同时，消费者开始从超市购买更多的食品和产品，因为他们在家里待了更多的时间。与此同时，专门为零售店生产产品的制造商和分销商看到，对一打鸡蛋、两磅洋葱、一磅碎牛肉和正常大小的超软卫生纸的需求不断增加。

第二个打击来自于人们在家里购物和饮食习惯的变化。人们不只是购买更多的东西——他们购物的方式也不同了。食品的耐用性和易储存性成为决定购买的关键因素。[1]为了应对焦虑，他们购买了更多的安慰食品（面包、面食等），为了应对对未来短缺的担忧，他们购买了更多的非易腐食品（罐头、谷物、大米、干粮、冷冻食品等）。人们在网上订购或取货时，购买的生鲜产品较少，因为他们不相信繁忙的订单分拣人员会仔细挑选最好的产品。

这两个打击揭示出，为人们提供每天所需和使用的大部分食品和其他用品的经济机制存在深刻的分歧。许多常用品，如食品和清洁用品，来自两个不同的制造和分销供应链系统。零售渠道制造这些商品的包装规格以适用于普通消费者，在普通商店销售。机构、商业和专业渠道为餐馆、办公室、学校、酒店、餐饮公司、体育场馆等提供服务，制造和分发这些商品的大件包装。

尽管这两条供应链可能从相同类型的农业原料（鸡蛋、蔬菜、牛奶、牛肉等）开始，但它们制造了不同的产品，使用不同的包装，有不同的标签，有时甚至从不同的农民那里购买，这些农民可能专门从事零售或拥有食品服务商店所喜欢的特定作物或牲畜。例如，一家酸奶油制造商可能为零售商提供容量为 8 盎司或 16 盎司的包装，而为餐馆和其他食品服务店提供 5 磅的桶装或装有 100 个 1 盎司小单杯的盒装。商业产品通常缺乏美国食品药品监督管理局（FDA）要求的营养成份信息，也缺乏杂货店收银台扫码所要求的 UPC 条形码，甚至可能带有"本产品不用于零售"的警示语。

零售和商业渠道的产品的差异使它们无法互换。用于灌装大桶和大杯的设备通常不能用于灌装零售所需的 8 盎司或 16 盎司的容器。

政府法规也限制了灵活性。例如，美国农业部（USDA）对产蛋鸡进行监管，美国食品药品监督管理局对鸡蛋进行监管，如果鸡蛋被打开用作其他产品的原料，美国农业部就会重新监管[2]。美国政府的其他规定阻止了中小型肉类加工厂跨越州界或向零售和食品服务渠道销售其肉类。肉类检查员的稀缺和谁承担检查费用的问题也给一些工厂扩大生产带来了问题。美国食品药品监督管理局也确实放宽了对一些营养标签的要求，使餐馆可以销售带包装的食品。[3]

非营利性食品新闻出版物《计数器》（the Counter）的记者莱拉·纳尔吉（Lela Nargi）采访了几位农业专家，了解关于农民耕种作物、牛奶倾倒或对牲畜实施安乐死的问题。赫博·西波拉（Hope Sippola）是加州 Fiery Ginger 城市农场的共同所有人，他哀叹道："我们 60% 的业务是每周为四个学区生产 350 磅的生菜。这四个学区是我们全部的批发客户，在他们被关闭的头几周，我们有 4 500 颗莴苣开花，不得不割掉。"美国国家农场和学校网络的高级项目经理莱西·史蒂芬（Lacy Stephens）补充说："有些牛奶是以散装形式运往 K–12 学校的，但打包带走的饭菜需要小纸箱——这里缺少的环节就是灵活的包装。"加州大学戴维斯分校可持续农业研究和教育项目副主任盖尔·菲斯特（Gail Feenstra）博士进一步解释说："我们的食品系统一般是为全球分销而建立的。现在，这一点突然被打破了，人们又回到了本地食品系统，而此时重要的中间环节，诸如肉类和谷物的储存设备尚未就序。"[4]

新冠病毒引起的停摆，在工厂关闭的短期内确实降低了肉类加工能力。许多工厂在采取了新的安全措施后迅速重新开工，如将工人间的距离拉大，在工人之间设置隔板，强制佩戴口罩、消毒，以及在入口处、更衣室和休息室实施错时轮岗。然而，这些应对措施是有代价的。生产线不能像以前那样有那么多的工人，也不能每小时处理那么多的动物，这些都增加了肉的成本。

导致肉类价格上涨的部分原因是在碎肉产品中使用了更昂贵的餐馆质量级别的肉块[5]。牛排馆和其他高端餐厅的关闭导致菲力牛排的价格暴跌40%，达到近10年的最低点[6]。新冠病毒颠覆了牛肉生产的模式，即用高价格的好肉片去补贴其他肉片和碎牛肉的低价格。让一些客户为获得最好的产品而支付远远超过产品本身的"成本"，以此降低，低档产品的价格——这种模式在许多供应链中都存在，如电脑芯片、水果和蔬菜、汽车、航空公司等。如果高端客户停止购买，低端客户就会付出代价。

在新冠病毒大流行规则下工作的低效率影响了许多供应链。制造厂、仓库和码头都不得不在工人之间增加物理距离，并增加班次，减少每个班次的工人数量。所有这些变化都提高了制造和物流成本。这些变化甚至影响到了对穷人和失业者的食品分配，因为不仅对食品援助的需求大幅增加，而且在家"避难"的规定也造成了志愿者的短缺。物理距离规定、消毒协议和个人防护设备要求导致成本增加，并从食品供应的核心任务中夺走了更多的劳动力。

食品供应链保持稳定

虽然确实发生了暂时性的现货短缺，媒体也大肆渲染，但大多数人仍然可以获得人类历史上最安全、最丰富、最实惠的食品供应。在20世纪下半叶，农业产量猛增——例如，英国的小麦产量增加了4倍，美国的玉米产量增加了 5 倍多，智利的燕麦产量也是如此。[7]

在新冠病毒流行期间，早晨来到任何一家超市，你仍然会看到货架上新鲜水果和蔬菜琳琅满目。正如主持人詹姆斯·黄（James Wong）在英国广播公司（BBC）的《跟随食物》系列节目中所描述的那样："站在一个又一个的食品货架边，我最担心的是我日常使用的品牌的厕纸暂时缺货。这是我的祖先几乎无法想象的烦恼。"他还补充说："面对前所未有的挑战，食品系统能够继续提供如此丰富的食物，证明了其惊人的复原力。"[8]

面对这些障碍，食品供应链如何能够保持良性运作？供应的快速追赶，证明了经营和运作食品供应链的人和组织的聪明才智和热情。例如，弗吉尼亚州的食品营销协会和国际食品服务分销商协会形成了一种伙伴关系，向需要额外资源的食品零售商和批发商提供过剩的产能（产品、运输服务和仓储服务），以满足杂货店的需求。[9]当一线医护人员为帮助大流行病受害者所做的英勇努力得到应有的赞扬时，食品制造、物流和零售工人在困难的有时甚至是危险的条件下，保证了国家的食物供应。

在美国各地的农场，工人不断收割农作物[10]。食品加工厂采取了必要的安全措施（包括加班），以保证供应。通用磨坊公司首席执行官杰夫·哈明宁（Jeff Harmening）说："现在是人们比以往任何时候都更依赖我们的时候。"[11]国际食品服务经销商协会的首席执行官马克·艾伦（Mark Allen）说："你看到的是整个行业的英勇努力，以确保产品到达它需要去的地方，到达正在寻找购买的消费者手中。不管是杂货店还是食品服务，都是如此。我认为承运人在一种非常困难的情况下做了一份了不起的工作。"[12]

4 以灵活性打败脆弱性

除了工人们的艰苦努力外，许多组织也改变了他们的工作方式，以助力抗击新冠病毒感染并保持业务稳定。一项针对供应链高级管理人员的调查发现，38％的公司已经重新部署了资产和能力，以供应急需货物，特别是医疗设备[1]。其中一些变化是严格针对大流行病的短期措施，另一些变化则为未来提供了新的商业机会（见第 24 章）。

这些变化大致可分为三种灵活性。首先，一些公司通过寻找方法生产更多的产品来满足激增的需求，表现出规模灵活性。其次，一些公司表现出资产灵活性，为其未充分利用的资产找到用途，提供与公司原有业务密切相关的产品或服务。最后，一些公司通过将其生产转向全新的产品类型，展示了范围的灵活性。

制造更多、更多、更多

"快速移动和敏捷可能不是我们通常的优势之一，" 2020 年 4 月底，通用磨坊公司首席执行官杰夫·哈明宁说道，"我看到我们的行动比以往任何时候都快。"[2]通用磨坊公司的办公人员自愿到工厂工作，该公司的冷冻比萨饼工厂全天候运行以满足需求。[3]同时，该公司还不得不实施疏散和消毒规定，降低了一些工厂的产能。总体而言，该公司将产能提高了 10％~20％。

3 ~ 5 月的销售额与上年同期相比增长了 21%，营业利润增长了 16%。[4]

3M 公司是一家位于明尼苏达州的跨国企业集团，生产多个品牌的60 000多种产品。重要的是，它是 N95 口罩的主要供应商。N95 口罩是防护设备的"黄金标准"，因为它可以过滤空气中至少 95% 的微粒。医护人员在治疗传染病人以及在污染物可经空气传播的环境中工作时，会佩戴 N95 口罩。从 2020 年 1 月到 2020 年夏天，该公司将其全球制造厂的生产效率提高了一倍，达到每年生产 11 亿个口罩，并计划在 2021 年第一季度将其增加到每年 20 亿个[5]。同时，该公司加大了在全球范围内打击欺诈和假冒 3M 产品的力度，这些问题关系到医疗专业人士和设备供应商。

同样，联合利华在其 2020 年 7 月 23 日的财务报告中，披露了公司可以提高消毒剂的产量，令分析师感到惊讶。其首席执行官艾伦·乔普（Alan Jope）说："我们在短短五个月内将多个品牌的产能提高了 600 倍，信不信由你，我们已经在 65 个新市场推出了消毒剂。"该公司能够将以前专门用于生产现在需求减少的产品（如冰淇淋）的工厂重新用于生产消毒剂。尽管与 2019 年相比，2020 年前六个月的收入略有下降，但总体利润却增加了 9% 以上。[6]

在一个付出最大努力的例子中，布拉斯科（Braskem）美国工厂的 40 多名工人把自己锁在聚丙烯工厂里（聚丙烯是 N95 口罩的重要成分）。他们每天工作 12 小时，休息 12 小时，连续 28 天，生产制造 N95 口罩所需的树脂。通过自我隔离，他们确保自己在工作时没有机会从社区感染病毒、传染给他们的同事，从而导致工厂被迫停工。[7]

纸制品的需求量和销售量都发生了巨大变化。出现了囤积厕纸现象，并从专业销售明显转向消费端零售，因为更多的人待在家里，为灾难做储备。由于消费者和仍在营业的企业都加强了清洁工作，专业销售和零售纸巾的需求都有所增加。由于更多的消费者在家里吃饭，以及餐馆转而销售外卖食品，纸盘的销售量剧增。另外，热饮杯的销售量下降，因为人们不再通勤，而是待在室内，放弃了每天早上拿起一杯咖啡的习惯。

美国大型纸浆和造纸公司佐治亚太平洋公司的高级副总裁兼首席供应链官杰夫·富莱克（Jeff Fleck）描述了需求的极端变化和公司的反应。他解释说："随着人们开始恐慌性购买，供应链在 2 月开始真正受到冲击。到 2 月结束时，肯定会看到市场上的订单全面飙升。在同一时间段内，零售商的货架变得空空荡荡，他们的仓库和配送中心的库存正在稳步减少到零。"

佐治亚太平洋公司采取了若干措施来提高产量并加快向零售商交货。在生产方面，富莱克描述了他们用来满足消费者高需求的两种策略："第一是将一些专业产品卖给零售商，这是最容易做到的，因为我们已经有了这些产品，不需要改变任何东西。第二是增加流动资产的产出，并将我们的一些专业产品资产转移到我所说的以消费者为中心的零售产品上。这些行动使我们能够向市场提供比以往更多的产品。"

然而，更大的问题是分销，富莱克将其描述为需要"一条在高峰期从上午 9 点持续到下午 5 点的 17 车道的高速公路"。制造卫生纸是一回事，但把它送到零售商手中是另一回事。富莱克采取了两个关键步骤来支持该业务的物流："第一件事是确保我们拥有能够交付更多货物的运营商基地。第二件事是在我们现有码头数量上增加运输能力。"

富莱克说，一个关键的变化是，"我们做了一些事情，比如直接从工厂出发，绕过分销中心，试图将产品更快地运出去。"直接向商店发货对零售商和佐治亚太平洋公司来说有两大好处。首先，商店能更快地得到产品，并能更快地将其放在货架上。其次，这意味着分销中心需要存放的进货产品减少。因此，佐治亚太平洋公司的分销中心可以将更多的人员和货栈的产能集中用于其他外运的产品。[8]

在零售方面，零售商增加了他们的劳动力，以应对不断增长的产品需求和客户。沃尔玛增聘了 23.5 万名员工，以帮助清洁商店、储存货架和完成网上订单[9]。同样，亚马逊也雇用了 17.5 万名工人来处理激增的订单[10]，并向所有一线员工提供 500 美元的"感谢"奖金以及加薪，以吸引工人加入其在线杂货业务。[11]

如第 21 章所述，成功的零售商加速了他们的数字化转型，成为全渠道供应商，以便能够用现有的资产做更多的事情，为激增的需求服务。

然而，对于需求的增加——特别是对医疗用品和防护设备的需求，显然，现有供应商增加的这些产能仍然是不够的。

重新利用闲置资产

在医疗用品、卫生纸和食品杂货等物品需求激增的同时，其他物品的需求却急剧下降，如旅客航空旅行和餐馆堂食用餐。这些起伏影响了所有为这些活动的正常水平而设计的深度互联的供应链。衰退使一些资产和人员闲置，而对其他资产和人员造成过大的压力。随着大流行病的肆虐，公司找到了重新利用未被充分利用的资产的方法，以应对激增的需求。

喂饱空运巨兽的肚子

面对病毒的威胁，政府、企业和个人都采取了措施，限制航空旅行。政府禁止来自受感染国家的航空旅客入境，或实施为期 14 天的强制隔离；企业禁止员工旅行；关闭旅游目的地，许多消费者取消了航班预订，并停止飞行，因为他们害怕被困在 37 000 英尺的密闭空间中。这些行动都促成了客运航空旅行的近乎彻底的暂停。

客运机队的停飞暴露了对时效要求极高的多种产品（例如医疗用品、紧急备件、海鲜等易腐物品和其他高价值物品）的国际供应链软肋。许多航空公司的乘客都不知道，他们托运的行李通常与大量航空货物共用一个货舱。时间紧迫的包裹托运人依赖于全球每天超过 10 万个商业航班的正常时间表。总的来说，在新冠病毒蔓延之前，客机提供了全球一半以上的航空货运能力，其中包括 45% 的亚洲航空货运能力和大约 80% 的跨大西洋航空货运能力。[12]

强生公司负责消费者健康供应链和交付的全球副总裁梅里·史蒂文斯（Meri Stevens）解释说："在新冠病毒大流行之前，强生公司大约70%的产品是通过商业航班的机舱运输的。此外，强生的许多产品对温度敏感，所以需要在管理库存和保护病人的同时保护它们。"[13]

所有这些功能的丧失威胁到世界对疫情的应对以及许多基本和普通供应链的运作。美国药品研究和制造商协会的高管安妮·麦克唐纳·普里切特（Anne McDonald Pritchett）在2020年4月底给美国交通部写信说："航空运输是通过供应链运输关键药品的关键，特别是在这种全球大流行病期间。"[14]从2020年3月初到5月中旬，中美航空运费涨了两倍，然后又涨了四倍，之后开始趋于平缓。[15]达美航空的供应链管理副总裁希瑟·奥斯提评论说："如今，产品、航班和健康运输方面的漫天要价现象无处不在。然而，达美航空很谨慎，没有参与其中。"[16]

一些航空公司挺身而出，迎接挑战（和机遇），既要满足对更多空运的需求，又要让闲置的飞机填满支付收入的"客户"，哪怕这些"客户"只是安静地坐在座位上的棕色盒子。达美航空的奥斯提描述了该公司的做法：达美航空没有拆除座位或重新配置飞机，因为它希望保持灵活性。可能在某一天将飞机用于货运，而在第二天将飞机用于客运。

从客运业务转为货运业务需要的不仅仅是转换飞机——还意味着要与其他货运供应商联系，以便将货物运进运出达美航空的飞机。奥斯提解释说："例如，有大量货物从深圳运出，而我们在那里没有降落权。但我们在上海有，所以我们必须把所需的货物从中国的一个城市运到另一个城市。"[17]

有些航空公司选择使用"座位袋"，可以预先装满货物，然后放到座位上。[18]像达美航空一样，大多数航空公司没有拆除座椅，也没有将客机完全改装成货机。拆除座椅需要时间和金钱。一个熟练的维修人员也需要几天的时间来拆除飞机上的座位，当乘客量增加时，还需要同样的时间来重新安装座位（商务舱和头等舱中更复杂的座椅则更难拆除和重新安装）。任何形式的改装都需要面临的一个挑战是，必须获得监管部门签署的改装飞机适航证。因此，8月，达美航空计划利用联邦航空局的特殊豁免，从其767喷气机上拆除座椅，将其改装成货物运输机。[19]

有些航空公司确实迅速改装了它们的飞机。例如，加拿大需要从东南亚运送医疗用品和工业零件。然而，服务于东南亚和北美的货运航空公司只飞往美国，不飞加拿大（加拿大在新冠疫情之前一直依赖内陆货运）。这使得加拿大市场的空运能力严重不足。为了解决这个问题，加拿大航空公司将其三架旗舰型波音777-300飞机改装成货机，将座椅从飞机上拆下来[20]。在六天之内，加拿大航空公司就确定了这一程序，并将其付诸实施，还得到了监管机构加拿大交通部的批准。

空客公司还开发了一种货运解决方案，包括拆除座椅和在客舱甲板上安装带滚轮的加固地板，使重型托盘的装卸更加方便、货物容量更大。随着航空公司波音747等老飞机的退休，许多飞机可能会被完全改造成货运飞机。

货物是航空公司的一个亮点。在2020年第二季度，大韩航空以季度利润的形式报告了在满目疮痍的航空业中罕见的好消息。这些利润来自于货运航班，其中大部分来自三星和LG等韩国科技产品，运往世界各地的居家消费者手中。[21]

借来一双手 （或2 000双）

2020年3月，C&S批发公司需要尽快增加工人和卡车，以便向其服务的7 000多个零售点分发数量激增的杂货。通常情况下，招聘需要大量时间：发布招聘广告、面试候选人、评估、审查、联系被选中的员工、新员工入职以及培训。这个过程需要太长的时间，而C&S批发公司的首席执行官迈克·达菲需要他们立即上岗。

达菲回忆说，他认识美国食品公司的首席执行官兼董事长皮埃特罗·萨特里亚诺（Pietro Satriano），该公司是一家市值240亿美元的食品分销商，为餐馆和其他机构提供食品，由于消费者留在家中，需求量急剧下降。达菲打电话给萨特里亚诺，问道："你有人工和卡车资源吗？我们可以用吗？因为我们需要2 000个人。"萨特里亚诺同意了，两家公司达成了一项安排，即美国食品公司的工人仍然属于他们公司，但被暂时调到附近的C&S批发公司的厂房工作。达菲说："一周之内，萨特里亚诺让工人们在我们的厂房中接受我们的设备培训，然后，第二天就开始生产。"

萨特里亚诺在3月对《超市新闻》(*Supermarket News*) 说："这种伙伴关系是一个很好的例子，说明我们正在以新的方式利用我们的分销能力来支持国家的零售商，我们重视这个重要的机会。"[22] 达菲与其他餐厅和机构食品分销商，如 Performance Food Group 和 Sysco 也签署了类似的协议。零售食品行业的其他参与者也采取了同样的措施，以满足不断增长的劳动力需求。例如，杂货连锁店 Albertsons 与餐饮及酒店业的 17 家公司建立了合作关系，快速引进 3 万名兼职员工[23]。达菲说："很高兴看到跨行业的合作，大家的目标是一致的，就是让我们社区的人们能吃饱。"[24]

（停车场） 大片有待填满的空地

对于零售商而言，商场和超市用于停车场的支出一直被认为是一项不受欢迎但又必要的开支。沃尔玛总是想方设法从每一项资产中获取更多的收入——它试图从其门店的大型停车场中获取更多的收入。例如，长期以来公司政策允许房车旅行者在商店的停车场过夜。[25] 自然，沃尔玛希望这些旅行者会在商店里购物，事实上，这些人是公司最好的客户。从 2020 年 8 月开始，沃尔玛开始将其 160 家门店的停车场改造为汽车电影场地，电影由罗伯特·德尼罗 (Robert De Niro) 的翠贝卡 Tribeca 公司策划。其体验中甚至包括电影首映式和直接送到顾客车上的优惠券。[26]

然而，沃尔玛并不是唯一一家这样做的公司。购物中心运营商 Brookfield 地产公司与 Kilburn Live 娱乐公司合作，将旗下一些商场的停车场改造成汽车影院，播放电影和举办虚拟音乐会。这样一个新的收入来源可能是一个受欢迎的缓解措施，因为商场业主正在应对新的现实——他们的一些租户在新冠大流行期间要么永远关闭店铺，要么减少支付租金，甚至完全不付租金。[27]

另外一些创新利用商场停车场的例子包括举办音乐节、有食品卡车的美食节、与当地餐馆共办的巧克力节，以及在停车场开办乐高乐园等。[28] 在这些情况下，停车场的业主要么收取空间使用费，要么依靠商店销售额的增加来创造急需的收入来源。

向个人防护设备和其他产品转移

随着新冠病毒的到来，人们很痛苦地发现，没有一个国家准备好了。医院没有为医疗工作者提供足够的个人防护设备，包括 N95 口罩、面罩和防护服。呼吸机这种可能拯救生命的设备也明显短缺。

开始承接防护物资

新冠病毒导致的最悲惨的危机，是由许多国家缺乏保护医护人员的个人防护设备造成的。在 2020 年 3 月、4 月和 5 月，仅在美国就有约 600 人死亡。[29] 美国的口罩囤积始于 2020 年 1 月，当时美国只有 5 个已知病例。[30]

许多制造商和零售商响应这一号召。现有的口罩制造商加紧生产，仅中国的总产量就增加了 10 倍，达到每年 400 亿个。总部设在波士顿的运动服装公司 New Balance（见第 24 章）是利用其资产制造口罩的众多公司之一。沃尔玛首席执行官道格·麦克米伦说："我们还要求我们的一些服装供应商生产医疗工作者的个人防护设备。"[31] 许多其他零售商和制造商——包括 Eddie Bauer、Hanesbrands、Gap、Ralph Lauren、Canada Goose、L. L. Bean 和其他公司——开始制造和分销防护面具和防护服。

灵活转舵

在有报道称病毒可能在脸部停留、之后转移到指尖并在人们触碰脸部时感染之后，洗手液的销量猛增。焦虑的消费者和企业将零售货架上的洗手液、消毒剂和其他清洁用品抢购一空。正如本章前面提到的，由于增加了洗手液的产量，联合利华在 2020 年第二季度实现了利润增长。但现有的供应商无法满足需求，所以其他不相关行业的供应商也开始行动起来。

佐治亚州布埃纳维斯塔（Buena Vista）的 Swamp Fox 酿酒厂的经验，说明了向新产品转变所需的力量和挑战。这家小酒厂能够迅速而轻松地从生产威士忌转向了生产洗手液。该公司拥有所有的关键资产：酒精蒸馏设备、装瓶生产线，散装液体和瓶子的储存设施，可以随时制造和装瓶酒精产品，无论是威士忌还是消毒剂。"当我在某个星期五晚上离开工作岗位时，我还在做威士忌生意，"该酒厂的共同拥有人布里特·穆恩（Britt Moon）说道，"星期一早上，我已经在制作洗手液了。"[32]

然而，这一变化对该公司供应链的两端并非没有挑战。在供应方面，酒厂需要酒精来源。最初，它利用现有的新鲜威士忌库存来制造消毒剂。当库存用完后，该公司来用了附近一家酒厂的剩余葡萄酒。然后，需求超过了供应。于是该公司从一个散装酒精生产商那里收购酒精，以确保每周能够生产多达一万多件 750 毫升装的洗手液。

需求方面也构成了挑战。"每天早上，我们的电话都被有需求的大公司打爆了，"公司合伙人安吉·穆恩（Angie Moon）告诉福克斯新闻（Fox News），"有 UPS、联邦快递、医院、风险公司、佐治亚州公园和娱乐中心，还有全州的治安部门。"[33] 为了处理订单和提供客户服务，公司不得不建立了自己的呼叫中心。

有 600 多家大大小小的酒厂，从生产威士忌等烈性酒转变为生产消毒剂。法国奢侈品牌路易威登也利用香水和化妆品的生产线来制造和销售免费的消毒凝胶。[34]

各厂商紧急帮助解决呼吸机问题

2020 年 3 月，据估计，全世界需要 88 万台呼吸机用于治疗数量猛增的新冠病毒感染患者。[35] 仅在美国，美国食品药品监督管理局预计缺口约为75 000台。[36] 许多公司纷纷介入提供帮助。

呼吸机发明于1780年，原理似乎很简单，但已经发展成为复杂的、高度规范的医疗设备，以确保不会伤害病人。其包含650多个先进的、高可靠性的部件，如精密的传感器和高性能的电动鼓风机，以及一台内置的计算机，其算法中有100多万行代码，以确保为病人提供适当的空气量、压力和循环率。[37]

荷兰皇家飞利浦（Royal Philips）公司是全球第二大呼吸机制造商，通常每周生产500台呼吸机。该公司正在通过与合同制造商伟创力（Flex）和捷普（Jabil）合作，将这一产能提高到每周4 000台。

伟创力是一家价值240亿美元的跨国合同制造商和供应链服务提供商，它为了快速满足客户需求，设定了每月25 000～30 000台呼吸机的生产目标。[38] 伟创力的首席采购和供应链官林恩·托雷尔（Lynn Torrel）这样描述了该公司正在进行的努力："进展非常顺利。一路走来，我们面临不少挑战——从设计变更、行业分配，到必须解决的许多关键部件短缺问题。供应商正在勤奋工作，每个人都在确定优先次序。以后肯定会有一些关于这个问题的文章出来，因为在六个星期内呼吸机的生产实现了从无到有，这是非常惊人的。"[39]

虽然不是唯一一家转向生产呼吸机的公司，但伟创力有两个很大的优势。首先，有一支工程师大军，善于将产品创意引入大规模生产——他们称之为"从草图到量产"。这种知识的广度和深度使它能够通过使用3D打印技术在内部制造供不应求的零件。其次，伟创力利用其供应链知识和与16 000家供应商的关系，缩短了关键部件的交货时间并可以迅速推出产品。

其他公司也为加速生产建立了伙伴关系。世界上最大的呼吸机制造商是伊利诺伊州梅塔瓦（Mettawa）的Vyaire医疗公司。该公司增加了自己的产能，但为了满足爆炸式增长的需求，它与Spirit AeroSystems公司进行了合作——后者是世界上最大的商业和国防飞机航空结构的非 OEM（原始设备制造商）设计和制造商之一。[40] 这种伙伴关系为 Vyaire 医疗公司带来了先进成熟的制造能力。

许多汽车公司也加入一起解决呼吸机短缺的问题。[41] 福特公司与通用电气医疗集团合作制造呼吸机，履行其与美国卫生和公众服务部签订的3.36亿美元的合同。该合作关系预计到 2020 年 8 月底能够生产 5 万台呼吸机。同样，通用汽车公司利用其在印第安纳州的一家停产工厂，与西雅图地区的医疗设备制造商 Ventec 生命系统公司合作，在 8 月底前生产 3 万台呼吸机，从而履行其价值4.9亿美元的联邦合同。[42] 特斯拉使用了特斯拉汽车的许多部件，提出了自己的设计方案。梅赛德斯开始制造更简单的持续气道正压（CPAP）呼吸机。这并不是汽车制造商第一次在大流行病期间制造医疗设备：早在 20 世纪 40 年代，威廉·莫里斯（著名的 Morris Minor，英国汽车工业的代表人物）就用他的工厂制造铁肺，帮助当时小儿麻痹症大型流行病中的受害者。[43]

许多其他制造和技术公司以及技术大学，包括麻省理工学院，已经设计并授权制造简化的呼吸机。[44] 这样做是为了确保病人能够获得不受呼吸机短缺限制的治疗，这是通往"新常态"道路上的一步。尽管有病毒，但生活还得继续。

第二部分
与不确定性共存

"最后，请允许我强调未来任务的艰巨性。它所需要的反应能力和复原力还没有完全实现。"

——奥利维尔·勒·佩奇（Olivier Le Peuch）
Schlumberger 有限公司首席执行官兼董事[1]

在新冠病毒开始流行的头八个月里，世界上每个人都在努力应对关于威胁之确切性质的基本不确定性，在这一挑战中，自私的囤积和无私的英雄主义混杂在一起。 每个人都希望大流行病会消退，但人类流行病的历史和生物学常识告诉人类这只是奢望。与火灾、洪水或飓风等灾害所造成的一劳永逸的破坏不同，新冠病毒会继续在社会中渗透。只要数十亿人仍然对这种疾病易感，新冠病毒就会存活在我们中间，我们需要设法管理一种 "新常态"。

　　本部分深入探讨了未来几年新冠病毒感染大流行的可能情景，以及公司在一个感染率、供应、需求、经济条件和政府行为等方面均存在不确定性的时期内如何进行管理。尽管我们希望得到最好的结果，但由于情况的不确定性，还是需要为最坏的情况做准备。

5　打地鼠式的恢复

新冠病毒促使世界各地的学校、企业和许多其他日常活动关闭，因为政府试图通过限制人与人的接触来减缓病毒的传播。

其结果是消费需求急剧下降，供应中断，失业率激增——特别是在那些不直接补贴雇主的国家。衰退的突然性让许多人措手不及。这种痛苦促使人们立即向政府施加压力，要求重新开放经济，并纷纷宣称"应对方案比疾病更糟"。

每个国家、州和地方都有自己的关闭、授权、对策、公民遵守程度以及感染率的相应变化的轨迹记录。每个地方都做出了重新开放的决定——有些基于科学，有些基于经济，有些基于政治。然而，仓促的重新开放在许多地方引发了感染的复发，导致了更多的关闭和隔离。例如，欧洲夏季旅游季节的结束导致西班牙、法国和其他欧盟成员国的病例激增，[1] 并引起了越来越多的关注。麦当劳公司首席执行官克里斯·坎普钦斯基（Chris Kempczinski）说："复苏的确切轨迹是非常不确定的。"[2]

总的来说，政府对恢复和大流行病的作用可能不如公众；最终，公众在戴口罩、保持距离、避免聚集、减少旅行和隔离方面的行为，决定了病毒的传播及其传染性和毒性模式。

强生公司全球副总裁梅里·史蒂文斯（Meri Stevens）描述了该公司供应

链受到的影响："对我们来说，最具挑战性的是正在发生的事情的动态性质。运输几乎每天都被世界各地的新规则和条例所扰乱。边界可能关闭。每架飞机都可能会遇到一个新的规定。每天，规则的应用方式都在发生变化，而且几乎是一个国家一个样。"[3]

疫情

"我认为人们必须记住的是，病毒不会消失。它将在很长一段时间内与我们共存，"哈佛大学全球健康研究所所长阿什·贾（Ashish Jha）说道。[4]大流行病通常会造成跨越数年的感染浪潮，并在不同的时间、不同的地区涌现。美国国家过敏和传染病研究所所长安东尼·福奇博士在 2020 年 4 月底警告说，另一个浪潮是"不可避免的"，其严重程度取决于美国如何为其做准备。"如果到那个时候我们已经把需要解决的所有对策落实到位，我们应该做得相当好，"福奇表示，"但如果不能成功地做到这一点，我们可能会面临一个糟糕的秋天和一个糟糕的冬天。"[5] 2020 年 6 月至 7 月，美国南部各州的感染重新出现，证实了他的观点。

明尼苏达大学传染病研究和政策中心的研究人员分析了新冠病毒大流行和以前的八次流感大流行，为新冠病毒大流行的未来预设了三种可能的情景。[6] 在第一种情景下，新冠病毒产生了一系列的高峰和低谷，在一到两年的时间里持续重现，但在 2021 年的某个时候逐渐减弱。在第二种情景下，该病毒在 2020 年秋季或冬季猛烈复苏，出现比之前更大的病例浪潮，与 1918 年的流感大流行相类似。[7]在第三种情景下，它继续缓慢地在社区传播，并出现适度的、波动的阳性病例数量。无论是哪种情景，研究人员在 2020 年 4 月底得出结论："我们必须在至少 18～24 个月内，为新冠病毒感染在不同的地理区域定期出现高峰做好准备[8]"。然而，研究人员并没有将早期疫苗或有效疗法的可能性纳入他们的预测中。

正如人类已经调整了对病毒的反应——检测、隔离感染者、保持社交距离等——病毒也在发生变化。病毒每次复制时，其分子机制有时会在复制遗传物质时变异，如果该病毒的变异副本找到了宿主，这些变化就会被传递下去。截至 2020 年 8 月，科学家们已经确定了导致新冠病毒出现的约 4 300 种不同的变体，[9] 而且随着时间的推移，无疑会出现更多的变体。例如，8 月 14 日，马来西亚和菲律宾当局报告了该病毒的一个新变种，并警告说它的传染性似乎更强[10]。通常情况下，变异不会改变什么。有时，它使后代无法生存，但有时会改变感染的特征，对人类产生重大影响。

随着病毒传播给数百万人，然后是数十亿人，并在每个人身上复制数十亿或数万亿次，发生变异的可能性增加，这些变异可以传播并改变大流行病（无论好坏）。在某些情况下，很可能出现一个不太致命的突变体，就像导致普通感冒的其他四种冠状病毒那样，人类基本上学会了与之共存。或者，可能会出现一种突变体，它可以感染接种疫苗的人，或逃避目前对新冠病毒感染的检测。这将创造一种新的呼吸道疾病，来重新启动流行病循环，而且这种流行病无法在新冠病毒、流感或其他已知病原体检测中检测到。然后，卫生保健系统将需要以某种方式将其作为一种新的病因来识别。（这种情况经常发生在流感上，这就是为什么人们每年都要注射新的流感疫苗，以应对当年的病毒。）关键是，在未来几年，病毒可能会反复出现，对人口和经济造成或大或小的负担。

当所有注意力和医疗资源都集中在新冠病毒上时，另外一些传染病正在乘虚而入。[11] 2020 年初，新冠病毒感染的兴起导致各国推迟了其他严重儿童疾病的免疫接种计划。他们这样做是为了减少病毒的传播，重新安排医护人员对抗新冠病毒，也是因为疫苗物流的中断。但这后来导致了白喉、脊髓灰质炎和麻疹在 30 多个国家暴发。世卫组织总干事特沃德罗斯·阿达诺姆博士（Tedros Adhanom Ghebreyesus）警告说："新冠病毒大流行对免疫计划的破坏，有可能使几十年来在防治麻疹等可预防的疾病方面取得的进展化为乌有。"[12] 事实上，比尔·盖茨在 8 月 18 日接受《经济学人》杂志编辑的在线采访时估计，新冠病毒引发的 90% 的死亡不是由新冠病毒直接造成的，而是由其他疾病以及发展中国家的贫困和粮食短缺问题造成的。[13]

三个退出策略

爱丁堡大学传染病流行病学教授马克·伍尔豪斯（Mark Woolhouse）说："确实有一个很大的问题，那就是退出策略是什么，我们如何摆脱这个问题。""不只是英国这样，没有一个国家有退出策略。"[14] 香港大学流行病学家梁卓伟（Gabriel Leung）补充说，"在有足够的免疫力之前，这种大流行病是不会平息的。"[15] 免疫力可以来自疫苗接种或控制传播，这是三种可能的大流行病退出策略中的两种。

英国首席医疗顾问克里斯·惠蒂（Chris Whitty）教授说："从长远来看，疫苗显然是解决这个问题的一个途径，我们都希望这能尽快实现。"[16] 对大约三分之二的人口进行疫苗接种将确保任何暴发都是小规模和局部的，仅限于未接种疫苗的人和免疫系统薄弱的人。有免疫力的人越多，病毒传播的机会就越小。

截至 2020 年 8 月中旬，有 29 种候选疫苗处于临床评估阶段，同时还有 138 种候选疫苗处于临床前评估阶段[17]，由专门的科学团队在一场激烈的、（科学家之间）全球合作的竞赛中寻找合适的疫苗。[18] 政府、公司和非政府慈善组织为确保大规模生产能力投入了数十亿美元。然而，由于存在两个重大的挑战，疫苗接种作为一个风险退出策略也存在不确定性。第一个挑战是疫苗开发的风险性和不确定性。疫苗是否安全、有效、易于大规模生产，并能够赋予人体持久的免疫力？历史表明，疫苗开发的道路上铺满了失望和崩溃。[19] "我们之前开发得最快的疫苗是针对腮腺炎的，花了四年时间。而通常开发一种疫苗需要 10 ~ 15 年。因此，12 ~ 18 个月时间将是破纪录的，"斯坦福大学健康交流倡议协会的主任塞玛·优思明（Seema Yasmin）博士说道。[20]

疫苗接种的第二个挑战是，如果没有大范围的接种，它就无法发挥作用，而接种与否远远无法保证。美联社 NORC 公共事务研究中心的一项民意调查发现，只有大约一半的美国人说他们会接种新冠病毒疫苗。[21] 许多人担心"急速"开发和快速推广意味着产生副作用的风险更高。有些人则认为新冠病毒不够危险，不值得接种。50% 的疫苗接种率使得新冠病毒更有可能像麻疹一样成为地方性疾病。也就是说，它将继续出现，在未接种疫苗的人群以及那些接种了疫苗但免疫系统反应不佳的人（例如，老年人、患有哮喘的人以及服用免疫抑制剂的人）中继续传播。

第二种退出策略是允许病毒继续在社区内传播，直到有足够多的人被感染并康复，形成"群体免疫"。如果疫苗真是一个遥远的、不确定的希望，而严厉的封锁只能推迟疾病不可避免的传播，那么控制传播可能是最好的选择。这是瑞典策略的一个关键因素。[22] 不幸的是，这种策略会导致大多数人感染病毒（以及带来社会中断、成本增加和数百万新冠病毒病例的长期健康影响），并会导致一些人——也可能是许多人——面临死亡。这种策略可能还要求人们在数月或数年内保持一定的物理距离（可能是自愿的），以确保疾病只是缓慢传播，避免击垮当地医院。刚开始时得到广泛支持的瑞典模式，在由此导致的高死亡率（主要是老年人）变得明显时，遭到了越来越多的批评。[23]

"第三种选择，"伍尔豪斯说，"就是行为上的永久性改变，能够确保较低的传播率。"[24] 在公共场所戴口罩、保持距离、消毒和避免大规模集会等，可能会成为一种生活方式。带病上班可能成为被解雇的理由，而不是努力的标志。行为追踪应用程序或政府的测试和跟踪程序可能会成为公共生活中的一部分（或要求）。新冠病毒身份证明可能会像夜总会门口的年龄证明、机场检查站的身份证明或进入办公大楼时的身份证明一样常见。

由于新冠病毒感染是一种全新的疾病，科学家们不知道这种病毒会带来什么。一种可行的疫苗何时能通过临床试验进入大规模生产，并被广泛使用，足以阻止病毒的传播？接种疫苗的人或以前被感染的人是否会拥有长期免疫力？一旦大多数人得了这种病（或接种了疫苗），他们能给剩余的人提供群体免疫力吗？或者人们会在几个月或几年内再次被感染，就像导致普通感冒的四种冠状病毒一样？[25]新冠病毒会不会变异为毒性更强或更弱的形式，成为人们每年或多或少要经受的病痛？制药商最终能否找到降低死亡率的治疗方法，并减少人们对感染这种疾病的恐惧？

随着大流行病的发展，全球公民已经成为数百个未经协调的自然实验中不知情且往往不愿意的小白鼠。当每个司法管辖区对检测、接触者追踪、物理距离、企业关闭、重新开放时间表以及对受影响者的财政支持做出自己的决定时，也正在对其公民的生活和生存进行考验。时间会告诉我们哪些地方的死亡人数最多，哪些地方的经济影响最严重。如果 1918 年流感的历史在今天重演，我们将看到，那些封锁时间最长、最严厉的管辖区与那些急于重新开放的地方相比，死亡人数更少，经济恢复情况更好。[26]

金融传染病的威胁

在病毒入侵全球的半年多前，美联储主席杰罗姆·鲍威尔（Jerome Powell）警告说："企业债务显然已经达到一个应该让企业和投资者暂停和反思的水平。如果衰退不期而至，一些企业将面临挑战"。[27]他进一步指出，"一个高杠杆率的商业部门可能会放大经济衰退，公司会被迫裁员和削减投资。"随着新冠病毒的蔓延，特别急剧的衰退肯定会不受欢迎地到来，威胁到世界上一些公司高达 74 万亿美元债务的偿还。[28]

许多家庭、公司甚至国家，都无法消化这种疾病造成的金融冲击，例如失业、消费支出下滑、成本增加和税收下降等。美国的抵押贷款拖欠率跃升至 21 年来的最高水平（比 2008 年金融危机最严重时期高出 50%）。[29]房地产投资管理公司 Datex Property Solutions 发现，在 2020 年 4 月和 5 月，约有 40% 的零售租金没有支付。[30] 消费者、零售商和公司逾期支付抵押贷款、租金和债务偿还，反过来又危害了房东和银行。"社交距离拉大意味着未来几个月商业地产和市政当局的金融末日，"惠伦全球顾问公司负责人 R. 克里斯托弗·伟伦（R. Christopher Whalen）在其博客上写道。[31]

　　一个类似的问题困扰着公共部门，市级、州级和许多国家级政府都面临着严重的财政压力。经济崩溃破坏了税收收入，而大流行病则增加了成本。有些国家在进入病毒大流行时期时已经有了很高的债务负担，将难以偿还。[32] 依靠旅游业的国家受到的打击特别大，那些许多工作不能在国内完成的国家，或者企业部门由小公司主导的国家也是如此。《经济学人》杂志建议对最容易被封锁的国家进行排名。[33] 在欧洲，受影响最严重的国家是希腊、西班牙和意大利。同样，依赖旅游业（拉斯维加斯、纽约）、依赖国家直接援助（水牛城、罗切斯特）或依赖销售税（新奥尔良）的城市是最脆弱的。像波士顿这样严重依赖相对稳定的收入来源（如财产税）的城市，处于最有利的地位。[34] 这可能会迫使一些辖区——特别是那些不能制造自己的货币的辖区——破产（"主权债务违约"）；开征严厉的税收，牺牲未来的增长；或以平衡预算的名义放弃关键的政府服务。有些国家将不得不在国际货币基金组织的规则下对其经济进行重组和改革。

　　就像 2008 年的金融危机一样，家庭、公司或政府无力偿还对他人的债务，会产生多米诺效应。在许多情况下，贷款人对其他人也负有重要的义务，如果有太多的借款人或租房者无法付款，他们可能被迫违约。例如，如果有太多的抵押贷款持有人不能向当地银行偿还贷款，当地银行就会对其存款人和债券持有人违约。同理，一个投资于商业房地产投资信托基金的保险公司，需要用商业租金流来支付退休人员的年金。违约、宽限和债务豁免在金融结构中将产生涟漪，带来令人意想不到的后果。

长期经济影响

随着新冠病毒危机在世界各地的持续，很明显，经济影响将持续很长时间。[35] 在 19 世纪中期以来的所有严重金融危机中，人均国内生产总值平均需要 8 年才能恢复到危机前的水平。[36] 虽然美国、中国和欧洲有能力提供大规模的金融刺激措施，但大多数其他国家没有能力克服经济损失。

由于贸易战和大流行病导致的贸易减少（见第 17 章），许多贸易联系已经中断。商品价格下降，旅游业也崩溃了。高失业率意味着许多失业者将失去技能，并更难重新进入劳动力市场。最后，这种大流行病正在导致大量的小公司——大多数人在其中就业——倒闭。[37] 可能需要很长时间才能出现新的企业，提供新的就业机会。

国际货币基金组织预测，发达经济体的赤字与 GDP 之比，将从 2019 年的 3.9% 膨胀到 2020 年的 16.6%。[38] 处理这些债务将阻碍世界经济的重建，并使解决社会、基础设施、环境和其他一系列挑战的宏伟计划受到影响（见第 19 章）。

社会动荡

如果说涨潮使所有的船都升起，那么退潮则使港口中的岩石都暴露出来。新冠病毒对社会稳定和犯罪产生了连锁效应。美国的多数大城市都出现了犯罪率的上升。例如，据《华尔街日报》报道，到 2020 年 6 月，"今年的谋杀案比去年猛增 160%，而入室盗窃案增加了 56%，劫车案增加了一倍多。许多地方只有住宅入室盗窃和盗窃案的数量下降——毫无疑问，这是因为人们都待在家里。"[39]

加剧的种族和社会不平等、疯狂的公民和高失业率，为抗议、民间动乱、暴力和抢劫提供了有毒的养分。据称明尼阿波利斯警察对乔治·弗洛伊德（George Floyd）的谋杀可能引发了席卷美国和其他国家的抗议和暴力浪潮，但新冠病毒可能创造了使这场风暴得以发生的主要条件。

对于已经被与新冠病毒有关的关闭和销售额暴跌推到悬崖边上的零售商、餐馆和其他城市企业来说，抢劫和破坏行为可能是进入破产的最后推手。反过来，这又使受暴乱影响最大的城市的失业率上升、房地产价值恶化。

重新开张、关闭和其他混乱情况

在推测经济复苏的趋势时，经济学家们提出了一系列复苏形状的字母，如快速的 V 形、较慢的 U 形、令人沮丧的 L 形或振荡的 W 形。这些简单的形状既忽略了全球经济的复杂性，也忽略了地方性感染的复苏对国家和公司造成的连带金融损害所引起的潜在破坏。"需要小心，不要预测直线——国家开放的那一刻，我们都是自由的，商业会复苏。我认为会有很多反复。"百事公司首席执行官拉蒙·拉瓜塔（Ramon Laguarta）说。[40] 约翰·霍普金斯大学健康安全中心的流行病学家凯特琳·里弗斯（Caitlin Rivers）博士说："像已经退出了第一波一样谈论第二波，会让我们无法聚焦于正在发生的事情。"[41]

相反，更有可能出现的情况是，局部感染周期和相关影响的拼凑，反过来又造成经济复苏和复发的周期，困扰着企业及其供应链。随着供应和需求在不同的时间和不同的地方循环，牛鞭效应将特别猛烈，因为企业不断被变化所鞭打。也就是说，当病毒在企业所依赖的遥远供应链所在的不同城市、州和国家抬头或消退时，企业面临着一场全球性的打地鼠游戏。[42]

对公司来说，不幸的是，当需求模式出现潜在的结构性变化时——例如在大流行期间，传统的"需求预测"方法就不起作用了。所有预测模型都依赖于未来的销售行为，从统计学上看与历史销售一样，而当消费者的行为发生明显变化时，情况就并非如此了。基于人工智能（AI）和机器学习（ML）

工具的模型在变化的环境下通常也会失灵，因为它们也是以过去的数据为基础的。[43] 供应也可能没有保障，因为供应商、公司自己的设施和相连接的运输系统可能由于设施问题、区域封锁或各国家不断变化的法规，而导致无法使用或能力有限。

首席执行官们想知道，数万亿美元的经济刺激措施何时（以及是否）会重新启动消费者需求，特别是像汽车这样的大件商品。"这些钱会不会被花掉，会不会直接用于新车购买？"汽车零部件制造商 Dana 公司的董事长兼首席执行官詹姆斯·卡姆西卡斯（James Kamsickas）对此很好奇，"谁知道会发生什么。这是复苏吗？不是吗？谁知道呢？"[44]

另一位汽车行业的首席执行官、汽车电子和计算机系统制造商 Aptiv 的凯文·克拉克（Kevin Clark）说，"今天（2020 年 5 月 5 日）我们坐在这里，情况非常不稳定。重启的时间和步伐尚不可见。考虑到创纪录的失业水平、个人收入的减少和消费者购买情绪的下降，我们也担心潜在的消费者需求。"[45] 类似地，美国电话电报公司的首席执行官兰德尔·斯蒂芬森（Randall Stephenson）在 2020 年 5 月表示："我们请来了世界上最聪明的、堪称天才的经济学家，你可以请来十几个人，2020 年第二季度可能出现的结果范围之广令人难以置信。"[46]

另一个让首席执行官们更加担心的趋势是西方国家的储蓄过剩现象日益严重。美国和欧洲的消费者没有花钱，而是创纪录地将资金转为储蓄。[47] 此外，旧金山联邦储备银行发表的一篇研究论文认为，与其他危机不同的是，大流行病似乎会导致利率在数十年内下降，预防性储蓄增加，支出减少。[48]

鉴于这些挑战，可见德怀特·艾森豪威尔（Dwight D. Eisenhower）将军的话是正确的："计划是无用的，但规划是不可缺少的。"就新冠病毒而言，未来数月和数年的规划应侧重于准备对供应和需求的变化情况做出灵活且快速的反应。这种规划不仅包括开展检测和减轻中断带来的影响，还包括适应不断变化的时代，并在打地鼠式的恢复过程中寻找商业机会。

6 应对持续中断

列夫·托尔斯泰（Leo Tolstoy）在其小说《安娜·卡列尼娜》（*Anna Karenina*）中写道："幸福的家庭都是相似的，不幸的家庭各有各的不幸。"当涉及诸如新冠病毒这样的破坏时，这一观察有两个类似的事实。第一，每一次令人不快的中断都伴随着一连串讨厌的原因和一连串的悲惨影响。新冠病毒在全球广发性、混乱的时间尺度、持续的不确定性、挥之不去的后遗症和政治影响方面，肯定不同于最近的任何其他破坏事件。新冠病毒是许多不同的破坏性事件合而为一。第二，处理大流行病带来的挑战和为恢复经济增长做准备涉及许多核心的复原力原则，这些原则适用于新冠病毒，也适用于任何其他破坏。

霍尼韦尔公司的董事长兼首席执行官杜瑞哲·亚当奇克（Darius Adamczyk）在2020年第一季度与投资者的财报电话会议上说："我们无法控制大流行病，但我们可以控制如何降低运营和供应链的风险，与客户接触，管理成本和保持流动性。"[1]由于新冠病毒，公司可能要面临很长一段时间的中断。截至2020年夏天，公司面临着额外的感染浪潮、对这些暴发的反应以及经济快速减速的影响等直接挑战。从长期来看，公司面临着大流行后的"常规"客户需求、员工工作安排和贸易规则的必然不确定性。

正在发生的与健康有关的各项指令、焦虑情绪和风险，加上深度经济衰退，意味着工作、零售、教育和生活都有可能在相当长的一段时间内变得不同。因此，应对持续危机的应急管理实践可能成为许多公司的新常态。

总的来说，在一个高度不确定的新常态下进行管理，需要采取三个主要举措：

- 维持生存、应对和恢复所需的资源。
- 专注于敏捷的决策过程，在管理非常复杂的组织时，能够同时驾驭无政府主义和缓慢的官僚作风。
- 实现组织内外新的信息共享水平，以协调行动并稳定利益相关者。

现金至上

Schlumberger 公司首席执行官奥利维尔·勒·佩奇（Olivier Le Peuch）在谈到 2020 年第一季度时说："到目前为止，我们所采取的行动都集中在那些我们可以控制的事情上，以保护我们的业务——在不确定的行业和全球环境中，现金和流动资金显然是要优先考虑的。"[2] 2020 年 4 月，美国商会和科尔尼公司就新冠病毒危机的商业影响对 80 名高层管理人员进行了一项调查。他们发现，几乎 50% 的人都预计六个月内会出现现金问题。许多公司的首席财务官采取了一定的财务措施来调集现金。截至 2020 年 7 月 14 日，已经有773 家上市公司削减了它们对股东的股息支付。已经减少或暂停支付股息的S&P 500 公司比 2008 年全年都要多[3]。有些公司还动用了信贷额度或以举债方式来提高其现金水平。

削减成本通常（也很不幸地）会涉及削减工人的工资。至少有 400 万名私营部门的雇员在新冠病毒感染流行期间被减薪。[4] 在许多组织中，高薪的高级管理人员自愿削减自己的薪酬。例如，当数千名达美航空公司的员工正在休无薪假时，该航空公司的首席执行官埃德·巴斯蒂安（Ed Bastian）在3 月中旬宣布，他将在 4 月至 9 月期间放弃自己的工资，董事会成员也是如此。该公司的管理人员减薪 50%，董事和常务董事减薪 25%。[5] 除此之外，他们的股票期权，也就是他们报酬的大部分，都一文不值。2016 年，该公司向员工分享了 16 亿美元的利润，这种情况在短期内不可能重现了。

"我对危机的看法是，"福特公司当时的首席执行官吉姆·哈克特在 5 月 6 日说，"你首先要做的是稳定下来，这样就可以运营并收回一些飞出门外的成本。"[6] 这意味着要做出艰难的决定，推迟所有资本投资并削减可自由支配的开支。例如，汽车制造商正在削减对更长远的技术投资的支出，如电动汽车、自动驾驶汽车和汽车共享服务，这些都被普遍认为对汽车公司的未来至关重要。[7] 通用汽车是底特律唯一一家报告季度盈利的汽车制造商，而它与福特和菲亚特·克莱斯勒一样，在需求暴跌和工人缺勤的情况下试图应对现金短缺。[8] 在评论资本外流现象时，通用汽车首席执行官玛丽·巴拉（Mary Barra）告诉分析师："当你真正面临挑战时，你会发现机会。"[9]

除了削减成本，供应链管理的三个操作参数还可以通过所谓的现金转换周期（CCC）或现金到现金的时间周期来帮助提高现金水平。[10] 该周期涉及与供应商、客户和库存相关事件的时间安排。

首先，公司可以通过减慢向供应商付款的速度来节约现金。应付账款周转天数（DPO）是指从公司有义务向供应商付款到实际向该供应商付款之间的平均延迟时间。推迟付款可以使现金留在公司。尽管增加应付账款周转天数可以改善现金水平，但也有可能损害财务状况不佳的供应商，导致供应中断。[11]

其次，库存基本上相当于存在仓库里或零售货架上的现金。库存周转天数（DIO）是指公司持有的来自供应商的零件、制造中的半成品、仓库和商店货架上的成品以及从供应商到工厂、从仓库到货架的所有物品的平均销售天数。库存捆绑了现金，这些现金可以通过出售库存和减少零件及产品在供应链中的停留或运输时间来释放。即使在今天的即时库存管理系统中，大多数公司仍保留了大量的库存。在新冠暴发之前，过去十年的经济增长鼓励企业专注于客户服务，这往往意味着利用库存来减少缺货情况和不完整订单的可能性。以释放现金为目的减少库存量，可以改善现金水平，但如果供应中断或需求激增，又会增加服务风险。

最后，公司可以通过缩短付款的滞后时间来提高现金水平。销售变现天数（DSO）是指从客户产生向公司付款的义务到公司收到客户付款之间的平均延迟天数。如果一家公司能够将销售变现天数降低到应付账款周转天数以内，它将在向自己的供应商付款之前收到客户的付款，从而有效地得到供应商的资助。

老虎团队

大流行病可能是全球性的，但病毒在打地鼠模式中的影响是局部的、多样的和不断变化的。为了快速管理世界各地波动的供需，像伟创力和强生这样的领先公司拥有"老虎团队"，帮助管理世界各关键地区的危机，或关注其供应链的关键环节。这些团队既收集数据，又采取行动。

首先，老虎团队充当倾听者的角色，用当地语言与当地的利益相关者沟通。虽然这些团队肯定会与当地政府保持经常性的联系，但新冠病毒带来的危机证明，政府可能会淡化问题以避免恐慌，而不是坦率地公布真实信息。要准确了解情况，需要从非传统来源获得信息，如医院的联系人和跟踪世界各地的社交媒体帖子。老虎团队还会报告当地新闻和当地资源的影响。

老虎团队还充当快速反应部队，提供"地面部队"。他们可以帮助确保当地工人的安全，帮助当地供应商或客户复工。他们可以与当地政府合作，以获得转移关键货物、重新开放公司设施或关键供应商设施的许可。这些团队由一个管理全球整体反应的中央应急管理中心协调。

在谈到新冠病毒开始袭击欧洲时，伟创力公司首席采购和供应链官林恩·托雷尔说："我们已经为员工采购了所有的个人防护设备，并且在位于匈牙利的一个中心进行了储备。"在日常通话中，来自现场的信息促使了另一个改变。"我们接到一个电话，有人说，似乎过境时间有点长了。不知道从长远来看会发生什么。"托雷尔解释说，"我们在边境关闭和运输延误之前就做出了决定；我们把所有的设备都搬到现场，而不是放到枢纽中心。"[12]

一个有目的的虚拟房间（和任务）

在颠覆性的时代，公司依赖于及时的信息、快速的合作和快速的决策。即使在正常情况下，竞争也会促使公司走向更快、更好的决策过程。为此，一些公司已经建立了供应链控制塔或网络运营中心，以管理它们的全球网络，并管理破坏性事件。例如，宝洁公司有一个供应链控制塔，采用基于云的平台，提供生产和外部需求的实时信息。该公司利用这个控制塔提供的可视性和分析，管理诸如桑迪飓风（2012 年）和厄玛飓风（2017 年）导致的中断。[13]一些大型企业如沃尔玛，有紧急行动中心（EOC）"作战室"，帮助监测动态情况，为协调决策提供中心场所。

集中信息有助于组织尽快发现问题，快速做出决策，并根据预测和缓解措施积极监测事件和活动的轨迹。在新冠病毒大流行期间，管理危机的"地点"转移到云上，其功能越来越多，包括互联网视频、文档共享、实时仪表板和分析功能。

比地点更重要的是人。危机管理需要一个对受影响地区有直接了解并控制关键资源的领导团队。在制造行业公司，这个团队通常由供应链和工程专业人士领导。他们要与市场、销售、人力资源、法律、财务、设施和公共关系等方面的主要领导人进行日常协商。

Biogen 公司的安全副总裁丹尼尔·比兰（Daniel Biran）在为本书接受采访时，描述了该公司的企业风险管理团队在新冠病毒大流行期间的运作。"Biogen 公司的每个职能部门都是它的一部分，从供应链到医疗、法律、人力资源到 IT，每个部门都参与其中。我们还决定，将企业风险管理团体作为 Biogen 公司的危机管理团队。"[14] 一个有效的团队的基本要素是一个清晰的参与者名册，有明确的决策规则，以及在时间紧迫时根据需要采取行动的权力。新冠病毒流行期间，伟创力公司有 40~45 人参加了每天的虚拟作战室会议。这种每天一次的会议持续了几个月，直到实施了允许减少会议频次的流程。[15]

同样，C&S 批发公司的首席执行官迈克·达菲描述了他们在 2020 年春天应对措施的变化。"直到 3 月的第一个星期，我们才真正看到订单的激增"。他补充说，"但那才是真正开始的时候。就在那个星期四，我们成立了危机管理小组。我们改为每天开两次会，早上 7 点半，晚上 5 点，一直开到周末。这些会议大概持续了一个月，然后我们开始取消周日的会议，之后取消了上午的会议，只保留晚上的。我们大概在 4 月中下旬开始减少（开会的）频率。但 3 月是一个转折。我的意思是，艰辛度日，勉强维生。"[16]

危机管理工作的重点有三个方面：员工、企业和社区。最佳做法是授权不同的团队来管理每个重点领域，以避免忽视任何一个领域。一个团队负责照顾员工：确保他们的安全，保证医疗保险的连续性，根据需要获取个人防护设备，帮助解决心理健康需求，并帮助解决家庭困难。另一个团队专注于业务：满足客户，与供应商合作，使业务恢复运行。最后，社区关怀团队可以为社区活动安排捐赠，为重新开放的讨论出谋划策，或帮助社区采购和制造个人防护设备。

别管闲事

人们以任何可能的方式提供帮助的自然倾向，在混乱的气氛中会产生令人意想不到的后果。在 2011 年日本地震、海啸和核灾难期间，通用汽车面临用于控制加热座椅的电子组件的短缺。为了解决这个问题，一位副总裁认为通用汽车应该简单地制造没有加热座椅的车辆。但是这个解决方案会带来更多的问题，因为加热功能是豪华车型中真皮座椅的标配。将生产转向没有加热座椅的汽车会导致产生三个主要问题：无加热功能的布质座椅的短缺；公司供应链和与豪华车型相关的工厂中的零件和原材料的堆积；经销商和客户的失望。

为了防止公司里的每个人都做出善意的决定（但是事实上这些决定可能会造成意想不到的坏后果），通用汽车采用了一个口号："别管闲事"，旨在限制人们在复杂系统中擅自做决定。[17] "别管闲事"意味着创建明确的分工和授权的角色，以定义所有工作。这也意味着，被派去管理危机的人需要深入了解供应链、制造、分销和销售之间错综复杂的关系。最后，公司在混乱期间可能需要一个 7×24 小时的紧急行动中心（EOC），部分原因是为了协调世界各地的决策——这些决策可能会影响到其他地方。

少一些官僚主义

迫切需要采取行动时，加速决策和消除行动障碍尤为重要。官僚作风越少速度越快。老虎团队以及某种形式的 EOC 可以实现这一目标。与传统的"上层"审批程序相比，老虎团队能够快速做出本地决策。当危机快速发展时，在组织的最底层——接近问题的地方进行决策，即使没有高级管理层的批准，也可以通过快速采取缓解行动，避免小危机变成大危机。

正如 19 世纪德国陆军元帅赫尔穆特·冯·毛奇（Helmuth von Moltke）所说，"没有任何计划能在与敌人的第一次接触中幸存下来。"[18] 因此，像 Zara 这样的公司和美国海岸警卫队这样的组织，授权给生产线上的操作员和地方指挥官，以便在发现问题时迅速采取纠正措施。[19] 然而，当危机是全球性的时，就需要统一协调。因此，集中式的 EOC（以虚拟方式）将数据和决策者聚集在一起，以创建快节奏的决策周期。EOC 可以制定指导当地快速行动的协议和行动规则，而老虎团队可以收集信息和监测事件，使 EOC 得到的信息保持持续更新。

危机公关，安抚人心

通用磨坊公司首席执行官杰夫·哈明宁解释说："我们不认为自己有所有的答案，但我们非常清楚自己的行动方式以及什么是最重要的。"[20] 焦虑和风险都来自不确定性。利益相关者对公司的意图了解得越多，他们就越能将其与其他信息结合起来，改善自己的恢复过程。

因此，信息共享对于减少供应链、经济体和社区中的交互风险大有帮助。公司应该准备好与所有的利益相关者（员工、客户、供应商、媒体、股东、分析师和社区）进行准确而坦诚的沟通。这意味着要不断沟通新的事态发展和保证行动方案的进展。

危机公关的一些规则如下。

- 经常沟通比彻底沟通要好。领导者可以沟通未知的事情和组织正在做的事情。

- 在危机期间，沟通需要简洁。虽然可能出现细微出入，但简单的信息更容易被焦虑的受众更好地吸收。

- 坦诚胜过魅力。人们渴望遇到他们能够相信的领导；因此，领导者不应该隐瞒问题，而应该透明、诚实和坚定有力。

- 信息应该是互相关联的，即使它与之前的信息不一致。人们明白，危机可能会改变形势，因此积极性和指令可能会改变。这就是一致性不如相关性重要的原因。

- 领导人应尽可能地具有包容性。虽然有些情况下可能需要采取果断的单边行动，但与所有利益相关者协商有助于缓解危机状况下的焦虑情绪。

当然，最好的沟通是行动，因为行动比语言更有说服力。当运动器材公司 New Balance 决定生产口罩时，该公司并没有立即宣布其计划。相反，它一直等到想出了设计方案、开始生产产品并且正在交付口罩时，才对外公开。New Balance 的首席运营官戴夫·惠勒（Dave Wheeler）说，直到那时，公司才通过一个简单的广告来宣布这一计划。[21] 这个简单的广告在 Instagram 上获得了170 万个赞、80 亿次印象。广告没有传达计划、意图或未来的承诺——只是告知了行动（见第 24 章）。

最后，管理层的发言一致是很重要的。相比之下，2014 年马航 MH370 航班失踪后，马来西亚总理、交通部长、航空公司、军方和其他方面的发言相互矛盾，出现了混乱。[22]

通用磨坊公司首席执行官杰夫·哈明宁在总结这些沟通原则时说："在一个充满不确定性的时代，明确比确定更重要。对我们来说，这种明确是员工的安全，是食品供应的安全，是此时此地的执行。"[23]

7 管理打地鼠式的供应波动

在新冠疫情和疫情后的世界中，供应商可能由于多种原因而无法处理订单。当供应商的厂房或社区出现新的集体感染时，可能会迫使其关闭。对供应商的财务损害——特别是如果供应商依赖于受严重影响的行业，如旅游业、酒店业或商用飞机制造业——可能会导致破产。当然，无论是否有大流行病，台风、地震、洪水和其他自然灾害的干扰都会造成破坏。

应对新冠病毒所导致的经济危机意味着，除了少数例外，世界上大多数公司的销售都遭受了损失。公司还承受了与工人安全措施相关的额外商业成本或生产力下降。同时，它们还必须支付债务。2020 年夏天，企业债务达到了历史最高水平。例如，到 6 月底，美国公司欠债 15.5 万亿美元（相当于美国 GDP 的 74%），其中几乎有三分之一是杠杆贷款和投资级别以下的债券。[1] 通常情况下，这意味着美国正在进入衰退期。更多的钱出去了，更少的钱进来了，高额债务导致了更多的破产。

"我们每天都会遇到新的阻力，"霍尼韦尔公司董事长兼首席执行官杜瑞哲·亚当奇克（Darius Adamczyk）说，"但我们一直在监测我们的供应链，与供应商密切合作，并在出现新的挑战时迅速做出反应。"[2] 管理供应不能满足需求的风险取决于计划、监测和反应的组合。

为供应中断做准备

我的两本书——《弹性企业》（*The Resilient Enterprise*[3]，2005 年）和《弹性的力量》[4]（*The Power of Resilience*，2015 年），都描述了许多供应链中断的情况，以及公司应如何准备应对。除了 1997 年的亚洲金融危机和 2008 年的全球金融风暴之外，书里所描述的危机都是某一特定地区的供应中断（如 2011 年的日本地震、海啸和核灾难）[5]或某一特定供应商影响到一家大公司甚至整个行业（如 2012 年的 Evonik 工厂爆炸事件）[6]。

在能够有效地做好准备之前，公司需要了解风险状况。这意味着要根据风险发生的可能性对潜在的破坏进行分类，如果风险真的发生，其破坏性有多大。这些维度有助于对风险进行排序。另一个分类维度是如何快速发现风险，这有助于公司考虑监控系统和应对不同威胁所需的时间表。然后，公司可以通过几种方式为供应中断做准备，这些方式包括：①建立供应链冗余；②建立灵活性；③发展早期检测能力。

供应链冗余主要涉及额外的库存和多个供货来源，这些都不是没有缺点的。额外的库存很昂贵，因为会产生库存持有成本。更糟糕的是，这可能会影响产品质量，因为工人可能会发现，当遇到损坏的零件或产品时，可以"从货堆里再拿一个"，而不是解决根本原因。然而后者正是丰田公司最初在制造廉价、高质量汽车方面取得成功的根源之一。多个供应商意味着公司对任何一个供应商来说都不是重要客户，其与每个供应商的交易量都很低，从而导致成本增加。此外，供应商的数量越多，其供应商涉及社会道德或环境问题的风险就越高，从而使公司的声誉和销售受拖累的风险越高。

灵活性涉及几个要素，包括：①对员工进行交叉培训，以便他们可以被调到任何一个需要他们的岗位；②对零件和产品进行标准化，以便它们可以互换；③延迟，或延迟定制，这涉及延迟产品交付给某个产品变体或客户的时间；④灵活性文化。灵活的企业文化有几个突出的特点：向上级自由地说真相的原则；当没有时间进行等级审批程序时，让最接近问题的人做出决定；在混乱中，允许尊重专业知识而不是公司等级。善于应对突发事件的公司通常是那些经常发生突发事件并能认识到风险的组织，如军队、航空公司，以及那些有着高风险业务的组织，如核电站或化工厂。

绘制供应链地图

了解整体风险暴露并实现早期预警的最有效方法之一是了解供应商生产所有产品零部件的厂房的位置，以及哪些客户购买使用这些零部件产品。有了这样一张地图，公司就可以确定是哪里发生了自然灾害或暴发了新冠病毒感染，并判断哪些零件供应、产品交付和客户会受到影响。然而，创建供应链地图并不是一时半会儿就能完成的事情。

2005 年，瓦基勒（Bindiya Vakil）女士从麻省理工学院运输与物流中心获得了供应链管理硕士学位。她加入了硅谷的思科公司，五年来几次供应链中断的经验告诉她，公司并不知道供应商的厂房在哪里。在一次采访中，她解释说："我们所知的地址是公司办公室或他们的'发货地'，而不是制造这些物品的工厂。"[7]

从每个供应商那里获得每个零件的供应商工厂位置数据，对公司和供应商来说都很费力。例如，思科有 1 000 多家供应商，包括四家大型合同制造商，采购过 5 万种零件，用于 200 多个产品系列的 12 000 多种产品。[8] 思科的许多供应商也是大公司，如伟创力，它在世界各地有 100 多个生产基地，有16 000 个供应商。思科的员工需要联系每个供应商，询问其在哪里生产每个零件，而供应商的员工则需要追踪他们卖给思科的所有零件的位置数据。如果所有公司都试图绘制他们的供应链地图，那么供应商就会被来自客户的位置数据请求淹没。

瓦基勒女士了解到，为了对涉及多家公司和多个供应商的供应链进行具有成本效益的测绘，信息"需要通过一个平台流动"[9]。第三方服务供应商可以从每个供应商那里一次性获得许多数据，并将信息收集成本分摊到多个客户公司。瓦基勒离开思科后，于 2010 年创立了 Resilinc 公司，其目标是绘制和监控一家公司及其供应商的所有位置。

对于像 Resilinc 这样已经记录了一些原始设备制造商的行业供应链的测绘公司来说，测绘一个新的原始设备制造商是比较快的，因为同一行业的公司往往使用许多相同的供应商。瓦基勒解释了一个单一平台所提供的杠杆作用："这样供应商 A 可以向客户 X 出售在 3 个工厂生产的 5 个零件，而向客户 Y 出售在所有 80 个工厂生产的 25 个零件，每个客户都会认为自己拿到的是定制的。但对供应商来说，工作量更少，因为他们只需要做一次，系统会随着时间的推移对 50 个客户的数据进行智能解析。"

这项工作的下一步是将公司产品的物料清单与生产每个部件的供应商地点进行交叉对比，以确定在某个供应商地点发生中断时，哪些产品和多少收入会受到影响。最后，将这些产品风险数据与客户订单数据相结合，使公司能够确定哪些客户可能会受到该供应商所在地中断的影响。然后，将这些数据与全球警报系统相结合，这样，当一个供应商地点出现中断时，公司可以立即知道哪些产品将出现短缺，哪些客户可能受到影响，以及有多少收入面临风险。

危险的供应链和产业集群

当一个普通人（非供应链专家）想到公司的供应商时，通常会想到它的直接供应商——那些向公司发送材料并从公司获得收入的供应商。这些被称为公司的一级供应商。请注意，每个一级供应商都有自己的供应商——他们是公司的二级供应商。二级供应商也有他们的供应商，他们是第一家公司的三级供应商，以此类推。就像一棵大的家庭树，供应链一直延伸到原材料供应商，如种植粮食的农民或开采矿石的矿工。在一个特定行业中，相互竞争的原始设备制造商通常共享供应商，尽管每个原始设备制造商可能也有一些独特的一级供应商。图 7 - 1 描述了一个行业的整体供应链模式，三个原始设备制造商形成了一个金字塔形的供应商层。

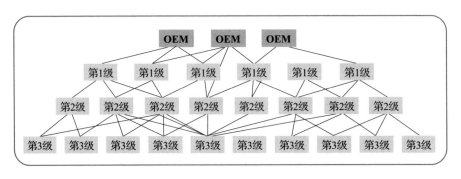

图 7 - 1　一个行业的整体供应链模式

通常情况下，公司不知道它们的深层供应商是谁。直接供应商往往对自己的供应商讳莫如深，因为他们认为这是构成其部分竞争优势的专有信息。由于缺乏对更深层供应商的了解，公司鼓励（或要求）他们的供应商管理自己的供应商风险，并制定业务连续性协议。世界经济论坛在 2020 年 3 月至 4 月对供应链高级管理人员的调查发现，53% 的公司正在为供应商提供关于其新冠病毒感染风险的分析，以降低这些供应商的风险。[10]

新冠病毒也让许多公司不得不通过增加特定部件或服务的第二和第三供应商来分散其供应来源。普华永道 2020 年 4 月对美国首席财务官的调查发现，56% 的公司正计划开发额外的替代供应商选项。[11]然而，有时候，多重采购并不能降低风险，因为有两种供应链现象在供应链中造成了隐性风险，特别是更深层次的风险。

第一种风险是，在原始设备制造商不知道的情况下，其许多深层次的供应商可能依赖于一个单一的供应商。换句话说，在这种情况下，供应链结构不是图 7-1 所示的金字塔型产业供应链结构，而是看起来更像一个钻石，如图 7-2 所示。

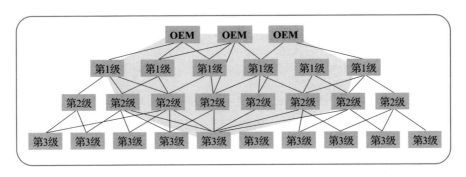

图 7-2　"钻石形"供应链模式

钻石形结构的问题可以从 Evonik 爆炸事件的例子中看出。2012 年 3 月，一场爆炸和毁灭性的大火摧毁了 Evonik 位于德国马尔的一家化工厂[12]。该工厂生产环十二碳三烯（CDT），一种闻起来像松节油的透明液体。化学品制造商用环十二碳三烯制造环十二烷，然后是月桂内酰胺。这三种不起眼的化学品甚至不在任何汽车的物料清单中，这可能是汽车制造商最初不知道这一事件的原因。

然而，塑料制造商使用月桂内酰胺制造聚酰胺-12，也被称为 PA-12，这是一种坚韧的塑料，用于制造坚固、轻质的部件。PA-12 帮助汽车制造商减轻车辆的重量，以达到燃油经济性的绿色目标。当时，汽车车身上平均 46 磅的 PA-12 和相关尼龙材料分散在由许多不同供应商生产的几十几百个不同的零件（管子、齿轮、外壳等）中。Evonik 的一家工厂曾负责全球约 40% 的环十二碳三烯供应；该工厂的损失严重影响了对所有使用 PA-12 制造零件的制造商的 PA-12 供应。

这次事故几乎使整个汽车行业陷入困境。8 家相互竞争的汽车制造商和 50 家供应商之间的快速合作，才帮助该行业避免了重大破坏。

第二类深层风险来自于一种被称为产业集群的经济现象，即某一行业的许多公司和供应商为了利用人才库、自然资源、知识交流或政府支持的优势而聚集在一起。这方面的例子包括底特律的汽车、硅谷的芯片和好莱坞的电影。

集群是政府发展经济的努力中最受欢迎的战略，因为一旦集群达到一定的规模，它们就会形成一个自然的正反馈循环。随着集群的成长，对更多的行业参与者变得更有吸引力，其增长速度也会加快。因此，政府只需为经济发展"打气"就可以了。此外，集群吸引对相关基础设施和教育的投资，使集群因其标志性产品而闻名。[13]

虽然集群可以创造竞争优势[14]，但也会造成地理供应链风险的集中。例如，在 2011 年，泰国的洪水导致整个硬盘行业的 35% 中断了。五大硬盘供应商中的四家（西部数据、希捷科技、日立全球存储技术和东芝）都在泰国设有工厂或关键供应商。硬盘的短缺使个人电脑制造商无法满足需求。由于个人电脑制造商拿不到硬盘，英特尔损失了 8 亿美元的收入。

为此，哈佛商学院工商管理高级讲师斯蒂芬·考夫曼（Stephen Kaufman）说："以前把注意力集中在供应链的第一级和第二级的供应链管理者将不得不……发展系统和纪律，以便更深入地跟踪供应链。"[15]

监测供应链

能够在早期发现中断并认识到其影响，让公司可以找到替代的供应来源，提醒客户，改变制造计划，保持积极主动地位。这一点尤其重要，因为新冠病毒导致的中断可能会影响一个特定行业的所有供应商。领先于竞争对手的反应可能带来成败之分。一家公司必须关注的重要举措之一是监测和感知其供应商的健康状况。事实上，2020 年 4 月普华永道对美国首席财务官的调查发现，由于新冠的暴发，54% 的公司正计划重新衡量供应商的财务和运营健康状况。[16]

公司通过特殊服务（如上市公司的邓白氏编码）、银行关系、新闻媒体、社会媒体和当地老虎团队收集的信息，来监测其供应商的健康状况。

他们关注裁员、丑闻、士气问题、高管层的动荡和财务问题。即使一个肮脏或混乱的工厂这样简单的事情，也可能是一个潜在问题的信号。在许多时候，供应商的运营障碍（例如产品缺陷、延迟交货、不完整的订单）标志着管理层被客户服务以外的问题所困扰。在疫情期间，对供应商的监测包括评估与供应商的人力资源实践相关的感染风险，这可能会迫使工厂关闭，正如在美国、德国和其他地方的一些肉类包装厂发生的一样。[17]

各种各样的第三方新闻过滤服务可以帮助收集、策划、整理和优先处理来自世界各地的新事件。在与新冠病毒有关的中断事件中，每日新增感染数据和政府公布的经济重新开放或关闭的标准，可以帮助判断感染影响供应商的风险。利用带有公司所有物料清单的供应链地图，可以快速评估产品和收入的风险。

监测来自各处的所有新闻可能是一种令人毛骨悚然的经历。"我有14 000个供应商，"伟创力公司首席采购和供应链官汤姆·林顿（Tom Linton）在2012年的一次采访中说，"我保证，在14 000个供应商中，至少有一个今天表现不佳。"[18] 监测过程的一个关键部分是评估、过滤和优先处理没完没了的坏消息，以决定哪些事件可以被忽视，哪些需要加以调查或通过小的调整巧妙地处理，哪些事件需要敲响警钟和全员参与。

减轻对供应商的影响

正如2008年金融危机期间的情况一样，新冠危机使公司开始担心其供应商的财务健康。在2020年初，许多公司采取了支持规模较小、较脆弱的供应商的措施。例如，国防承包商洛克希德·马丁（Lockheed Martin）公司向其供应链中的中小型企业预付了超过5 000万美元的资金[19]。电信公司沃达丰（Vodafone）承诺在 15 天内向其欧洲供应商付款（低于标准的 30~60 天付款期限）。[20]

世界经济论坛的调查显示，这种做法相当普遍。[21] 事实上，有 49% 的公司保证会购买供应品，46% 的公司提前向供应商付款，40% 的公司向供应商支付溢价，以抵消新冠期间采取额外预防措施的成本。仅有 1% 的受访公司没有采取任何行动来减轻疫情对供应商的直接影响。

快速反应

正当恐慌的消费者为新冠带来的"世界末日"而囤积燕麦棒，使其需求激增时，通用磨坊公司在 3 月下旬得知一家供应商无法在一周内交付蔓越莓，非常震惊。该公司的最高供应链和物流主管约翰·丘奇（John Church）说："在 24 小时内，我们就能够找到一个合格的新供应商和新产品。"[22] 正如这个例子所示，一旦公司发现问题，就可以在客户受到影响之前做出紧急反应。这种快速反应包括加快整个供应链上库存的交付，从替代供应商那里寻找和承包材料，并根据需要确保能够克服中断的物流能力（见第 8 章）。

如上所述，冗余提供了面对一切中断的第一道防线。例如，好时公司在预计到新冠病毒的影响时，补充了库存。这家巧克力制造商的首席执行官米歇尔·巴克（Michele Buck）说："随着形势的发展，我们在原材料和成品方面都补充了库存，以降低风险，帮助我们继续满足需求。"[23] 即使没有中断，尽管公司注重精益管理原则，在供应链的各个层级（包括运输过程中）保留的库存仍然可以提供几天、几周甚至几个月的缓冲。

冗余的另一个因素是多重来源采购。然而，许多公司发现，它们的货源集中在某些受灾严重的地区，因此不得不迅速在受灾较轻的地区寻找替代供应商。这涉及确定产能、验证质量以及迅速谈妥交货合同。

在中断期间疯狂地寻找额外的供应会带来额外的风险：来自未知供应商

的假冒或不合格的零件。美国疾病控制中心甚至专门创建了一个网页，描述了买家需要避免的几十种不同的伪劣 N95 口罩。[24] 慌不择路是谨慎的死敌，是贪婪的好伙伴。

中断也经常需要额外的运输能力。例如，在因新冠病毒而停产或飓风来临之前转移库存，从替代供应商处转移零件，重新分配成品以满足需求，或将防护用品（如个人防护设备）带到被破坏的地区。通常此时运输必须加快，以帮助加速恢复或防止延迟交付。因此，对中断的快速反应需要迅速安排快速运输。

在任何大规模的中断事件中（例如新冠病毒感染），在某个受影响地区的多家公司同时受到冲击时，紧急反应是有帮助的。当每个受影响的公司都在寻求资源时，那些反应较快的公司有更大的机会获得它们所需要的一切，并能比落后者更快地恢复。

最后，在供应根本无法满足总需求的情况下，企业别无选择，只能提供比客户希望的或已经订购的更少的产品。正如下一章所述，应对需求方面的中断需要其他方法。

8 应对打地鼠式的需求波动

亚马逊为自己在最繁忙的购物季也能提供完美的服务和快速送货而自豪，但事实证明，新冠病毒造成的在线需求，对该零售商来说才是一个真正的挑战。亚马逊的首席财务官布莱恩·奥尔萨夫斯基在 2020 年第一季度结束时告诉投资者："虽然我们都有经验，为假日和会员日等已知的需求高峰做好准备，但我们一般也会花几个月时间为这些时期做准备。而新冠病毒危机并没有给我们机会做好这样的准备。"[1]

在新冠病毒开始流行的早期，护士被迫不戴口罩工作的新闻、杂货店货架空荡荡的照片，以及对呼吸机迫切需求的故事，多次被媒体推送。这些医疗供应短缺方面的新闻令人不安。一般来说，短缺可能是由供应中断或需求增加引起；有时，公司根本无法满足每一个订单，零售商就会缺货。

生产能力的缺乏导致了很大的管理挑战。如果公司缺乏满足所有类型产品订单的能力，它应该生产哪些产品？更重要的是，哪些客户应该得到部分或全部服务？所有这些决定对公司与客户的关系都有短期和长期的影响。

新冠病毒引发了对各种消费品需求的空前增长，如消毒剂、卫生纸和健身器材。它还引发了消费者购买产品的地点和时间的变化。例如，食品供应商不得不从满足（来自餐馆、大学、工业校园和办公室食堂的）机构订单，转变为向超市和家庭配送。虽然有些公司可以增加生产，但它们面临的挑战之一是确定这些需求的变化中有哪些会持续到疫情之后（以此证明对生产能力的资本投资是合理的），哪些是一闪而过的新冠病毒现象。当大多数公司为节省现金而控制其资本支出时，所有主要的云服务提供商都在继续投资服务器群。许多企业通过将应用程序转移到云端来加速数字化转型，这被认为是一个长期现象，因此，云服务提供商继续进行投资。零售商也投资了他们的电子商务业务，招聘员工和规划新的分销中心。[2]

聆听需求的信号

与管理打地鼠式的供应中断一样，应对打地鼠式的需求波动，在很大程度上依赖于对环境的监测，从而迅速发现变化。公司可以使用各种数据来预测需求，如销售点数据、社交媒体、老虎团队报告、在线搜索统计以及政府和企业的重新开放公告。例如，沃尔玛观察并应对了一波又一波由新冠病毒感染引起的需求变化模式，如恐慌性囤积阶段、在家筑巢阶段、艺术和手工艺品阶段、染发阶段和刺激性检查阶段。[3]

大多数公司没有沃尔玛的数据宝库，即每小时超过 100 万笔零售交易的实时销售点数据。[4] 然而，任何人都可以通过谷歌趋势[5]来了解实时的潮流，看看人们在搜索什么。[6] 例如，在 2020 年 2 月 20 ~ 25 日期间，亚马逊上关于消毒剂和个人防护设备的搜索占据了一些国家的所有前 10 个搜索位置。[7]

随着各地区的重新开放，监测需求恢复的指标可以在处理重新出现的需求时得到回报。康师傅是中国领先的食品和饮料生产商，它追踪了零售店的重新开业计划并相应地调整了其供应链。当商店重新开张时，康师傅能够为其中 60% 的商店供货。相比之下，它的一些不太灵活的竞争对手只能供应三分之一的商店。[8]

在任何重大的供应/需求不平衡期间，无论是由于供应中断还是需求激增，公司都必须优先考虑为哪些客户提供服务。过去的中断事件揭示了供应链两端的公司应对此类挑战的方式，包括它们采用的策略和决策时的考虑因素。这些例子说明了高管们可以使用不同的方法来决定谁得到什么。为了解决这个问题，公司可以使用分配方案、基于市场的机制，或者如在接下来的三个部分所讨论的那样改变产品。

稀缺物资和能力的分配

通过分配，公司直接限制交货，不再按要求完成每个订单。如果客户不能得到他们想要的一切，那么分配就会立即引发谁得到什么的棘手问题。公司的财务状况、客户关系、公平性、声誉、战略甚至客户的生存等，是在这些情况下相互冲突的部分因素。这些不同的因素体现的是公司保持财务活力的自身利益与客户利益之间的权衡，以及短期结果与长期结果之间的权衡。

偏爱最有利可图的客户

一个流行的分配标准是将有限的供应导向利润最高的产品和客户。例如，2011 年，日本发生了地震、海啸和相关的核泄漏——这摧毁了那里的工厂，导致通用汽车急于寻找稀缺材料。在通用汽车的危机处理室里，"J 项目"让供应链专业人员在全球范围内寻找足够的零部件来维持公司所有汽车工厂的运转。尽管进行了疯狂的搜索，但在某一时刻，通用汽车无法为其卡车找到足够多的气流传感器。该团队决定优先考虑全尺寸卡车而不是小型卡车，因为大型车辆的利润更高，而且零售库存更少。因此，通用汽车暂时关闭了位于路易斯安那州什里夫波特的雪佛兰工厂——该工厂生产（小型）科罗拉多皮卡。[9]（事实证明，在工厂关闭前不久，已经找到了更多的零件，但为时已晚，又过了一周，工厂才重新开业。）

偏爱战略性客户

简单的产品利润率计算忽略了客户对公司的长期重要性。包括诸如客户的增长机会或客户转换供应商的能力等问题。因此，一些公司根据总收入或对终身价值的预测，偏爱最大的客户。在过去的 25 年里，在微电子供应商的几次中断中，最大的个人电脑制造商，包括惠普、戴尔和苹果等，在许多供应商的优先名单上名列前茅。

保证供应

在新冠病毒危机开始时，对主要消费品的需求超出了制造商的生产能力。消费者开始更多地在家里吃饭，并为原地避难进行储备，这使销售额急剧增加，超过历史水平。不易腐烂食品的制造商不得不将其不堪重负的产能分配给各个库存单位。

许多人选择暂停生产低产量的库存单位，以确保更多的产品总供应量，并通过专注于更少的产品（和库存单位）以及本地化生产，来简化供应链[10]（见第 23 章）。例如，通用磨坊公司将其 Progresso 汤系列从 90 个品种削减到 50 个，并取消了早餐麦片的一些口味和包装尺寸。[11]

在供应链下游，美国最大的食品批发商 C&S 公司的供应商也遇到了这种情况。C&S 的首席执行官迈克·达菲说：“在我们的系统中，有 27 000 个项目被暂停，这意味着制造商说，‘我不打算生产这些东西了’，这大约是总库存单位的 10%。”他还说：“我已经鼓励零售合作伙伴和制造商认真审视它们，认真看看，我们是否真的需要其中的一些库存单位？因为它们刚好堵住了供应链。很高兴看到大家一起同意削减这些库存单位以改善流程。”消除低单价产品，消除了将生产系统转换为不同口味和尺寸所花费的时间。它还减少了 C&S 公司和零售商在拣选、包装、运输和搁置大量低容量、小众库存单位方面所需的劳动力。其结果是增加了总产量（和收入），同时降低了每单位的成本，并保证了对消费者最受欢迎的产品的供应。[12]

公平对待所有客户

有些公司由于商业、文化或法律原因，坚持“公平”或统一的分配量。在统一的分配政策下，所有的产品或客户都得到相同的待遇，如相同的订单量比重或相同的项目数量上限（例如，"限制两箱鸡蛋"）。2011 年福岛核泄露事件发生后，许多日本公司给每个客户的订单都是同样的比重。同样，英特尔作为个人电脑行业的大型供应商，一般也采用类似的统一分配方法，以避免出现偏袒。

但是，当客户试图通过人为地夸大订单来操纵系统时，做到公平的比重分配并不容易。为了解决这个问题，一些公司根据中断前的历史订单量来分配产品。在某些情况下，中断确实影响了实际需求，一些公司在其分配算法中考虑到了这一点。

举例来说，Amerisource Bergen 公司是一家医疗用品的批发分销商，它发布了一份关于如何管理其分配的详细解释。[13] 该公司面临着新冠病毒感染相关需求的巨大增长，原因是现有的医疗机构为应对疫情的暴发而进行储备；新的或扩大的医疗机构的新订单，如新建的医院和现有医院增加的 ICU 数量；以及消费者为应对隔离条件而寻求长期或早期的医疗用品补充。分销商试图尽快将尽可能多的产品送到尽可能多的供应商手中，同时对所有的客户保持公平。同时，公司希望防止囤积，因为囤积可能导致关键医疗材料的供应滞留在全国的医院供应柜中。该公司解释了其分配算法中的许多因素，如使用历史销售数据来限制过度订购和囤积，通过权衡最近的订单数据和旧的历史订单模式，对需求的真实变化做出反应，并向已知的新冠病毒感染热点地区和拥有大量 ICU 床位的客户倾斜。由此产生的算法试图对终端病人保持公平，即使它在医疗服务提供者之间设定了不平等的分配。

偏爱弱势客户

如果产品对客户的生存（医疗或财务）至关重要，那么按客户的脆弱性进行分配也是一种考虑。例如，当与新冠病毒有关的订单的增长超过了零售商履行和运输订单的能力时，亚马逊在分配其有限的履行和运输能力时优先考虑"必需品"，如食品和医疗用品。[14] 类似地，在新冠疫情暴发期间，一些零售商关注弱势客户，例如为老年人和其他高危人群预留了第一个营业时间，以便在新整理过的商店里为他们提供便利，让他们能够享受新上架的货架。

即使供应商的首选分配方案偏向于大客户，它们也可能愿意挪用少量物资以确保小企业客户的生存。Verifone 是一家信用卡处理设备制造商，它并不是 2011 年泰国洪水导致短缺的电机的大买家，但该公司对这些电机的绝对依赖导致供应商履行了它们的（小）订单。

用价格过滤需求

一些公司不是自行决定每个客户的配额，而是用基于市场的机制来做决策。根据经济学原理，提高价格可以抑制需求（并鼓励更多的供应），这就是这些公司采用的方法。

差异化的价格设定

公司与其拒绝完成每个顾客的部分或全部订单，不如改变产品的价格，以诱导顾客减少订单。例如，为了防止囤积，丹麦一家杂货店将一瓶洗手液的价格定为合理的 40 克朗（5.75 美元），但如果顾客购买超过一瓶，价格就提高到每瓶 1 000 克朗（143 美元）。[15]

同样，在几次个人电脑零部件短缺的情况下，戴尔提高了那些需要稀缺零部件的电脑的价格。同时，用那些使用供应充足的零部件的电脑的较低价格来平衡这些涨价，并大力推销这些供应充足的机器。这种价格调整策略可以帮助管理短缺同时不损害客户关系。这种"需求管理"类似于航空公司用来填补座位收入的管理做法——让对价格敏感的休闲旅游者购买便宜的机票，同时将其他座位留给愿意支付更高价格的客户。

出价最高者得之

2011 年，泰国的洪水摧毁了一个硬盘驱动器制造商的产业集群，希捷科技公司成为头号硬盘驱动器制造商，超越了其受洪水影响更严重的竞争对手西部数据公司。由于对希捷科技公司硬盘的需求激增，它选择将一些磁盘驱动器拍卖给出价最高的人。希捷科技公司还借助拍卖手段促使客户签订长期供应合同。

经济学家经常认为，设计良好的拍卖可以提高经济效率，确保那些能够用稀缺资源创造最大价值的人（因此将会支付最高价格）获得该资源。（这是政府拍卖电磁频谱的通常理由，也是碳排放信用的基础机制。）[16] 此外，那些能够找到替代现有昂贵稀缺资源的客户将放弃使用该资源，从而为那些没有其他选择的人保留供应。

然而，在短缺期间，客户认为这种拍卖——尽管在理论上有吸引力——是一种暴利行为。事实上，当洪水退去，西部数据公司恢复后，它从希捷科技公司手中夺回了领先优势。不幸的是，新冠病毒疫情导致了许多对急需的医疗用品的赤裸裸的暴利行为。[17] 在线拍卖网站 eBay 禁止拍卖与新冠病毒有关的物品，如口罩和洗手液。[18] 在基本消费品方面，拍卖似乎是不公正的，因为它们有利于富人而不是穷人。

拉伸供应：更改产品

有些公司没有提高价格或切断供应，而是想方设法通过重新调配产品来减少对稀缺供应的使用。这样的策略也可以被认为是基于市场的机制，因为单位价值的价格被改变了。然而，这样做可能是有风险的。2013 年 2 月，精品酿酒厂 Maker's Mark 威士忌面临优质波旁酒的短缺。酿酒师决定添加"更多的水"，将其酒精浓度从历史水平的 90 度稀释到 84 度。愤怒随之而来。"我最喜欢的波旁威士忌被稀释了，以便'满足市场需求'，"一位被称为品牌大使的超级粉丝对《福布斯》（Forbes）说，"我将通过不再购买来帮助他们降低需求。"[19] 该公司很快推翻了其决定。[20]

在不影响客户体验的前提下，这种产品变化策略效果不错。例如，英特尔公司在 2011 年日本地震期间稀释了一些用于芯片制造的化学品，但该公司遵循严格的质量控制协议，以保障其制造产量和芯片性能。[21]

决策范围和时间跨度

在供应链中断期间从各种战略中选择如何管理稀缺资源时，公司应考虑其决策的范围和时间跨度。

图 8-1 描述了公司在做出客户优先顺序决定时的一些考虑因素。[22]

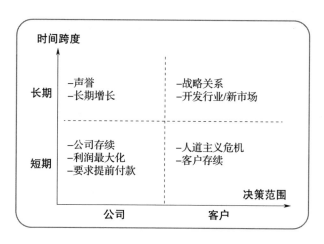

图 8-1　决策的范围及时间跨度

显然，为生存而战的公司的高管们有一个受托责任，那就是使公司的短期财务成果最大化。相比之下，拥有强大的资产负债表和良好信用的高管们，有能力追求他们的价值观和战略目标。他们可以在做出长期决策时，扩大决策的范围，与客户的关注点保持一致，以促进长期增长。强大的公司在混乱中拥有优势，更有能力获得市场份额（见第 25 章）。

无论公司的优势或劣势是什么，一个管理得当的"谁得到什么"的策略都能将业务中断造成的损失降到最低。最后，关于策略、范围和时间跨度的深思熟虑的决定可以帮助一家公司取得胜利。

9 更多业务弹性规划和测试

"从业26年，我从来没有一个商业计划称为'疫情'。我们从未想象过经济会停摆，"福特公司首席执行官吉姆·哈克特在2020年4月说。[1] 在新冠疫情期间，许多首席执行官都有同样的感慨。许多投资者、经济学家和政策制定者也在危机面前措手不及，他们会原谅这种疏忽。即使是世界知名的流行病学家也拒绝相信无症状的人具有传染性，因此错过了阻止新冠病毒在未被发现的情况下传播到世界每个角落的时机。[2]

许多人认为经济停摆是前所未有的，但他们错了——早在1918年的流感大流行期间就已经发生过同样的事。此外，最近的疾病暴发，如SARS（2002~2003年）和H1N1流感（2009年），都曾像新冠病毒这样大流行，并引发了小规模的停摆。对于流行病学家来说，严重的全球大流行病只是时间问题，而非是否发生的问题。[3]

与福特相比，巴斯夫（BASF）确实有一个应对大流行病的商业计划。作为一家在风险管理和安全方面极为严格的全球化学公司，巴斯夫已经为各种可能的破坏性事件制定了广泛的游戏规则。虽然操作手册不可能预测实际事件的每一个细节，但它确实为理解可能的影响和可能的反应提供了一个粗略的框架。

巴斯夫全球供应链战略高级副总裁拉尔夫·布希（Ralf Busche）回忆了

该公司的做法："当人们从奥地利和意大利北部的滑雪胜地回来时，许多人被感染了，对此，新闻报道铺天盖地。我们一直有一个大流行病应对计划……因此，我们只是采用了基本上已经计划好的方案，从未想过情况不严重。如今我们在现实中进行了真正的测试：这真的有用吗？我们现在不得不看一下真实情况，这与计划中的情况有点不同——你不可能为所有事情做好计划。"[4]

巴斯夫的准备工作是指，在新冠疫情期间，其主要工厂都不必关闭，尽管该公司确实制定了在必要时如何关闭的具体方案。总的来说，像巴斯夫这样的公司，会使用诸如情景规划、操作手册、模拟演习、演练和测试等工具来为应对中断做好准备和演习。

情景规划

组织利用情景规划来思考看似合理的未来，以及如何在其中运作。[5]情景规划可以用来为各种供应和/或需求的中断、意外的技术创新、竞争格局的结构性变化或长期的社会和经济趋势做准备。公司制定情景规划是为了探索某个焦点问题、世界的趋势和未知的未来状态，也被用来帮助管理者适应如何处理大规模的不确定性。[6]

每个情景都是一个关于某种想象中的未来的合理故事，其中包含了关于未来世界的内部一致的细节。这些情景的目的既不是准确预测最可能发生的事情，也不是规定应该采取什么行动。相反，情景式思考使管理者认识到未来是不确定的，因此，在可能的情况下，做出的决策可以在现实与预期不同时，予以逆转、改变和调整。

情景规划为组织提供了两个具体的优势。首先，这种方法可以帮助组织进行"压力测试"，检测其目前的战略在各种情况下是否足够强大，并能够相应地调整其战略或游戏规则。其次，对导致每种情况的因素进行分析，可以帮助建立预警或"地面传感器"，提示哪种情况更有可能发生。这样的预警使管理者能够迅速发现即将发生的变化，并为之做好准备。

除了一般的"大流行病"情景之外，新冠病毒本身引发了大量的大流行病轨迹情景，因为该疾病的确切属性是未知的（截至本书写作时仍然是未知的）。"我从没想过我们会在流行病学模型上争论不休，而现在，我们确实在争论，"生产个人防护用品、卫生纸和湿巾的金佰利（Kimberly-Clark）公司首席执行官迈克尔·徐（Michael Hsu）对投资者说。"我们正在研究，实际上已经研究了 11 个模型，每一个都有不同的假设。虽然这使得我们很难为单一目的安排业务，但我要告诉你，从经营的角度来看，我们正在使用这些模型来预测结果，以推动我们在世界各地的所有业务的情景规划和应急计划。"[7]

物尽其用：操作手册、模拟演习、演练和测试

基于情景规划以及经济停摆方面的经验，公司创建了操作手册。这些操作手册概述了有效地应对各种类型的中断所需的角色、流程和核查清单。罗克韦尔（Rockwell）自动化公司制造运营副总裁崔斯迪安·卡瓦尔（Tristian Kanwar）说："根据近年来的各种危机的情况，我们已经制定了操作手册，定义了在中断时要采取的行动和措施。当新冠病毒感染暴发时，我们把这些操作手册落实到行动上，确保能够按照预先确定的流程有效地处理各种情况"。[8]

操作手册本身并不会做好准备。使用操作手册的人需要去理解和调试，在关于中断的演习和模拟测试中实践操作手册。模拟演习让管理人员体验一个工作中断的场景，并使用操作手册来指导决策。主持人或模拟应用程序会呈现这些决策的模拟效果。行动后的总结有助于发现计划的缺陷，纠正操作手册的问题，发现组织中隐藏的风险，并加深管理人员对应对中断的理解。

对于技术属性较强的组织来说，先进的模拟软件可以帮助管理演习或实际中断情况下复杂的供应链或厂房。巴斯夫在德国路德维希港的主要厂房有2 000 多座建筑，200 个生产车间，通过 2 850 千米的管道、230 千米的铁路和 200 千米的公路相互连接。[9] 在巴斯夫称之为 Verbund [10]（德语中的"链接"或"整合"）的战略下，该厂房拥有多个垂直整合系统。这种一体化结构意味着巴斯夫工厂的一些最重要的供应商和客户是其他巴斯夫工厂。对所有这些厂房的精密管理，使巴斯夫能够生产成千上万的不同产品。要做到安全和高效，需要一系列复杂的储罐、阀门、泵、管道和油轮运输，通过遍布整个园区的复杂管道，将蒸汽裂解器、蒸馏塔、反应容器、锅炉和冷凝器相互连接。

模拟（Simulation）技术在使 Verbund 概念发挥作用方面起着关键作用。巴斯夫的布希解释说："我们有一个 Verbund 模拟器……它是物理工厂的数字镜像，其中包含关键成分，如原材料、辅助材料和操作材料，以及电力供应和蒸汽等公共设施，这些都内置在模拟器中。利用该模拟器，我们研究了最重要的价值链——那些对保障我们的 Verbund 运行而言至关重要的价值链。我们一直在关注这些——它们在技术上和商业上是否还能运作？"[11] 模拟软件知道巴斯夫产品的所有配方，以及它们如何连接在一起。"供应链经理、技术控制人员、工厂经理以及工程师等人，根据相应的使用情况、问题和场景，使用该软件编制生产计划、调整产能、进行新投资和管理混乱。"[12]

寻找薄弱之处

最后，有些公司将其中断演习自动化到日常软件系统中。网飞（Netflix）公司创建了混沌魔猴（Chaos Monkey）软件，这是一个故意攻击公司基础设施的应用程序，随机禁用其中的某些部分。[13] 理论上，网飞公司的自动化系统应该立即识别任何故障，并应该重新启动、重新登录或重新设置受影响的部分。但是，如果公司检测到混沌魔猴对性能或服务的实际影响，它就知道工程师们还需要努力改善他们的软件。虽然公司攻击自己系统的想法可能看起来令人难以置信，但这也迫使公司的工程师写出更有弹性的代码，免遭恶意软件的毒手。[14]

网飞公司利用混沌工程学的原理设计了混沌魔猴[15]。混沌工程依靠的是A/B测试，即试图干扰一个应该能够抵抗干扰的系统的实验。这种类型的测试包括对一组顾客、商店或设施使用一种方法，对另一组顾客、商店或设施使用另一种方法，以评估A处理方法是否比B处理方法更好/更坏。通过在系统中抛出小的混乱干扰，并在干扰影响性能的时候进行修复，系统随着时间的推移会变得越来越强大。在某种程度上，这就像军事规划人员和网络安全组织使用的"红队"测试或战争游戏的自动匹配版本。[16]

利用数字技术增强复原力，如巴斯夫的Verbund模拟器或网飞公司的混沌魔猴，体现了更广泛、更快速地在供应链中使用数字系统的趋势（见第14章）。具体来说，数字技术可以在三个方面提高供应链的复原力。第一，该技术可以收集并快速发送有关远程系统的数据，以获得更好的可视性和响应时间。第二，该技术可以使用模式识别（包括人工智能），自动检测特定的异常情况。第三，该技术可以自动创建并向世界任何地方的管理人员或其他计算机系统发出警报。

基于这样的模拟，公司可以开始认识到未来可能出现的情况。更重要的是，它们可以开始制订缓解计划，以应对中断及其后果。

THE NEW（AB）NORMAL:

Reshaping Business and
Supply Chain Strategy
Beyond Covid-19

第三部分

必要调整

"我们现在处理的一些问题是暂时的。未来将会有很多事情是永久性的。我们的商业领袖需要适应。"

——大卫·吉布斯，首席执行官，百盛餐饮集团[1]

美国电话电报公司（AT&T）首席执行官兰德尔·斯蒂芬森告诉投资者："新冠病毒对我们所有人的影响怎么说都不过分，我预计它将对我们过去认为理所当然的许多事情产生长期的影响，比如我们如何聚集、工作、旅行和互动。"[2] UPS 的首席执行官大卫·阿布尼（David Abney）在其公司的财报电话会议上说："我们不知道是否会回到我们所说的旧常态，但也不准备宣布今天看到的是一种新常态。"[3]

对于斯蒂芬森、阿布尼和其他高级管理人员来说，弄清新常态意味着要思考公司的行动、政府的政策、消费者的行为和病毒的传播之间相互关联的反馈回路。每个人都会影响对方，尽管没有人能够完全控制一切。对于决策者来说，挑战在于找到并实施有助于控制病毒传播的行动，同时为创造就业和经济增长做出贡献。最终成功的可能是那些在新常态下找到创新机会的公司。

新冠病毒疫情似乎是前所未有的，但通用磨坊公司的首席执行官杰夫·哈明宁持相反意见："我们现在经历的事情在公司历史上并不是前所未有的。"在翻阅其文集后，通用磨坊公司发现了一篇有100 年历史的关于 1918 年西班牙流感的公司新闻，当时公司内部的卫生部门建议员工多洗手并戴口罩。[4]

10　创建安全区

政客们喜欢自认为掌权者，但在发生了大流行病的情况下，他们最多只能排在第三位：在 2020 年春天，病毒和消费者掌握了主动。当政客们为如何控制迅速蔓延的病毒而犹豫不决时，公民们随着对该疾病的进一步了解开始采取行动。在政府正式宣布居家政策之前几周，消费者就放弃了餐馆就餐、航空旅行、公共交通等 。[1]芝加哥大学的经济学家奥斯坦·古斯比（Austan Goolsbee）和查德·西维尔森（Chad Syverson）用手机数据绘制了消费者流量下降 60% 的过程。他们说，只有 7% 可以归因于法律限制。[2]政府命令并不是导致经济停摆的唯一原因；在很大程度上，是公民自己这样做的。

同样，官方宣布的重新开业并没有立即让所有工人和顾客都回来。许多国家的经济有很大一部分依赖于在餐馆、酒吧、剧院、体育赛事和旅游业的自由支配的消费。正如 9·11 恐怖袭击使许多人害怕坐飞机一样，新冠病毒使许多人害怕参加任何有人群聚集和不可避免的亲密接触的活动。

随着政府和公司推出更多的缓解程序和安全措施，人们的行为可能会改变。9·11 之后，让人们恢复飞行的关键是建立"安全区"。机场对人员、行李和车辆进行了安全检查；他们还培训机场警察和一线员工如何发现可疑行为。航空公司把驾驶舱的门闩上，禁止乘客在飞机前部聚集。

这些措施营造了一个安全的旅行环境，消除了旅行者的担忧，使他们重新回到天空。要让谨慎的消费者回到商店、餐馆、体育场馆、公共交通或任何其他涉及与他人互动的活动中去，关键在于创造"安全区"，让人们感觉不会受到感染。这样的安全区可以鼓励经济学家约翰·梅纳德·凯恩斯（John Maynard Keynes）所说的促进经济发展的"动物精神"："人性的特点是，我们大部分的积极活动依赖于自发的乐观情绪，而不是数学上的预期，无论是道德的、享乐主义的还是经济的"。[3]

即使在有效的疫苗被广泛使用之后，新冠病毒也极有可能将在未来几十年内继续在全世界传播。"这种病毒会一直存在，"芝加哥大学的流行病学家和进化生物学家萨拉·科贝（Sarah Cobey）说道，"问题是，我们如何与它安全相处？"[4] 从这个意义上说，新冠病毒可能会成为地方性疾病，像艾滋病毒、麻疹、流感和水痘一样在人群中传播。

了解你的敌人

就像航空旅行业通过让恐怖分子远离航空旅客这种方法来创建安全区一样，社会和公司也可以通过让易感人群在工作、购物和学习时远离传染病人和病毒这种方式，来创建新冠病毒的安全区。但不幸的是，新冠病毒有一些"阴险"的特点，使这项任务难以完成。感染新冠病毒的人在表现出症状之前就会具有传染性；许多感染者只有轻微的症状（同时仍然具有传染性），而有些人从未表现出任何症状（同时仍然具有传染性）。这对商业和社会的核心影响是，任何地方的人——同事、购物者或街上的人——甚至看起来健康状况良好的人，都有可能将新冠病毒传播给他们周围的人。

图 10-1 描述了一种思考这一挑战的方式。为了控制大流行病并建立安全区，易感人群的感染率（左边的箭头）必须低于感染者传染的比率（右边的箭头）。大多数感染者（图 10-1 中间的方块）没有症状，在不知不觉中传播疾病。然而，有些人可能有一些症状，但由于需要工作、需要购买食

物或缺乏检测机会而继续在公共场合活动。

图 10-1 左边列出的缓解策略是那些首先旨在避免感染的策略。右边的缓解策略主要是识别和清除易感人群中的感染者，这样他们就不会感染其他人。感染者可以通过三种方式停止感染他人：他们可能因生病而自我隔离或寻求医疗帮助，可能检测出病毒呈阳性并进入隔离区，或者可能在不改变日常活动的情况下自行恢复。右边的缓解策略可以帮助（或强迫）感染者，包括大多数的无症状者避免感染他人。特别重要的是检测，这对于识别无症状的感染者以及拒绝自我隔离的有症状的感染者来说是至关重要的。

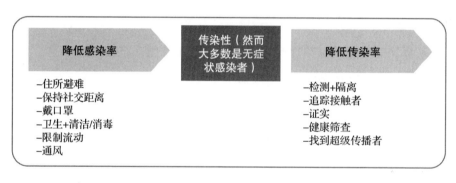

图 10-1　控制流行病

事实上，许多组织采取了其中的大部分步骤。[5] 在许多情况下，政府强制要求采取其中的一些做法（以及相关的标记和培训），作为重新开放工作场所和公共设施的先决条件。[6] Chipotle 墨西哥餐厅的首席执行官布莱恩·尼克洛（Brian Niccol）说，"你需要花很多时间来确保如何在这种环境中以安全的方式开展业务。"[7]

从一开始就避免传染病的暴发

如果感染的病人一开始就不与易感人群混在一起，那么感染率就会下降。这就是隔离和其他一些长期使用的阻止疾病传播的策略背后的基本逻辑。在没有现成的传染病识别手段的情况下，所有人都必须被隔离。在新冠病毒感染的案例中，这正是在许多国家都出现的情况。

关闭一切，待在家里

在 1918 年西班牙流感暴发期间——这是近代历史上最致命的大流行病，政府采取了控制措施，这些措施包括：关闭学校、商店和餐馆；限制公共交通；规定社会隔离；禁止公共集会。当时和现在一样，许多人拒绝遵守。1918 年，旧金山的一名卫生官员射杀了三个人，其中有一个人拒绝戴上强制性的口罩。在亚利桑那州，警察对那些没有必要的防护装备的人处以 10 美元的罚款[8]。但最终，这些激烈而全面的措施得到了回报：在实施这些措施的城市，死亡率直线下降。这些措施是官方应对新冠病毒的基本蓝图。[9]

然而，美国的反应却远没有那么全面。在美国，有 42 个州在 2020 年 3 月发布了某种形式的待在家里的命令。这些命令通常不包括"必要民生"业务，如食品生产和零售、药店和医疗保健、公用事业、运输、银行、执法、紧急服务和新闻机构。[10]（一些零售商，如视频游戏零售商游戏驿站，拼命想被宣布为"必要民生"企业，以便继续营业。）[11] 然而，一些在开始时没有受到严重打击、从未实施过控制措施或提前撤销控制措施的州，在 2020 年 6 月和 7 月开始出现感染率大幅上升的情况。7 月 10 日，亚特兰大市市长凯莎·兰斯·伯顿斯（Keisha Lance Bottoms）宣布，该市将恢复第一阶段的重新开放计划。她最初在 3 月底发布了要求市民待在家里的命令，并于 5 月下旬在该市的病例统计数字下降到一定程度之前部分重新开放该市（进入第二阶段），只是再次要求市民待在家里避免任何非必要的活动（同时要求戴口罩）。[12]

在就地避难命令或建议的背景下，许多公司实施了居家办公的政策（见第 11 章）。即使政府取消了限制，公司也允许、鼓励或要求员工在家工作，以减少员工感染新冠病毒的机会。同样，零售商转向电子商务和全渠道零售（见第 21 章），而不需要顾客离开家或进入商店。餐馆开始在路边兜售外卖并送货上门。因此，许多企业鼓励人们待在家里，让工人和顾客通过在线渠道与企业保持互动。

限制流动

限制流动禁止在高感染率地区居住或访问过的人离开该地。这种限制是政府用来控制大流行病传播的首批措施之一。相关措施还包括贸易和旅行禁令、关闭边境，甚至地区隔离。

然而，几项研究表明，限制流动在控制病毒传播方面的成效有限。2014年世界卫生组织的一项研究——总结了其他 23 项研究——确认了旅行限制的有效性有限，只能将病毒的传播推迟一周左右。其结论是，"涉及高传播性毒株（例如新冠病毒）的情景，模拟的作用是特别弱的。"[13]

追踪接触者

追踪接触者旨在识别与感染者接触的人，以确保他们进行自我隔离并接受检测。追踪接触者是另一项并不新鲜的措施。在 16 世纪，帕多瓦（Padua）大学医学系主任加布里瓦·法罗皮奥（Gabriele Falloppio）就曾经利用克里斯托弗·哥伦布的日记来追踪梅毒从美洲到巴塞罗那医院的过程。该疾病随后通过阿拉贡（Aragon）国王费迪南二世（Ferdinand II）招募的士兵传播，最重要的是通过一个超级传播事件：1495 年冬天法国国王查理八世对那不勒斯的围攻，使梅毒具有泛滥的力量。[14] 最近，在 2009 年 H1N1 流感大流行的遏制阶段，卫生当局对航班乘客进行了接触者追踪。[15]

确定谁有可能感染病毒，取决于人们的活动和地点信息。在追踪接触者时，通常有人会追踪病人的行踪，并收集与他们接触过的人的姓名。对于企业来说，追踪接触者意味着记录进入其机构的工人、顾客和访客，以及他们与谁交往。一旦发现这些人中有一个人的检测结果呈阳性，就可以联系与这些人接触过的人，并在可能的情况下将其隔离。智能手机收集了大量与位置有关的信息（手机位置、GPS、Wi-Fi 地图和蓝牙距离），这些设备成为追踪联系人的理想数据收集系统。[16] 一些政府已经为此目的部署了应用程序和类似的解决方案。[17]

一些研究认为，广泛地追踪接触者是减缓传播的一种手段。在韩国，当新冠病毒的暴发被追踪到首尔的一家夜总会时，一个由流行病学家、数据科学家和实验室技术人员组成的特别小组立即行动起来。他们追踪了从一家夜总会到一个出租车司机再到一个仓库工人的感染情况。然后，该团队追踪并检测了数以千计的仓库工人、他们的家人和其他接触者——总共有近9 000人。[18] 这类团队是防止病毒复发和避免传播的基石。韩国还制定了法律，允许政府查阅手机定位数据等记录，并公布感染病例的行踪。[19]

在美国和欧洲，由于强大的隐私保护法律体系和围绕隐私的文化规范，追踪联系人面临困难。苹果和谷歌创建了一个系统，使用智能手机的蓝牙信号来创建一个匿名的手机用户接触者记录，同时保持每个人的身份和位置完全匿名。[20] 然而，由于人们对于美国科技巨头已经掌握了多少人的数据这个问题越来越关注，该系统的应用很有限，未来也几乎不可能被使用[21]。

寻找超级传播者的位置

追踪接触者和关于感染的综合数据还有更高层面上的好处。追踪感染模式的同时可以发现感染传播的地点——传染是否来自家庭成员、食堂的同事、酒吧的朋友或前往某个国家旅行的过程中。这些信息有助于完善对降低感染率有最大影响的政策和策略，同时将对日常生活的影响降到最低。例如，它可以帮助决定哪些类别的企业（如理发店、健身房、酒吧等）可以重新开放或关闭。

正如第 1 章所解释的，超级传播者事件（或地点）对传染病的传播有很大影响。一项研究发现，20% 的感染者造成了 80% 的新冠病毒传播。这些人平均每人感染了 8 个或更多的人。在大多数情况下，这些病人参加了有超级传播者的活动，如聚会或前往拥挤的酒吧，涉及与多人密切接触，而其中许多人没有戴口罩。相比之下，估计有 70% 的病人没有感染其他人。

随着公司重新开放，可以通过追踪受感染者的活动范围来分析感染数据。大学可以发现哪个地方的学生聚集地可能要对大量的感染负责。办公室可以检测食堂是否为感染源，或者附近的餐饮场所是否为感染源。一旦确定了一个超级传播者的位置，就可以要求当地政府采取行动。应将信息提供给每个相关人员，如顾客、企业主和执法部门，以便标记该地点并予以防范。寻找超级传播者的位置是追踪接触者的重要原因之一。

将新冠病毒挡在门外

从创造安全区（以及将感染者与公众隔离）的角度来看，政府、公司和机构正在寻找方法，在感染者试图进入公共空间时对其进行筛选。如果消费者有信心认为餐厅、商店或飞机上的其他顾客或工作人员都没有感染新冠病毒，他们将更有可能恢复到正常的经济交往水平。因此，许多组织正在寻找方法来进行病毒筛查，从而降低由一个病人感染其他人和由此产生的疫情大规模暴发的可能性。

健康检查和证明

就像通过金属探测器已经成为机场、体育场和公共设施的例行公事一样，在热像仪前短暂停步或非接触式额头测温计读数也可能成为进入许多地方的必要条件。目前，一些零售商、餐馆、美容院和公共建筑业主已经以这种方式开展体温检查。一些航空公司正在游说将对生病和发烧的旅客的体温检查纳入安检程序。[22]（2003 年，在 SARS 暴发期间，亚洲的许多机场用热像仪对入境的旅客进行检查。）

一些组织选择使用认证的方式：由客户、工人、访客或旅行者正式承诺他们通过了一套与新冠病毒感染症状和暴露风险有关的标准。例如，麻省理工学院规定，学生和工作人员在打算进入校园的前一天晚上回答并提交一份新冠病毒在线调查问卷。麻省理工学院的问卷调查系统与校园的门禁读卡器相连。对问卷的满意回答（除了最近的新冠病毒测试呈阴性外）允许该人在接下来的 24 小时内通过激活他们的 ID 卡进入麻省理工学院的办公室或教室。

通用汽车公司首席执行官玛丽·巴拉（Mary Barra）告诉投资者，在该公司，"当任何人进入一个场所时，他们将做一份自我评估问卷，同时还要测量体温"。[23]

总的来说，围绕新冠病毒的不断发展的科学认知和不同策略下不断变化的成本效益，都可能改变筛查的方式。例如，尽管发烧可能是新冠病毒感染的一个常见症状，但即使在有症状和重病的人中发烧也不是普遍现象。此外，根据定义，没有症状的人根本就不发烧。因此，单纯对体温的检测实际上会错过大多数在公共场合中的感染者。同样地，认证取决于当事人是否愿意如实披露他们的状况。他们可能会撒谎，以便赶上回家的飞机，避免失去工作或收入，或避免被困在隔离区。为了真正检测出传染病，需要更复杂的检测。

病毒检测

就新冠病毒而言，对鼻腔或咽喉样本的复杂测试可以显示一个人是否有活动性冠状病毒感染。现有的两种测试包括逆转录聚合酶链反应（RT-PCR）[24] 和抗原测试，前者检测病毒的遗传物质，后者检测病毒表面的特定蛋白质。RT-PCR 测试是在实验室中处理的，可以检测出至少 95% 的病例。

抗原测试要简单得多，可以在家里进行，并在 15 分钟内给出结果，但准确率较低，在某些情况下，有一半概率会给出错误的结果。[25] 但是这种测试很便宜，而且经常进行多次测试（例如每天）可以获得更高的准确率。例如，如果连续四次测试（灵敏度为 50%）都是阴性，那么测试对象没有感染病毒的可能性是 94% （假设测试和结果是相互独立的）。

在一个理想化的世界里，每个人都会经常接受新冠病毒检测——在传染病人有机会传播疾病之前，就能抓住几乎每一个新冠病毒感染病例。即使经济完全重新开放，每个人都像往常一样外出活动，感染率也会急剧下降。然而，这种检测的成本是昂贵的，需要相关设备、耗材和人力并且需要时间来返回结果，这些限制了检测的普及。在国家层面进行检测的挑战显然超出了许多国家的资源能力（或政治意愿），这反过来又使病毒得以传播。对于大公司、机构和政府来说，挑战在于如何在维持其他感染控制措施的前提下优化检测的频率。

作为麻省理工学院为 2020 年秋季学期重新开放的努力的一部分，学校已经限制了被邀请回到校园的学生人数，并确保校园里的所有人每周都接受两次检测。在麻省理工学院，检测结果在 24 小时内返回，在多数情况下是在同一天内返回。这种频率，再加上追踪接触者、每日探访、强制戴口罩、社交距离以及清洁和消毒程序，使学院能够在某种程度上安全地开放。此外，大多数课程将在网上进行，可以远程完成的研究项目将被要求远程完成，而校内实验室研究将纳入上述准则。人们希望学院能够在避免病毒不受控制地传播的前提下运作。

状态证明

归根结底，每一家组织都希望从每个员工或客户那里得到承诺，证明这个人没有传染性。例如，冰岛已经控制了病毒，允许能够证明其没有感染新冠病毒或在抵达时接受新冠病毒检测的外国游客入境。生物识别公司 Clear 已经在机场提供快速安检线，为了抓住商业机会，Clear 公司正在推出与健康筛查有关的新产品以加快这一过程。[26] 通过允许个人登记者快速接受检测，可以快速识别可能存在的感染。这使得官方能够阻止疑似感染者入境，并让其知道他们需要进行隔离且可能接受治疗。

从理论上讲，接种疫苗或以前患过新冠病毒感染的人可能对该疾病有免疫力，因此有可能出现一种"免疫卡"，作为健康状态的证明。世界卫生组织已经有一个官方的疫苗接种卡（Carte Jaune 或黄卡），用于记录疫苗接种情况，并打算作为要求入境的外国游客接种疫苗的国家医疗护照。[27] 抗体检测（不检测当前感染）可以检测一个人过去对新冠病毒感染的免疫反应。就某些病毒而言，这些抗体的存在可能意味着未来可能具有免疫力。截至 2020 年 8 月，世界卫生组织对所谓免疫护照持怀疑态度，因为有关新冠病毒免疫的科学研究还不够成熟。[28]

隔离病人

对于新冠病毒来说，任何病毒检测呈阳性的人都要进行隔离——通常是在非医疗环境中，除非他们出现严重的症状。这些非医疗环境包括家里、宿舍或集体隔离设施中。[29] 一些司法管辖区还要求对旅行者进行隔离，特别是那些来自新冠病毒感染率高的国家或地区的旅行者。通常情况下，他们要求这些旅行者留在一个指定的地点（例如，酒店房间里）。

新加坡等国家通过数字应用程序实施隔离，被隔离者离开家时，该程序将向政府当局发出提示。

减少室内传播

因为任何认证、体温筛查或病毒测试都不可能百分之百有效（或百分之百可行），所以安全区的第二道防线是降低感染者进入后将疾病传播给其他人的机会。这需要利用关于病毒如何从感染者转移到易感者（在空气或表面）的知识，然后阻止病毒的传播。

退后，伙计！

对许多公司来说，例如美国的软件、硬件和服务的技术供应商 NCR，有一个简单粗暴的停工逻辑：每个人都必须离开大楼，在家里工作。NCR 公司负责企业营销、沟通和外部事务的高级副总裁玛丽亚·齐瓦诺维奇·史密斯（Marija Zivanovic Smith）描述了这种转变："在两个星期的时间里，我们把95%的办公室人员……我们说的是在世界各地的 22 000～23 000 人，安全地送到家里工作。尽管发生了变化，但我们没有停工，银行、餐馆和零售商的商业活动继续进行。"[30]

相比之下，玛丽亚·齐瓦诺维奇·史密斯解释说，重新开业需要面对更复杂的挑战："重新开放的现场准备工作包括重新规划员工进入大楼和办公室并在其中移动的路线。如何规范？如何选择哪种类型的工作人员应首先重新进入，为什么？如何管理人与人之间的物理距离？如何分配座位、实验室空间、使用公共区域？等等。如何处理清洁以及暖通、空调、个人防护设备？我们已经列出了 69 项活动，在我们拥有完全准备就绪的场地之前，必须完成这些活动。而且，最后我们还计算了成本。"[31]

由于这种与新冠病毒一起生活和工作的新常态是如此之新（而且不正常），NCR 决定需要一个试点项目。NCR 塞尔维亚公司总经理兼欧洲、中东和非洲地区外部事务总监斯蒂芬·拉泽莱维奇（Stefan Lazarevic）描述了这个过程："对我们来说，现场准备意味着我们有一个明确的计划和时间框架，为达到 100% 安全的现场完全准备就绪。……我们从软启动开始，管理者首先来到办公室，确保所有东西都到位，确保我们可以与所有员工一起前进。然后，在一周后，名单上的核心员工又来到办公室，人数按要求扩大到 40%。"[32]

距离要求对消费者有更深远的影响。距离要求零售商、餐馆和娱乐场所限制同一时间内到店顾客的数量，通过距离或物理分隔物将他们分开，通过预约安排时间间隔，等等。在新冠大流行之前，零售商希望购物者在店内逗留、浏览、试穿，并可能购买更多东西。新冠病毒出现后，对同时购物人数的限制导致零售商鼓励购物者在店内快速行动——抓紧时间，尽量减少同时在商店内的购物者人数，并尽量使每天的顾客人数能够达到最多。

技术解决方案也可用于保持距离和实施其他阻断大流行的行为。执法机构一直在使用空中无人机来执行监测是否保持隔离、是否佩戴了口罩以及是否有其他违反检疫规定的行为，甚至可以检测体温。[33] 在地面上，新加坡正在测试一种机器狗，负责在公园里巡逻并执行隔离规定。[34] 在仓库里，亚马逊正在测试一种工人佩戴的距离警告装置，如果他们走得太近，就会发出警报。[35] 摄像机、传感器、无线连接和人工智能都能够实现更复杂的监控。

无接触式接触

再也看不到欧洲人的贴脸礼。同样地，传统的握手礼仪现在也被大多数人拒绝。避免潜在传染病的迫切需要颠覆了几个世纪以来的社会传统，以及像击掌这样的新问候方式。取而代之的是一系列不断发展的替代方式，如点头、手放在心上、合十礼、鞠躬和各种非接触的手或脚的姿势。[36]

聪明的制造商已经开发出许多创新的小玩意儿，帮助人们在不使用手的情况下开门，例如在门的底部装一个脚踏板。[37] 消费者可以在商店里自助结账，以避免收银员和装袋员触摸他们购买的物品。电梯也配备了智能扬声器系统。智能手机的主人不必触摸屏幕就能开机。餐馆张贴了带有菜单链接的二维码，商店部署了免接触支付系统。

那个蒙面人是谁？

随着员工返回工作场所，他们中的许多人将被要求佩戴口罩。到 2020 年春天，在世界经济论坛的一项调查中，超过一半（51%）的公司强制要求员工使用个人防护设备[38]。但许多问题也在讨论之中。雇主应该提供口罩吗？应该在哪里和什么时候佩戴？如果员工拒绝佩戴怎么办？美国联邦法律的一个怪癖是，由于口罩的目的是保护他人，而不是保护佩戴者，因此不能要求雇主提供口罩并培训工人正确使用。[39] 然而，要求戴口罩的企业需要考虑《美国残疾人法案》，并为残疾员工提供便利。但是，如果这种便利会给其他员工带来风险，雇主可以免于遵守这项要求。[40]

2020 年 4 月 3 日，美国疾控中心建议所有人在公共场合和难以保持物理距离的情况下佩戴口罩。[41] 虽然美国联邦政府认为口罩是自愿的，但一些州要求面向公众的雇员，如接待员和服务员，必须佩戴口罩。一些州和许多公司及其他组织要求在室内的任何时候都要使用口罩（吃饭时除外）。

日本提供了一个引人注目的例子，证明了戴口罩可能达到的效果。截至 2020 年 6 月 30 日，日本的新冠病毒感染死亡率仅为每 10 万人死亡 0.8 人——美国的死亡率是其 50 倍。[42] 尽管日本的城市很密集，而且从未实行过严格的封锁，仍然保持了低死亡率。日本人有两个特点很突出：第一，他们的饮食习惯可能会改善他们的免疫系统（尽管吸烟率很高），正如日本是世界上人均老年人数最多的国家所表明的那样。第二，日本人习惯于戴口罩。超过 90% 的受访商人（20 ~ 50 岁）说他们在国家开放时会在公共场合戴口罩。[43] 此外，日本一项评估影响新冠病毒感染死亡率因素的研究表明，戴口罩的影响最大——使死亡率下降了 70%。[44]

清洁和消毒

对流行病的恐惧往往会推动卫生方面的进步。黑死病导致欧洲的地方政府对街道清洁、尸体处理和供水维护采取了更严格的控制。[45] 一位德国医生在 1889 年配制了来苏尔（Lysol），以应对霍乱的流行。[46] 1918 年的流感大流行促使人们采取强有力的行动，反对在公共场合吐痰。

今天，各类机器人制造商正在制造能消灭细菌的机器人，它们可以用明亮的消毒紫外线自主地对一个房间、大厅或商店过道进行消毒。[47] 产品制造商正在寻找更好的材料或近乎永久性的表面处理剂，可以使病原体失去活性而不需要劳动密集型的清洁工作。

为消费者创造一个安全区的关键因素是确保他们在这里不仅安全，而且有安全感。例如，达美航空的供应链副总裁希瑟·奥斯提描述了该航空公司如何与普瑞来合作，向乘客提供消毒产品。"从这次大流行开始，我们的首席执行官埃德·巴斯蒂安制定的达美航空的战略，就以安全为重点。我们增加了层层保护，称为'达美护理标准'（Delta CareStandardSM），以确保我们的客户和员工在整个旅行过程中感到安全。从新的清洁和卫生程序，到众多的合作伙伴关系——包括普瑞来（Purell）、来苏尔和梅奥诊所——每一项举措和合作伙伴关系都是为了向客户灌输信心。以我们与普瑞来的伙伴关系为例，当每位顾客登上我们的飞机时，都会得到一张独立包装的普瑞来擦拭布，用于擦拭他们的扶手、座椅扣、屏幕等。尽管每架飞机都是用我们自己的清洁液进行静电喷洒清洁的，但增加的一道保护——普瑞来擦拭布——为旅客带来了额外的安全和舒适感。"[48]

通风

帮助有病例的建筑物通风，可能与新冠病人的呼吸机一样重要。在 1974 年的一个臭名昭著的案例中，尽管 97% 的孩子都接种了疫苗，但一个患麻疹的孩子还是感染了 14 个教室的其他 28 名学生。该建筑的通风系统将带有病毒的、未经过滤的空气再循环给学校其他地方的许多孩子。[49] 2019 年的一项关于流感传播的研究发现，在通风系统中加入室外空气，与为大楼中 50% ~ 60% 的人接种疫苗，具有相同的减少感染的效果。[50] 美国疾控中心在其开放办公大楼的指导方针中建议："尽可能通过打开门窗和使用风扇来增加室外空气的流通。"[51]

为了鼓励航空旅行，达美航空宣布："许多达美航空的飞机，包括我们所有的国际宽体飞机，以及许多窄体飞机，包括 737s、757s、A220s、A319s、A320s 和 A321s，都配备了最先进的空气循环系统，将经过高温压缩机和臭氧净化器消毒的外部新鲜空气与经过工业级 HEPA 过滤器再循环的现有机舱空气混合起来。HEPA 空气过滤器可以过滤 99.999% 以上的微小的病毒，小到 0.01 微米。大小为 0.08 ~ 0.16 微米的冠状病毒也能被 HEPA 过滤器过滤。达美航空的 717 飞机使用 100% 的外部新鲜空气。"[52]

控制病毒

"当你开始对一个病例进行检测，结果发现可能有十几个人受到这个人的影响，你的社交距离不够，"通用磨坊公司首席供应链和全球业务解决方案官员约翰·丘奇说，"你没有足够重视它。这已经是一个重要的教训。"[53]反馈是控制一个复杂的、不断变化的风险（例如一个具有许多未知因素的、新的和不断发展的大流行病）的关键部分。仔细评估新感染者的数量为病毒控制政策提供了一个反馈回路，如戴口罩、保持距离、健康监测和确定超级传播地点。对于公司来说，监控病例的数量通常包括公司内部和社区的病例，作为企业新冠仪表板的一部分。成功取决于——先减少，然后消除——新的感染。

然而，所有这些都是有代价的。实施防病毒政策需要时间和金钱，特别是在拥有大量劳动力或客户数量的B2C公司。对大流行病的管理增加了物料和员工新的日常职责的成本，如清洁和管理个人防护设备。更重要的是，工厂、仓库和码头等设施的生产力可能会因为物理距离协议而降低。在许多情况下，更多的班次将成为必要，因为减少工人的密度通常意味着每班配备的人员更少。

然而，在一个关注感染的时代，为零售空间创建安全区创造了一个竞争优势。我从我妻子那里学到了这一点（正如我在大多数其他领域中学到的一样）。她是一家深受喜爱的邻家美发店的25年老顾客，但当得知该美发店对她的安全问题不够重视时，她感到很失望。例如，该机构仍然在吹头发，这使呼吸道分泌物和病毒在封闭的空间内传播。店主拒绝为她的担忧提供解决办法。

这种对安全问题的漠视促使我妻子找了一家新的美发店。波士顿纽伯里街周边地区在短短8个街区内有50多家美发店（在十字路口还有很多）；竞争非常激烈。我的妻子找到了一家美发店，这家店同意在早上很早的时候、在向其他顾客开放之前接待她。此外，这家美发店将营业时间延长到每天16小时，每周7天；它每次只为少数几名顾客服务，并增加了严格的消毒制度。事实证明，少数美发店在我妻子关注的所有发型关键绩效指标上都做得更好。她再也不会回到她的老发型师那里了。切断25年的客户忠诚关系不是一小步——这件事表明了为相关客户提供一个安全区的好处。

当然，美发店并不是唯一一种在安全方面开展竞争的企业。每家以服务为导向的企业，从餐馆宣传其间隔开的户外餐桌，到健身房吹嘘机器之间的有机玻璃隔板，都在"最安全的区域"方面展开竞争。然而，航空公司从不在飞行安全方面竞争。它们明白，在公众心目中引起对飞行安全的怀疑会损害整个行业。然而在大流行期间，宣传安全和宣传舒适（乘客之间有隔板的大座位）之间的区别变得模糊不清。例如，达美航空正在宣传它致力于在中间座位上增加隔断，阿拉斯加航空和捷蓝航空（在较大的飞机上）也是如此。这些航空公司认为，增加隔断将帮助它们在担心航班满员的潜在乘客中获得竞争优势。

一家公司（或一个社区）的新冠病毒感染病例数，成为衡量其控制病毒成功与否的记分牌，这对提高利益相关者的信心有好处。维也纳医科大学校长、奥地利政府顾问马库斯·穆勒（Markus Müller）教授说："如果有足够多的国家控制住这种疾病，我们就能够在全球范围内抑制住第二波传染。"[54]战胜更多感染，消除更多停产的威胁，当然会让凯恩斯的"动物精神"感到高兴，并使全球经济更加活跃。

11 炫酷的家庭办公室

留在家里的命令加上保持物理距离的要求，改变了以往在办公室工作的方式。病毒迫使人们离开通常的工作岗位，进入各种临时的家庭办公室。出现一些新开发的应用程序，以供员工进行沟通、分享和协作。例如，开发新系统的工程师习惯于聚集在一块大白板周围，同时合作和测试彼此的想法。为了帮助他们远程工作，许多公司为在线会议开发了互动白板应用程序。[1]

一些员工发现自己喜欢在家工作，公司也发现，对有些人来说，这可能是一个更具成本效益的策略。然而，与任何涉及人员管理的事情一样，这一举措也伴随着一系列复杂的权衡和优先事项安排。公司要努力确保员工的生产力，与同事的社会融合，并对他们的工作和生活平衡感到满意，以便公司能够保留熟练的员工和拥有专业知识。

居家办公

根据美国联邦储备银行的数据，随着美国各地的封锁，居家工作的员工数量增长了近六倍（从 2019 年 10 月的 7% 到 2020 年 3 月的 41%）[2]。同样，世界经济论坛的一项调查发现，40% 的公司在新冠期间强制要求员工在家工作，以保护员工。[3] 一些公司在努力将其劳动力转移到家庭办公室方面走了极端。例如，保险公司全美互惠（Nationwide）将其 27 000 名员工中的 98% 转为居家办工[4]。疫情加速了全美互惠公司居家办公的努力；在新冠流行之前，该公司只有 20% 的员工居家办公。

许多由新冠刺激的技术应用变化，加速了居家办公的趋势。快速扩展的技术堆叠，如虚拟私人网络、云存储、视频聊天应用程序和在线协作工具，使许多白领能够从办公室工作快速过渡到居家办公。"随着新冠病毒影响到我们工作和生活的各个方面，" 微软首席执行官萨蒂亚·纳德拉（Satya Nadella）说，"我们在两个月内看到了相当于两年的数字转型。"[5]

电信标准的发展趋势，如蜂窝 5G[6] 和 Wi-Fi 6[7]，承诺为在任何地方工作的场景提供更快的速度（见第 14 章）。这两种无线技术都承诺通过使用毫米级的电波来实现非常高的速度，尽管该技术也有取舍，包括相对较差的信号范围和不能容忍用户与基站之间的障碍物。[8] 这些技术显然需要投资于新的网络基础设施和终端用户设备。然而，在另一个加速的疫情前的趋势中，新冠病毒已经刺激了家庭和企业对更高速度和更高容量服务的需求。[9]

这一趋势也刺激了其他产品的销售。居家工作、居家上学、居家购物、居家锻炼和居家进行虚拟社交的转变，创造了对各种产品的巨大需求，如网络摄像头、显示器、书桌、玩具、游戏和健身器材等。对于这一趋势，沃尔玛电子商务部供应链和库存管理高级主管丹尼斯·弗林（Dennis Flynn）说："体育用品是最先开始真正销量上涨的东西之一，因为人们正在离开健身房。健身房正在关闭。我们基本上卖光了大部分健身器材的库存。"[10] 同样，英特尔公司也看到了销售额的激增，因为人们升级了他们的家用电脑。[11] 一些工人甚至购买了房车或拖车，作为无干扰的家庭办公室和不受新冠病毒侵袭的安全旅行的额外空间，发挥双重作用。

人们真的在工作吗？

员工和雇主都发现，许多员工不需要被绑在办公桌旁或被锁定在老板的视线范围内，就能提高工作效率。全美互惠的首席执行官克特·沃克（Kirt Walker）解释说："我们依靠 10 个关键绩效指标，可以让员工逐日监督自己的工作，他们的主管也可以这样做。"这种方法是对工人的产出（结果）而不是工人的劳动投入（工作时间）进行数据驱动的评估的趋势的一部分。沃克说："我们并不试图用他们投入的时间来判定是否尽职，而是看他们在这些指标上做得如何。"[12]

数据证明，居家办公对许多人来说很成功。"我们已经跟踪了所有的关键绩效指标，没有任何变化，"沃克说，"我们不断听到会员说，'如果不是你们告诉我们（你们）都在家工作，我们永远不会知道。'"许多科技公司——脸书、谷歌和推特——已经计划将他们居家办公的政策延长至少一年或更长时间。[13]

伟创力公司的林恩·托雷尔对沃克的观点表示赞同："我认为，我们已经真正认识到，在居家办公的场景中，通过视频会议、定期电话和有节奏的沟通，我们可以做到多么有效。那种认为'你必须从 8 点到 5 点在办公室，这样我才能看到你在做你的工作'的观点可能会有所改变。我认为这可能会改变人们对居家办公或远程办公的看法。"[14]

其他公司确实看到了生产力的差异。苹果公司的首席执行官蒂姆·库克（Tim Cook）说："在公司的某些领域，人们可能更有生产力。在其他一些领域，他们的生产力不高，因此，这取决于角色是什么，不能一概而论。"[15] 例如，我对 NCR 和 New Balance 的采访显示，尽管工程师和技术人员可能是精通技术的知识工作者，但他们往往需要使用专门的设备、实验室器材、原型设计车间或制造系统才能完成他们的工作。

根据全球工作场所分析（Global Workplace Analytics）公司总裁凯特·李斯特（Kate Lister）的说法，"在过去 20 年里，反对远程工作的最大阻力是中层管理人员，他们不相信员工能做到这一点。"[16] 其中一些不信任员工的经理一直坚持使用所谓的 tattleware，即对员工的电脑屏幕进行截图，监测音频中的可疑词汇，并跟踪员工访问的应用程序和网站。一些公司甚至坚持使用永远在线的网络摄像头，并每天安排多次签到来监控员工。[17] 时间会告诉我们，这种做法是否会变得更加普遍，或者说，随着管理人员习惯于居家办工，信任差距是否会逐渐缩小。

总的来说，到办公室工作对雇主和雇员来说，成本都很昂贵。全球工作场所分析公司估计，对于每个有一半时间远程工作的员工，雇主可以通过提高生产力、降低房地产成本、减少缺勤和离职率以及更好的灾难准备，实现每年节省约 11 000 美元。他们进一步估计，一半的时间在家工作，每年可以为员工节省 2 500 ~ 4 000 美元的通勤、停车和食品费用（扣除额外的家庭开支）。雇员居家办工还可以节省平均每天一小时的通勤时间。[18]

尽管有调查和事实描绘了居家办公的美好前景，但这种分析所依据的假设并不是一成不变的。首先，远离办公室后，对失去工作的偏执可能会占据上风，员工可能会希望被他们的经理和同事看到。其次，如果员工们很少见面，公司可能会担心失去其文化的凝聚力。最后，请记住，公司以前也尝试过这种做法（尽管是在云和通信技术普及之前）。像美国银行、IBM、安泰保险，以及著名的雅虎等公司，都曾有过一段时间居家办公的经历，但后来又把员工拉回了办公室。[19]

独自在家的疯狂时刻

关于内向的人在家里平静地工作、茁壮成长而外向的人因缺乏日常人际接触而发疯的笑话，可能是一种刻板印象，但它们确实暗示了大流行病对员工心理健康的影响。在为写作本书而进行的采访中，高管们说，一些员工喜欢在家工作，因为这使他们能够专注于自己的任务，能够更好地平衡工作和生活，并节省了通勤的时间。另一些人则不喜欢在家工作，迫不及待地想回到办公室，因为那里有社交活动、日常生活节奏。巴斯夫的布希说："现在我们正在考虑，到底需要多少人在办公室。"然而，他补充说，"有些人越是在家里和通过远程软件工作，就越是显示出需要社会团队合作的严重迹象。"

新冠颠覆了人们的日常生活和习惯，而这些常规习惯在过去曾使许多人能够处理工作、家庭和复杂的生活问题。在新常态下将看到新的常规和习惯，以改进工作场所的心态、企业文化，以及居家时的社会联系。例如，复制工作惯例的一个简单提示是穿上工作服（或至少穿上漂亮的衬衫参加视频会议）[20]，这也有部分原因是为了向家庭成员表明这是工作时间。一些公司开始使用新的平台，如 Breakroom 和 Walkabout，重新创建类似视频游戏的办公室虚拟副本，让远程办公的员工有一种"在工作"的感觉，在他们的办公桌或会议室里看到同事的头像。[21]

有些组织则试图用虚拟的社交活动来取代缺失的同事间友谊。伟创力的托雷尔说："我一开始非常担心团队疲劳问题。我实际上推行了一个'周一快乐时光'。因此，每周一下午 4 点，我们会玩一个游戏，我们轮流主持这些小游戏。而如果我的工作太多，或者我想谈论太多的工作，团队就会给我一个难题。"许多组织举办了每周一次的会议，分组进行游戏，如看图猜词和寻宝游戏。然而，随着待在家里的时间延长，这些会议变得不那么频繁。看来，网络游戏最初的兴奋感和新鲜感已经消失了。

这样一个全新的环境和对新冠病毒的忧虑，使焦虑和抑郁症的发病率上升到高于历史标准。[22] 为了减轻员工的压力，像谷歌这样的公司在美国 7 月 4 日假期前后，给员工额外放了几天没有会议的假。强生公司的全球副总裁梅里·史蒂文斯说："强生公司也宣布，每个人都必须在阵亡将士纪念日前后的周末休息，从周五到周一，没有电子邮件，什么都没有。而且，全世界的人都对此很满意。"[23] 世界经济论坛 2020 年春季的一项调查发现，47% 的公司提供了关于心理健康的建议以支持员工，39% 的公司在大流行病期间为员工提供了自愿无薪假期。[24]

生活在任何地方

"我曾假设经过 20 年之后，下一代人不会被拴在他们的城市里……人们会在更多的远程工作过程中意识到，他们可以在任何地方生活，"爱彼迎首席执行官布莱恩·切斯基（Brian Chesky）说。"我从未想过这几十年会在两个月内发生。"[25] 硅谷等高成本地区的科技工作者认为，在家工作是避免高得离谱的租金、难以负担的房地产价格和令人头疼的通勤的好办法。一位技术工人说："没有什么能让我留在这里，我无法证明支付租金是合理的。"[26] 他们可以搬到夏威夷、萨克拉门托、密歇根、美国农村，或全球任何地方。随着有望覆盖全球的新卫星宽带服务的推出，远程工作将变得更加容易。[27]

据估计，37% 的员工可以在家工作，其中一些工作类别，如文秘支持人员，有 67% 的潜力可以远程工作。[28] 远程工作不仅为员工提供了选择家庭所在地的更大自由，而且夫妻双方可能不再需要担心一方需要放弃自己的工作跟随另一方去做一份新工作。

新的居家办公的能力也将使公司能够利用居住在任何地方的最佳人才。更重要的是，尽管世界各地的民族主义、关税和贸易限制在增加，但新的技术能力和公司的远程工作流程仍然可能带来新的劳动力全球化。虽然大多数媒体预测制造业将重新转向美国和欧洲，但这可能只会在有限的范围内发生。同时，高薪白领可能会在世界上任何地方寻找能提供高质量生活的地方。

这一趋势正在吸引那些希望以高工资吸引高科技人才的国家的兴趣。巴巴多斯（Barbados）推出了一个"欢迎邮票"计划，包括一年的签证和免征所得税。[29] 爱沙尼亚推出了期待已久的"数字游民"签证计划。[30] 德国、格鲁吉亚和哥斯达黎加等国家为自由职业者提供签证计划。[31] 对此，人们的兴趣正在增长——对葡萄牙"黄金签证"计划[32]的申请在 2020 年 5 月几乎增加了两倍[33]。

12 高等教育可能不再是原来的样子

课堂教育似乎是为传播新冠病毒和其他病原体量身定做的。它的特点是来自许多不同家庭的一大群人，通常来自世界各地，在同一个房间里待上一个小时，然后分散到其他房间，那里有大量来自其他家庭的人。除了上课，学生们还会和更多的人一起吃午饭和参加课外活动，或者，大学生们挤在宿舍里，彻夜狂欢。以此类推，任何一个孩子的家长都知道，孩子们带回家的不仅仅是家庭作业。

尽管技术专家几十年来一直在推动远程计算机辅助教学的愿景，但新冠病毒只用了几周时间就将在线学习从小众想法变为主流现实。

远程教育的概念早于 MOOCs（大规模开放在线课程）和互联网。最初的概念始于 19 世纪中期美国邮政服务提供的可靠的远程通信。它包括依靠学生和教授之间邮寄教学信笺的营利性的"函授学院"。[1] 第一个官方的函授教育项目被称为"鼓励家庭学习协会"，由安娜·艾略特·蒂克诺（Ana Eliot Ticknor）在波士顿建立，现在被认为是美国远程教育的先驱。1971 年，英国的工党政府推出了的开放大学，通过电视教学和函授提供远程学位教育。[2]

在麻省理工学院教授蒂姆·伯纳斯·李（Tim Berners-Lee）于 1990 年开发出万维网后，网络世界呈现出目前的形态。第一个大规模开放在线课程通常被认为是犹他州大学的大卫·威利（David Wiley）的课程。它向所有人开放，招收了来自八个国家的 50 名在线学生。第一个明显成功的大规模开放在线课程是斯坦福大学的塞巴斯蒂安·特龙（Sebastian Thrun）和彼得·诺维格（Peter Norvig）在 2011 年开设的"人工智能"。它吸引了来自世界各地的 16 万名学习者。

宾夕法尼亚州立大学是在线教育的先驱之一，于 1998 年推出了其第一门完全在线的课程。宾夕法尼亚州立大学世界校园提供 100 多个研究生和本科生在线学位，此外还有在线证书和副学士学位。

供应链在线教育

在麻省理工学院，运输与物流中心（CTL）开创了麻省理工学院提供在线教育的一些做法。2014 年秋天，克里斯·卡普利采（Chris Caplice）博士在麻省理工学院开发、录制并提供了第一个非实时同步的大规模开放在线课程，这是一个关于供应链管理的介绍。尽管没有营销预算，该课程还是吸引了超过 4 万名学习者，让 CTL 和麻省理工学院大吃一惊。CTL 在 2015 年秋季创建并提供了一门关于供应链设计的后续课程。

2015 年 10 月，麻省理工学院宣布将提供一种新的数字时代的学术证书：供应链管理的"微硕士"[3]。此外 CTL 又开发了三门课程，创建了一个由五门课程组成的"微硕士"序列。

"微硕士"课程还包括一个重要的特点："微硕士"课程的优秀毕业生被邀请来到麻省理工学院，在一个学期内完成供应链管理的完整硕士学位。换句话说，对于这些学生来说，在线课程将获得麻省理工学院的学术学分，这是一个将大规模开放在线课程与麻省理工学院的校内面授课程相结合的"混合式"项目。

"微硕士"项目一夜成名，到 2020 年，吸引了来自 192 个国家的 35 万名学习者。由于担心 CTL 无法接受学生进入混合项目的后续面授部分，麻省理工学院招募了几十所其他大学以认可微硕士的结业证书，并允许学生在短时间内获得完整的学术学位。

第一个混合班，包括成功完成微硕士项目的学习者，被麻省理工学院录取，并于 2018 年 1 月开始在校园内学习。由于这是一个新项目，独立于麻省理工学院 CTL 的麻省理工学院教学实验室分析了学生的表现，以确保他们能达到"麻省理工学院质量"。为了做到这一点，该实验室收集了传统供应链管理项目学生和混合式课程学生在与麻省理工学院其他学生共享的所有课程中的表现数据。结果显示，混合式课程学生的表现事实上超过了麻省理工学院的其他学生。

这个结果具有重要意义，而且供应链管理课程的导师们甚至在研究之前就已经知道了。第一，完成五门麻省理工学院水平的课程（往往同时从事全职工作），就像混合式课程学生在进入麻省理工学院之前所做的那样，需要很大的勇气和决心。评估表明了学习的某些素质的重要性。奉献精神、对学习的渴望和坚韧不拔的态度，是在网络世界中表现出来的重要特征，但在成绩单或标准化考试分数中并不总是很明显。第二，更重要的是，录取委员会在做出决定时使用的关于大规模开放在线课程学生的数据，明显比标准化考试成绩和推荐信更多维。在线微硕士课程产生了关于每名学生的表现的数据宝库——因为系统记录了每个按键——形成了数百万个可用于分析的数据点。

此外，教育者可以利用所有这些数据不断提高大规模开放在线课程的质量。随着课程的进行，教师可以跟踪每名学生的行为、理解力和表现。这些分析学生表现的反馈回路，有助于对大规模开放在线课程做出微调——如果太多的学生以同样的方式误解了相同的概念，那么问题就出在课程上，而不是学生身上。因此，课程和教学过程会随着时间的推移而改进。

虽然许多学校采用在线学习方式是出于与大流行病有关的需要，但麻省理工学院供应链管理项目的经验表明，在线教育本身就有许多优势。正如佛罗里达州前州长、卓越教育基金会创始人杰布·布什（Jeb Bush）在《华尔街日报》的一篇专栏文章中所说，"现在是拥抱远程教育的时候了——这不仅仅是因为新冠病毒。"2014 年，一个关于麻省理工学院教育未来的工作组认为，"在线教育和培训工具的创新最终将降低成本，提高效率，并扩大针对所有年龄和技能水平的教育产品的可及性（甚至可能是吸引力）。"[4]

微硕士课程的额外好处之一是改善了麻省理工学院的住宿教育项目。麻省理工学院供应链管理项目中的几门课现在以"倒置"的教学方式提供。学生们在家里看讲座，在网上做测验，然后到课堂上准备进行面对面的互动。这些互动的重点是讨论当前的事件、案例研究或嘉宾讲座，在课堂讨论中，学生必须将视频中解释的原则应用到手头的问题上。

由于大流行病迫使人们待在家里，在线课程的学习者数量激增。随着远程课程的持续，不可避免的是，更多的资源将被投入其中，在线互动只会越来越好，更多的学生和教授将适应这一媒介。在线教学必将在未来的大学教育中占据更大的份额。

大学的未来

随着数以百万计的大学生从宿舍和讲堂的大学体验过渡到餐桌上的小屏幕的网课体验，美国各所大学面临生存问题。与欧洲和其他地方的大多数大学不同，大多数美国精英大学都是私立机构。许多大学依靠的是学费收入，而不是政府支持。当《大西洋》（The Atlantic）杂志问学生他们是否还愿意为远程教育支付同样的费用时，一位学生的回答很有说服力："你愿意为碧昂斯音乐会的前排座位支付 75 000 美元，而只满足于现场直播的效果吗？"[5]

技术已经影响到许多其他行业。整个电影和电视节目的制作、发行和定价系统几乎都已经被淘汰了。网飞公司、亚马逊视频、葫芦网、迪士尼和其他几家数字媒体服务提供商为了快速吸引更多用户，相继创造出获奖的原创内容，电影院似乎已经过时了。

进入 21 世纪以来，关于大学关闭的预测很常见。2018 年，已故哈佛商学院教授克莱顿·克里斯坦森（Clayton Christensen）预测，在未来 10 到 15 年内，美国 50% 的学院和大学将关闭或破产。[6] 撰写了关于颠覆性创新的开创性著作的克里斯坦森认为，在线教育是自发明印刷术以来教育领域的第一个颠覆性创新，可能导致许多大学的消亡。许多观察家对这种观点嗤之以鼻，认为大学与其他企业不同。然而，美国有相当数量的大学正处于严峻的财务困境中，而且自大流行病开始以来，许多大学进行了整合，加速了之前的趋势。

新冠病毒可能会给一大批不太有名的高等教育机构致命一击。随着数以百万计的学生尝试在线学习，他们的父母可能会严重质疑传统的高成本大学学位的价值。[7] 大学之间的"装备竞赛"，即建造更多的豪华住宿设施和聘请更多的"明星"教授（在许多情况下没有教学要求），增加了大学的成本。同时，大学的总入学人数一直在减少[8]，而且由于 18 岁的人口数量自然下降，从 2026 年左右开始可能会进一步减少。为了应对竞争，许多大学已经转向其他陷入困境的企业所使用的相同方法：降低价格。

当然，这种趋势不会影响到美国 200 所精英大学中的绝大多数。这些大学机构拥有丰厚的捐赠，支持它们的富有校友，更重要的是，它们拥有其他大学所不能提供的名声和交流机会。它们还从研究活动中获得大量收入。哈佛大学 400 亿美元的捐赠基金（截至 2019 年）可能因大流行病而大幅缩水。来自捐赠基金的财务收益支持了哈佛大学三分之一以上的运营预算，这些预算也可能缩减。然而，庞大的捐赠基金确保哈佛能够承受与新冠病毒有关的更高成本以及经济衰退造成的收入减少。其他拥有大量捐赠的大学还包括耶鲁大学、斯坦福大学、普林斯顿大学和麻省理工学院。

在 2015 年出版且被广泛阅读的《大学的终结》（*The End of College*）一

书中，作者凯文·凯里（Kevin Carey）认为，在校园环境之外，从学生进入成年阶段的经历将持续存在，高等教育将由许多在线课程以及各种证书、实习、训练营和其他收集学分的经历组成。[9] 结果，凯里的预测并没有成为现实。学生和他们的父母似乎已经接受了传统的住校模式，尽管成本很高，导致学生负债累累。然而，凯里可能只是把话说得太早了——在现有的在线通信工具和强制远程学习的经验成熟之前。

由于学生被剥夺了校内、课内的体验，新冠这种大流行病可能正在改变学生和家长的想法。我们所知道的传统大学校园体验的突然终结不是一种猜测或理论上的争论，而是现实。在大流行期间，那种面对面、日夜互动的丰富而共生的社会环境已不复存在，只有高额的学费还在。而现在，家长和学生已经经历了这种环境，他们会愿意回到捆绑式的大学体验吗？大学是否会改变其提供的服务，将校内兼职和在线服务结合起来？大学是否会设计一种不同的从童年到成年的过渡体验，可能涉及其他方式，如某种形式的国民服务？

在有生之年，我们很难看到这种正在发生的变化的最终状态。就像许多其他行业一样，疫情可能会加速高等教育领域的趋势。教育行业似乎不太可能逃脱对零售业、图书出版业、娱乐业、媒体甚至国防和医疗造成严重影响的技术力量。

随着一些高等教育机构的倒闭和其他机构的整合，在线竞争将变得越来越激烈。吸引更多学生的课程将获得更好的数据以改进课程，并获得更高的收入以回报对课程制作的投资。新的 3D 游戏概念和增强现实技术，可能会推动在线学习的改进，提供更有吸引力的内容，并生成更好的结果。稳步提升的制作标准（和更高的制作预算）将创造更丰富的教育内容，但最终只有利于那些能够吸引最多受众的少数机构。一个无聊的教授给 30 个无聊的学生讲课的传统模式，迟早难以与一位获得诺贝尔奖、拥有上百万在线学习者的超级明星讲师竞争。

社会教育网络和公众心智的未来

随着时间的推移，美国 6 710 亿美元的高等教育产业[10]将可能吸引更多企业的兴趣。高等教育的潜在收入可能太大，以至于谷歌、亚马逊、微软和脸书等公司——或者说，甚至是新的硅谷初创公司——进入这个市场。当然，这些企业将从学生那里获得的不仅仅是学费。他们还将把从在线学习者那里收集到的数据货币化，同时营销其他商品和服务，如独家社交网络（脸书始于哈佛）、与班级相关的辅助媒体（亚马逊）、职业服务（微软拥有领英网），以及在未来高收入的年轻人开始选择自己的消费品牌时向他们投放广告。

我们可以想象，一个或几个占主导地位的"社会教育网络"提供数以千计的学习模块，由人工智能策划，并根据每个学生的学习目标、学习风格和能力单独定制。或者这些公司可能提供更有针对性的证书课程，以取代传统的四年制学位课程。例如，谷歌正在创建谷歌职业证书，这是一个为期 6 个月的在线课程，旨在教授目标工作的基础技能。[11]谷歌全球事务高级副总裁肯特·沃克（Kent Walker）说："在我们自己的招聘中，我们现在将把这些新的职业证书视为相当于相关职位的四年制学位。"

这些发展都可能会带来很多好处，其中包括更大的包容性和给大众带来优质教育。然而，它可能有两个不幸的缺点：通才教育的衰退和不平等现象的增加。

随着越来越多的企业进入教育市场，以及家长和学生对昂贵的大学教育价值的质疑，他们对大学专业的偏好将发生变化。教育的供需双方可能会更加关注务实的学位——基本上是白领职业教育——以获得高薪工作。这种转变已经进行了一段时间，但疫情加速了这一进程。其结果是将进一步加速文科教育的衰退。许多小型文理学院正在关闭，其他学院也可能随之关闭，而大型大学的文理系可能会出现招生人数持续下降的情况。然而，正如过去几年所表明的那样，传统文科教育的标志——批判性思维和有效的信息分析——从未如此重要。

第二个缺点可能是由于两种极端现象导致不平等现象加剧。少数精英院校仍将为愿意付费的富裕和有天赋的学生提供传统的寄宿教育。在这些学校里，学生们将建立他们专属的社会网络，使他们在个人生活和职业生涯中受益。而那些依赖成本较低的在线学位课程的学生（即使未来的技术有了很大的改进），将缺乏这些社交网络的发展机会。在线课程是否能复制传统大学的社会网络元素，还有待观察。

另一种更严重的不平等现象在疫情期间已经显现出来。一些学生不具备合适的个人电脑、宽带网络或有利于学习的家庭环境。这是更深层次差距的一部分，不仅对教育有影响，而且对参与越来越多的数字经济也有影响（见第 13 章）。如果不付出巨大的努力来纠正这个问题，这个群体可能会被彻底抛在后面。

13　更大的社会、经济和信息差距

健康、富有和聪明，可以作为对那些受新冠病毒影响最小的群体的精准描述。健康的人不太可能死于这种疾病。富有的人更有可能保持健康（并负担得起更好的医疗服务），[1] 有更多的资源能够避免被感染，并且不太可能受到新冠病毒的经济影响。聪明人（即获得大学学位的人）同样幸运地拥有可以不受新冠病毒干扰的工作，更有可能健康到足以抵御病毒。简而言之，新冠病毒对穷人的影响，比对富人和受过良好教育的人的影响大得多。

这些不平等现象在新冠期间和之后至少以四种方式影响供应链。第一，不平等对消费的影响既体现在谁能花钱，又体现在他们能花多少钱。第二，就工人能够在保持距离的前提下被雇用和生产的可能性而言，它影响到生产力和就业。第三，在国家层面上，穷国可能会遭受更多和更长时间的损失。无论从短期还是长期来看，这些国家将出现更多的死亡和更低的经济增长率。第四，不平等可能会引发社会动荡和政治动乱，增加在受影响地区做生意的风险和成本。

富者愈富

哥伦比亚商学院零售研究主任马克·科恩（Mark Cohen）说："在一天

结束时，'富人'拥有更多，而'穷人'拥有更少或一无所有，这就是危机所在。"[2] 与大流行病有关的工作损失，不成比例地落在了穷人身上，因为病毒的传播使餐馆、非必要的零售业、发廊和家庭清洁等服务经济领域的数百万个工作岗位被淘汰。美联储的数据发现，2020 年 3 月，收入低于40 000 美元的家庭有 40% 的人报告说失去了工作。这比收入在 4 万 ~ 10 万美元之间的家庭报告的 19% 的失业率高出一倍多，比收入在 10 万美元以上的高收入家庭的 13% 的失业率高出两倍。[3]

对 175 个国家和过去五次大流行病的数据分析表明，新冠病毒将加剧总体收入不平等，并使教育程度较低的人的失业情况恶化。[4] 这种影响是全球性的，因为这种大流行病席卷全球，打击了富人和穷人的经济。尤其令人痛心的是，这种大流行病会逆转财富创造方面的进展，并造成新的贫困阶层。联合国的一项研究估计，该大流行病可能使 4.2 亿 ~ 5.8 亿人重新陷入贫困。其结果将使世界上 10 年 ~ 30 年的脱贫进展化为乌有。[5] 联合国世界粮食计划署执行主任戴维·比斯利（David Beasley）说："我想强调的是，我们不仅面临着一场全球健康大流行病，也面临着一场全球人道主义灾难。"[6]

这种影响也发生在国家层面。德国、美国和英国等国家有能力采取比匈牙利、希腊和意大利规模更大的财政刺激措施（以 GDP 的百分比计算）。[7] 富裕的国家既有深厚的税收基础，又能很好地进入全球资本市场，这使它们能够以相当大的经济刺激计划支持本国经济。在最贫穷的非洲和南美洲，情况最为严峻。在许多地方，医疗保健系统本身就不完善，并且受到新冠病毒感染的严重打击。[8]

距离是一种奢侈品

并不是所有工人都被平等地提供了在家工作的机会。美联储的数据显示，在 2020 年 4 月，有 63% 的大学毕业生完全在家工作，而只有 20% 的高中或以下学历的人能这样做。[9] 此外，富人可以负担得起更大的家庭生活空间和更多电器、技术和玩具，使被困在家里的生活更加舒适。富人可以负担得起更多的服务，如送餐、杂货和其他产品，所以他们不会被迫外出去公共场合。在大城市，如果富人确实需要外出，他们更有可能拥有汽车，因此可以避免乘坐公共交通工具。从本质上讲，富人可以用钱来使自己和家人免受新冠病毒的影响，从而保持健康。

同样的情况在世界各地都有发生。在家工作的能力因国家的经济构成不同而有所差异。[10]

在瑞士，经济以知识型产业（如金融服务和制药业）为主，估计有45%的人口可以在家工作。相比之下，在其他欧洲国家，由于对旅游业（如希腊和西班牙）或制造业（如斯洛伐克）的依赖，只有不到三分之一的人可以在家工作。

富人也有更多的资源和机会来远离新冠病毒泛滥的热点地区。2020 年3 月，富有的纽约人逃离曼哈顿，前往汉普顿、康涅狄格和佛罗里达的第二家园和豪华度假胜地。[11] 因此，曼哈顿的房地产价格暴跌。[12] 同样，富有的美国公民可以在另一个国家购买公民身份和第二本护照，以逃避美国的"新冠贱民"地位。[13]

信息高速公路旁的数字贫民窟

"随着人们躲在家里，"分享应用公司 Snap 的首席执行官埃文·斯皮格尔（Evan Spiegel）说道，"他们越来越多地在生活的各个方面转向数字行为，包括通信、商业、娱乐、健身和学习。我们相信，这将加速许多企业的数字化转型，我们今天看到的活动水平的提高，将导致数字经济在一段时间内持续上升。"[14] 这是对数字经济的一个美好预测，但所有这些新的数字行为和相关的工作、商业、教育和娱乐的机会，都取决于良好的宽带互联网接入，而这对穷人来说可能是昂贵的或无法获得的。

在美国，估计有 4 200 万人无法获得宽带服务，因为他们所在的地区根本没有宽带服务。[15] 联邦通信委员会正在努力为服务不足地区的宽带服务提供补贴，但这需要多年时间。即使供应商建立了基础设施，对于贫困家庭来说，家庭计算机设备和每月的上网费仍然是一个挑战。

特别成问题的是，有 970 万美国学生根本没有接入互联网——这是新冠病毒时代使用在线教育来取代现场授课的关键。如果没有平等的机会进入在线教育系统，贫困儿童的境遇很可能比他们的父母更糟糕。在洛杉矶，13%的高中生在学校实际关闭后的三周内与学校没有在线联系，三分之一的高中生没有定期参加在线课程。[16]

数字鸿沟横跨全球。尽管全世界三分之二（66%）的人都有手机[17]，但拥有智能手机的不到一半（45%）[18]。截至 2017 年，只有 10 亿个宽带连接为全球 78 亿人服务。

根据塔夫茨（Tufts）大学弗莱彻（Fletcher）学院研究人员的分析，各国的互联网基础设施的质量也不尽相同[19]。研究人员对 42 个国家的三个技术属性进行了分析，这些技术属性是在家工作、购物和学习时所需要的：关键数字平台的稳健性，互联网基础设施对流量激增的适应性，以及促进交易的数字支付选项的扩散性。美国、英国、荷兰和挪威等富裕国家在所有方面的评分都很高。较贫穷的国家，如印度、印度尼西亚和智利，在这三个方面都处于落后状态。

由于互联网基础设施老化，许多欧盟国家的数字冲浪弹性低于中位数。当新冠病毒将人们送回家导致互联网使用量激增时，欧盟当局要求网飞、YouTube 和亚马逊 Prime 等视频流媒体服务减少其带宽消耗，它们做到了。[20]流媒体娱乐似乎是一种奢侈品，但同样的电子基础设施使互联网的高级业务和供应链使用成为可能，如视频通话、协作工具、物联网（IoT）传感、虚拟现实和增强现实以及富媒体电子商务。因此，在缺乏宽带连接和足够带宽的国家、公司和家庭，先进的电子商务、在家工作和密集的供应链可视性可能更难实现。

种族差异

所有这些差距都不成比例地落在了少数族裔身上。美联储主席杰罗姆·鲍威尔在 2020 年 4 月的一次新闻发布会上说："少数族裔，以及处于收入链底端的人，他们的失业率往往上升得更快"[21]。少数族裔更有可能从事在疫情期间被削减的低薪服务业工作，更有可能从事现场的体力劳动工作，这些工作都不能在家里完成。

新冠病毒的感染率和死亡率也因种族而异。在不控制任何解释变量的情况下，耶鲁大学和匹兹堡大学的研究人员在统计比较中发现，黑人死于新冠病毒的可能性是白人的 3.5 倍以上，拉丁裔人死于该病毒的可能性是白人的近两倍。[22] 然而，许多人的死亡与并发症有关。美国国立卫生研究院发表的一项分析研究了所有病例的死亡率，发现在控制了四个并发症因素（肥胖、糖尿病、慢性肾脏病和高血压）后，非裔美国人与死亡风险之间没有明显的统计联系。[23] 因此，长期的挑战是通过更好的教育、更好的饮食、更好的医疗服务和相关举措来避免并发症的发生。贫困和少数族裔家庭对宽带的采用率也较低。[24] 世界各国在这方面都表现出类似的模式。[25]

关注差距

总体上不断扩大的资源差距不仅仅是不平等的一个例子。纵观历史，流行病和由此产生的经济后果引发了社会动荡甚至是武装冲突。[26] 流行病催生了关于病因的阴谋论和好战言论，导致了对少数族裔、外来者、当局和其他国家的攻击。同样地，失业和经济衰退使潜在的社会愤怒达到沸点，地区性事件可能导致全国性的动乱。联合国人道主义事务协调办公室主任马克·洛科克（Mark Lowcock）说："除非现在就采取行动，否则我们应该为冲突、饥饿和贫困的大幅增加做好准备。"[27] 他警告说，疫情造成的经济破坏最终可能导致比疫情本身更多的人死亡。

第四部分
未来的供应链

"在这样的危机中，自动化和数字化的程
度是一个很大的优势。在我们一个自动化程度
约为80%的工厂里，我们只面临轻微的产能
损失。"

——冈特·贝廷格，（Gunter Beitinger）西门子制造部副总裁[1]

在新冠疫情暴发之前的几个月里，中美贸易紧张局势、英国脱欧、常年的波斯湾问题等，加上台风、飓风和许多其他地区局势的持续鼓噪，已经让供应链管理者彻夜难眠。大多数消费者睡得很香，他们对现代消费经济的丰硕成果充满信心——明天早上商店和超市里会有所有东西。然而，疫情对供应和需求的破坏性影响，使供应链的作用进入公众视野。记者、消费者和政治家们突然想知道，他们认为理所当然的所有商品到底从何而来。

在疫情暴发的同时，各公司正在加快努力，实现供应链自动化。供应链对数字技术的更大需求是由众多因素共同推动的：需要应对快速变化的消费者购买习惯；要求减少人与人之间的接触，降低办公室、工厂和仓库的工人密度；以及经济衰退加剧了对控制成本的需求。此外，物联网、移动互联网、机器人、云计算和人工智能等关键技术的不断进步（和成本下降），有助于实现商业基础设施的这场悄然革命，通过自动化技术，使供应链更快、更有效。

14 一个看得见、摸不着的未来

在疫情带来的巨大不确定性和无法旅行甚至不能去办公室期间，公司和管理人员希望了解，更希望能看到，他们的全球供应链正在发生着什么，并通过数据进行某种的层面的控制。货物在哪里？这个零件什么时候会再有库存？客户真正需要多少产品？新供应商提供的产品质量是否像他们所说的那样好？供应商能否在最后期限前供足它所承诺的数量？

在计算机时代，数据一直是竞争优势的来源。"科技和数字化使整个供应链具备了端到端的可视性，"默克公司采购主管约阿希姆·克里斯特（Joachim Christ）说，"拥有这种可视性——最好是实时的——是主动进行风险分析和在危机发生时快速反应的关键。"[1]

由于疫情导致的对现场集会的限制，数据及其分析变得更加重要。人们比以往任何时候都更想也更需要知道供应链究竟发生了什么，以区分事实与虚构、恐惧与现实。更广泛地说，从供应链的更多部分获取更多数据的趋势，是通过数字技术对供应链进行更多控制的趋势。这些技术还实现了无接触操作——减少了工人接触潜在的感染表面或接近其他工人的机会。重要的是，这些技术创造了数据流，使流程得到改善。

更好的运输可视性

像 UPS 和联邦快递这样的快递包裹承运商，都为能够向托运人和收货人提供几乎实时的货件移动情况而感到自豪。通过在旅途中的交接点扫描每个包裹，承运人可以在一定时间内向客户展示他们的货物运输进度。不幸的是，在商业企业之间流动的普通货物的大型货运，并没有提供这样简单的可视性。例如，UPS 对运输包裹所涉及的几乎所有设施、运输工具和人员，都有直接的端到端控制，但对大多数货运，特别是全球贸易，则非如此。在全球贸易中，每批货物通常涉及一系列独立的卡车、铁路和海洋运输，由独立的承运人和中间商管理。此外，货物可能会在港口集装箱堆场的无人区停留一段时间，等待海关批准或为下一段旅程提货。其结果是，大多数企业无法无缝跟踪从海外工厂到目的地的货物。

托运人（货物的实际所有人，如制造商、零售商、分销商和医院）和承运人（运输资产的所有者和经营者）正在努力改进技术手段，提高运输的可视性。智能手机在每个人的口袋里都放了一个与互联网连接的光学编码扫描仪、机器视觉相机和 GPS 定位器。随着货物被扫描，图像被处理，运输工具的位置被更新，这些数据可用于近乎实时的货物位置信息，并储存起来供以后分析。公司将越来越多的此类数据存储在云端，任何地方的用户都可以在那里找到相关的数据集和相关的专门应用程序。这些可视化应用通常是事件管理系统的一部分，旨在提醒公司注意货物和运输偏离正常（或计划）模式的情况。

在更广泛的供应链领域，技术的采用面临着一个特殊的挑战。与综合承运人（UPS、联邦快递、DHL、TNT 和邮政服务）的情况不同，货物可视性——即使只是从亚洲的工厂到美国的零售商——需要不止一家公司拥有必要的传感器和其他足以实现持续可视货物流动情况的硬件及软件。供应链可视性还需要所有（或至少足够多的）参与者采用兼容的技术，并就一套标准达成一致，以便他们都能使用这些数据。

正如第 7 章所提到的，许多公司没有绘制它们的进货供应链图，甚至可能不知道它们的直接（一级）供应商的制造和分销厂房的实际位置。然而，供应链和物料运输经理真正想要的，不仅仅是从一级供应商到其工厂入库货物的可视性。他们希望尽早知道在供应链的任何环节是否有问题——延迟发货、质量问题、货物损坏、海关延误，以便有时间做出反应。要做到这一点，他们需要超越一级供应商，深入到供应链的更深层次（可回顾图 7 – 1）。

对供应链更深层次的可视性是一个长期的挑战，到目前为止，几乎没有制造商或零售商已经破解。其原因不在于技术（尽管相互冲突的标准和不合作的软件平台并没有起到什么好作用）。相反，正如第 7 章所提到的，大多数公司不知道它们的深层供应商是谁。一级供应商认为它们的供应商（即原始设备制造商的二级供应商）的身份是商业秘密。即使在原始设备制造商能够识别其深层供应商的情况下，它对这些供应商也没有影响力，不能强迫它们分享数据，因为原始设备制造商本身不是这些深层供应商的客户。此外，深层供应商制造的零件可能最终会出现在更高层次的供应商那里，不仅服务于许多公司，还服务于多个行业。因此，原始设备制造商可能无法确定制造特定零件的深层供应商。

其他公司正在使用更多的技术来获得对零售和消费者的可视性。例如，当许多公司想知道惊慌失措的消费者在疫情期间如何使用囤积的产品时，宝洁公司已经知道了。该公司知道，人们不仅仅是为了囤积而购买更多的产品，如汰渍洗涤剂——他们确实在疫情期间洗了更多的衣服。宝洁公司凭借直接从选定消费者的洗衣机中收集的数据，获得了这种洞察力。[2]

宝洁公司长期以来一直在努力获得更多关于消费者如何使用其产品的信息。它的营销口号以产品的两个"真相时刻"为基础。第一个"真相时刻"是消费者在零售环境中从竞争产品中选择产品的时候。第二个"真相时刻"是消费者实际使用该产品的时候。宝洁公司通过访谈、尼尔森数据和销售点数据监测第一个"真相时刻"。以前，宝洁公司会要求一组选定的消费者记录他们使用其产品的经历，以了解第二个"真相时刻"，但如今技术实现了无纸化。宝洁公司的消费者洞察总监迈克尔·兰考（Michael Lancor）说：

"如果你能在某人的洗衣机和烘干机上安装一个设备，这个设备能准确地告诉你他们什么时候洗衣服、洗了多少衣服、什么类型的衣服等，那还有什么必要研究洗衣日记？"[3]

宝洁公司的例子证明了另一个由疫情加速的趋势。这种无缝的、非接触式的数据收集是由物联网实现的。物联网结合了专门的传感器、低成本的计算机芯片和无处不在的无线网络，如家庭 Wi-Fi 或蜂窝电话网络。这些技术正变得越来越复杂，成本也越来越低，导致到处都有传感器，以测量、收集并连续传输数据给可以采取行动的分析师和管理人员。

应对货物可视性的挑战

每辆汽车平均有 30 000 个零件，由分散在全球各地的数千家零部件供应商制造。这些零件从这些供应商那里流向汽车装配厂，使用各种运输方式和数百个运输载体。为了协调零件的流动，物料运输经理需要知道这些零件何时到达工厂。事实上，他们经常需要预先安排这些货物的到达时间，以便管理进厂卡车卸货的码头门。

虽然为商业企业服务的承运人可以向托运人提供车辆到达工厂、商店、仓库或医院的预计时间，但这并不能解决物料运输经理的需求。他们真正需要知道的是在特定时间制造特定产品所需的特定零件何时到达。为此，他们需要知道在运输这些零件的数百辆卡车、火车、船只或飞机中，每一辆上装载了哪些零件。

2014 年，时任福特物料运输经理和连续创业者罗恩·达内尔（Lorne Darnell）成立了 FreightVerify 公司，以应对将承运人的信息（关于其运输工具的位置）与供应商的数据（关于其货物的内容）合并，并将这些数据与托运人的库存单位编号相连接的挑战。他开始专注于一些最艰巨的内陆运输挑战——汽车行业的挑战。到 2017 年，该公司提供了一个云平台，在这个平台上，汽车经理可以查询任何库存单位编号，并找到所有在途零件在任何特定时间的位置。例如，有些零件可能在工厂堆场的卡车上等待卸货，有些可能在几小时车程外的卡车上前往工厂，还有一些可能在几天车程外的火车上，甚至有些可能在港口卸货。在所有这些情况下，FreightVerify 公司都会收集有关零件位置的数据（以及这些零件所在的具体拖车、轨道车、船只、飞机和集装箱），并将其信息直观和频繁地传输到平台上，供接收端工厂查看。除了提供关键信息，如零件编号的位置和运载该零件的车辆，该软件还提供非常准确的预计到达时间，会考虑到道路拥堵、天气延误、高速公路建设、过境问题等。每批货物的运输都基于平台实时要走的计划，并可以及时注意到任何偏差，因为许多货物要走复杂的路线，涉及多个站点和中转。

当然，公司也将该平台作为商业情报的来源，以评估承运人的表现，并确定长期瓶颈。2019 年，通用汽车公司将该软件用于其装配厂的所有运输，以及跟踪成品车的交付和售后市场零部件。福特公司紧随其后，FreightVerify 公司开始为其他汽车制造公司服务，然后是其他制造商，甚至包括医院。

除了追踪之外，FreightVerify 公司还在此基础上扩展了货物可视性的使用，以最大限度地减少加急货运，而加急货运是所有制造商的重要支出项目。FreightVerify 公司的平台可以看到原始设备制造商汽车厂的日常生产计划和所有需要的零件的库存水平。在制造业中，每天面临几个零件的低库存问题是很常见的。该平台根据生产计划和可用库存识别特定零件的短缺，然后实时扫描在 OEM 系统中移动的数万辆卡车。由于它知道每辆卡车所运的货物明细，可以确定每个所需零件的位置，选择最合适的卡车来转移（或卸载）零件；并安排或改道另一辆卡车去接它，以确保短缺不会成为问题，且系统中任何工厂的改道也不会导致新的短缺。整个过程由人工智能优化软件处理，取代了人工，大大减少了昂贵的加急运输。其结果是减少了给供应商的催货电话，降低了让他们飞往工厂或使用专门（和昂贵）的承运人安排卡车运输所需零件的频率。[4]

FreightVerify 公司的平台还将库存单位的在途追踪与室内追踪相结合。

该公司使用新一代的传感器，可以跟踪各种厂房内的物品移动。对于汽车公司来说，该平台从供应商处跟踪可返回的运输集装箱（装载发动机、变速箱、油箱和其他大型部件的刚性集装箱），通过 OEM 工厂再返回，减少了因损耗造成的巨大损失。对于医院系统来说，它可以跟踪从供应商到病人床位的供应。[5]

由于疫情对运输的可靠性造成了严重的破坏，这种货物的可视性变得比以往任何时候都重要。未来，这种能力将使公司能够在降低成本的同时改善服务。

有准备 = 可视性 + 透明度

诸如供应商产品欺诈（见第 7 章）或客户博弈订单分配系统（见第 8 章）等供应链问题，意味着供应链的可视性需要供应链伙伴方面的透明度，才能发挥作用。也就是说，供应商和客户必须愿意与伙伴公司分享及时和准确的数据。供应商方面的透明度意味着分享有关其能力、关键材料的采购以及可能影响供应商按时交付质量和数量的更高级别的供应商的基本数据。客户方面的透明度意味着分享下游的库存和销售模式，以便供应商能够为其生产做计划。

透明度可以实现具有成本效益的弹性。纠正计划外的情况需要物理资源，包括资产、劳动力以及流程的冗余和灵活性。处理计划外事件的能力也在很大程度上取决于预警的数量——从收到有关中断的数据到该中断的影响之间的时间差。这个时间差可以用来调整运输方向、寻找替代供应来源、释放库存、提醒客户等。没有它，公司将不得不保持冗余的能力和大量的库存，以避免缺货、生产中断、订货不足，或者更糟的是失去客户。透明度提供了更大的预见性。

从本质上讲，透明度和可视性为供应链提供了眼睛、耳朵和鼻子，而物理资源则提供了肌肉。然后，组织的大脑将透明的感官设备与弹性的肌肉连接起来。此处的大脑包括人和技术（见第 15 章）。

客户与供应商之间的信任

透明度需要信任——公司必须愿意与它的主要贸易伙伴分享它的一些敏感数据。在危机期间，买家和卖家之间的信任纽带通常会受到考验。信任的定义是"基于对交易方的意图或行为的积极预期，愿意接受脆弱性。"[6]

根据这个定义，图 14 - 1 说明了信任的两个维度：对结果的预期和脆弱性。风险最大的象限是脆弱性高，对对方履行义务和遵守协议的期望值小（低期望值/高脆弱性）。

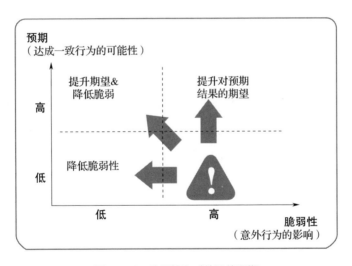

图 14 - 1　脆弱性和对结果的预期

增加信任

增加信任的两种主要方式是增加对良好预期结果的激励，或减少脆弱性（或两者同时）。一家公司可以通过为表现更好的提供更高的报酬惩罚表现不佳的供应商，或者承诺未来业务量的增长以增加从供应商那里获得所需产品的可能性。它还可以通过拥有多个供应来源或冗余库存弥补来自不可靠的供应商的短缺，从而降低脆弱性。

对于在 Etsy（一个由工匠直接面向消费者销售的网站）等庞大的多供应商平台上从事电子商务的公司来说，对供应商的信任尤其具有挑战性。客户需要对产品描述和供应商的可靠性有信心。Etsy 的首席执行官乔舒亚·西尔弗曼（Joshua Silverman）说："我们已经谈了很多关于信任的问题，信任团队一直在非常努力地工作以获得更多的评论，致力于让买家留下更多、更丰富的评论。"[7]

供应商可以通过要求提前付款来减少信任问题。提前付款可以降低供应商的风险，特别是当付款包括原材料成本和工作成本时。提前付款还能激励客户继续执行订单，因为其已经支付了（全部或部分）货款。

在危机中，各方可以不履行义务，例如，运送不合格的产品，不按时付款（或根本不付款），或取消订单，让供应商陷入巨大的原材料库存。危机为不履行义务提供了现成的借口，包括援引不可抗力条款。它还为一次性交易创造了许多机会，在这种情况下没有持续的关系，因此，提供预期结果的动机较低。

相反，在日常业务中，这些风险是有限的，因为供应商和客户之间的交易是持续的，任何一方都不希望造成关系的破裂。

建立增值关系

新冠疫情的结果之一是，公司对长期建立信任的重要性有了更深刻的认识。

正如大型合同制造商伟创力的首席采购和供应链官林恩·托雷尔所说的那样，"我们与供应商有过几次升级电话，例如，我接到一个有关键需求的电话。通常，这是我认识多年的人打来的。我们进行了艰难的谈判，然后吃了一顿非常好的晚餐，一起度过了一段时光，我们总是在不同的活动中看到对方。我认为人际关系很重要，特别是随着时间推移建立的关系和信任。"[8]

同样，强生公司的全球副总裁梅里·史蒂文斯描述了供应商和强生公司员工之间信任的重要性，"游戏一直在改变，一直在改变。实际上，真正有趣的是，当我一年前进入交付部门时，我们所做的一件大事真正强化了我们与主要供应商的合作，真正改变了我们做生意的方式。我们进行了更多的战略对话……公司的商业团队与零售商、分销商和医院等客户合作，将商业关系建立在更坦诚的基础上，"她解释说。[9] 供应链关系中信任的存在意味着客户不必支付额外的费用或寻找新的供应商来降低其在危机中的脆弱性。而供应商也不需要提高价格或要求提前付款来弥补不付款的风险。

当业务联系在遥远的国家之间进行时，这种关系的建立可能更加重要。信任是克服贸易伙伴之间文化、地理和语言差异的关键。人际关系在创造信任方面的价值，可能很难通过视频通话来实现。因此，商务人士仍将不得不登上飞机，住进酒店，与远方的供应商和客户一起吃饭，以继续建立相互信任的人际关系。

然而，远程数据和虚拟会议将继续存在，并可以取代困扰许多企业的浪费时间的商务旅行和亲临现场的聚会。在线协作平台将继续改善，人们通过虚拟会议处理业务和执行日常管理任务的能力也将继续提高。

但在建立业务关系方面，人际交往仍然是不可替代的，而且在可预见的未来，这一点不太可能改变。正如伟创力公司的托雷尔所补充的那样，"我认为，我们所从事的业务确实需要出差。我们需要去工地，需要与我们的供应商和客户合作。但我认为可以减少出差，因为我们已经证明了可以在家里有效地工作。"

做到放手但不放任

"你仍然在给他们（司机）递送纸质账单，让他们在上面签字并交换账单，"佛罗里达州的马铃薯种植者蒂芙尼·帕克（Tiffany Parker）说，"有很多接触本来是可以避免的。"[10] 新冠疫情推动了像 Parker 农产品公司这样的小托运人和美国的 350 万名卡车司机寻找替代文书工作的方法。

在新冠疫情暴发之前，人们在触摸键盘、在写字板上签到，将信用卡或带照片的身份证交给收银员或大厅的保安人员时，几乎毫不犹豫。SARS-CoV-2 病毒可以在物体表面存活数小时（有时是数天），这一事实给供应链带来了压力，要求其实现无纸化，甚至进一步实现无接触。尽管在供应链中确实使用了大量的电子通信和文件，但有些步骤仍然需要纸质文件，特别是在运输和进出口交易中。这两种活动都涉及法律或政府文件，如采购订单、提货单和检验证书，这些文件必须在货物运输过程中由不同方面进行审查和签署。

供应链文件的一个关键例子是提单，它仍然经常以纸质形式保存，它是贸易货物的法律记录。它与每批货物一起，必须由承运人的司机（一式三份）和收货人（在将提单上的信息与采购订单上的信息相比较后）签字。在用 19 世纪的技术经营 21 世纪的公司多年后（提单实际上起源于 16 世纪）[11]，几乎每一个装货码头、仓库和物流管理办公室都希望用数字版本取代纸质文件。

实现完全无纸化（和无接触）的部分挑战是各方普遍采用标准化的电子文件系统。这至少涉及供应商、承运人、收货人和政府。对于国际运输，还涉及银行、多个承运人和各种政府机构，如海关、出口管制、进口检查和旅行两端的其他机构。为了实现数字化，所有这些相关方都必须能够访问正确的文件，将数据输入其中，能够提供具有法律约束力的签名，但又不能篡改文件中的基本信息。这样一个系统必须是完全安全的，以便管理数万亿美元的贸易，并为竞争各方和所有参与国的政府所接受。多家公司正在开发和测试的一种方法，就是使用加密货币（如比特币）的区块链技术来创建一个安全、防篡改的分布式数据库。基于区块链的系统不需要中央管理机构，在没有中央管理机构的情况下也能确保交易的完整性。[12]

另一个典型的需要亲身参与的供应链活动，就是公司与供应商合作开发、改进和制造新产品。客户和供应商的代表飞去介绍产品设计，审查材料，检查原型，并评估制造样品。新冠疫情终结了所有这些旅行，甚至使样品的航空运输成为一个昂贵且不可靠的流程。

虽然虚拟产品开发的趋势在新冠之前就已经存在，但这一流行病大大加速了它的兴起。虚拟产品开发不需要旅行和快递包裹，而是使用即时交付的数字文件、3D 模型和高分辨率视频进行协作。甚至在疫情之前，一些公司（尤其是服装行业）已经开始采用虚拟产品开发：开发时间越短，公司越能更好地处理善变的市场趋势。数字化设计流程实现了全球范围内的 24 小时快速开发——亚洲供应商或创新中心可以在白天工作（美国总部则是通宵工作），开发一个新产品，并将数字结果发送到总部，以便在清晨进行审查。审查人员——营销、销售、客户代表——可以花一整天的时间，并在第二天清晨（当地时间）向供应商发送日终反馈。

零售业是另一个寻求非接触式交易的领域。走进亚马逊的 Go 杂货店，就像偶然见到了一场平静而悠闲的抢劫。人们似乎从货架上摘下物品，放进他们的袋子，然后不付钱就走了。但这正是亚马逊希望顾客做的。亚马逊贴出的说明写着："进入时打开应用程序。边购物边装袋。然后就这样走出去。"[13] 在进入时扫描顾客的智能手机，可以识别顾客的身份，以便开具账单。整个商店的摄像头和传感器记录了一切，并使用计算机视角来准确了解谁在拿什么（或放回）。这个商店不需要结账柜台、收银员或装袋员。

远程控制供应链

数据的双向流动实现了远程可视性和远程控制。例如，合同制造商伟创力创建了 Flex Pulse，它既是一个基于软件的系统，也是一个物理"控制塔"设施网络，利用供应链的可视性来管理和改善供应链的性能。该软件使大约

6 000 名用户在他们的台式机、笔记本电脑和移动设备上实现了实时可视性和控制。

世界各地的九个 Flex Pulse 中心都有大型互动触摸屏墙，显示各种用户可选择的信息，如供应链中断的实时新闻、社交媒体流、全球在途运输地图、库存水平热图、收入百分比饼图、例外情况地图、交货时间图表和其他供应链数据。每个 Flex Pulse 中心都作为一个网络运营中心。运营信息也可以在用户的桌面上获得，这有助于用户在疫情期间了解情况。伟创力的托雷尔和她的同事们在疫情期间使用 Flex Pulse 管理供应链："我们创建了一些特定的仪表板，这样就可以在客户层面、现场层面和零件数量层面了解哪里有潜在的影响。"她说。[14]

与疫情有关的物理距离要求、旅行限制和对团体聚会的限制，都加速了使用远程技术进行控制和管理的趋势。例如，甚至在新冠暴发之前，Walgreens 公司就出于安全考虑，使用店内传感器来监控其在美国的 9 500 个定位。但它也将该系统用于其他关键情况。例如，电力传感器提醒 Walgreens 公司停电，这能让该公司迅速联系电力公司，提供备用发电机，或派出冷藏车来挽救易腐烂的库存。高清摄像头使管理人员能够监控库存和管理人员，以更快地服务客户。视频信号可以输入基于人工智能的图像识别系统，帮助监测正常的活动起伏，或者发现需要注意的异常情况。这些异常情况可能包括 5 号过道的潮湿清理、码头门边被遗忘的托盘、被堵塞的传送带，或者停车场的顾客人数激增——预示着未来 30 分钟内需要更多的结账通道。

摄像机和传感器还允许员工同时在家里和工厂、仓库或商店工作。下一步是远程控制简单的设施功能，催生远程操作的机器人，甚至是科幻小说中的"黑暗设施"，它是完全自动化的，可以自行运作（见第 15 章）。

大夫现在可以给你"看"病了

当新冠疫情暴发时，非接触、保持一定物理距离的互动在所有领域和行业都有所增加，但它们在医疗保健领域呈现井喷式发展。为了在不传播病毒（或感染病毒）的情况下为病人服务，医生和护士恢复了家庭电话应诊的做法，但有了适合现代特征的变化：互联网上的远程医疗让医生在自己家里看病人，而不用亲自上门。送到家里的采样包使病人能够收集和发送常规体液样本到实验室进行分析。甚至新的新冠病毒检测可以由病人在家里自行完成后再送到实验室进行分析。

病人购买并使用血压计、脉搏血氧仪、葡萄糖监测仪、温度计和心率监测仪来测量关键的健康参数。其中许多设备可以连接到互联网、智能电话或电话线，自动上传数据供医疗机构审查。此外，21% 的美国人使用的智能手表和健身设备可以一年 365 天、一天 24 小时收集与健康有关的数据。[15] 这些可穿戴的数字设备——个人物联网——可以追踪身体活动和心率的日常模式，以发现能量水平、身体稳定性、心脏健康和咳嗽/打喷嚏的变化。这些数据正迅速成为患者健康记录的一部分，为医生提供可视性，并在患者需要及时诊断和治疗时发出警报。

安全的在线健康门户网站允许病人随时连接护士、医生、实验室结果和健康信息。他们还可以看见他们的处方；新冠病毒刺激了医药电子商务的大幅增长。[16] 总的来说，大多数使用远程医疗的病人似乎都觉得还不错。自疫情出现以来，为了方便以及减少对感染风险的焦虑，几乎一半的美国成年人都使用过远程医疗。[17]

医疗保健的数字化创造了大量关于个人、疾病、治疗、结果和人口健康趋势的数据。新冠疫情加速了大数据和人工智能在预测、筛查、联系提醒、快速诊断、自动交付和实验室药物开发等医疗领域的应用[18]。例如，人工智能平台 BlueDot "使用大数据分析来跟踪和防止世界上最危险的传染病的传播"，并早在 2019 年 12 月 31 日就为新冠疫情的暴发向其客户发出警告。BlueDot 的创始人卡姆兰·汗（Kamran Khan）说："一方面，世界正在迅速变化，病毒正在出现，传播速度加快。另一方面，我们碰巧有越来越多的机会获得可以使用的数据……以产生洞察力，并比疾病本身的传播速度更快"。[19]

与本书提到的许多其他技术一样，远程医疗比新冠病毒早出现了几十年，但新冠疫情推动了它的广泛应用。疫情迫使人们养成新的习惯，其中一些习惯甚至可能在疫情消退后仍然存在。正如本书中的许多其他技术一样，远程医疗仍然需要更多的发展。任何试图为自己、孩子或年迈的父母寻求医疗护理的美国病人，可能都经历过不同医疗机构之间缺乏整合这种令人沮丧的情况。

15　自动化程度提高

机器人不需要进行物理隔离，不需要戴口罩，也不需要请假。公司不必担心机器人会生病。对员工健康的担忧，对距离的要求，对新冠疫情暴发造成的厂房关闭的担忧，加上客户对其他人接触过的物品消毒问题的担忧，都促使公司寻找更多的方法来实现业务自动化。

同样，新冠疫情及其对实体零售业的相关影响，也使电子商务成为一种生存的需要（见第21章）。电子商务的竞争已经在推动公司为了提高速度实施自动化。自动化是公司在不断收紧的两天、一天、四小时、两小时等交货期内，以比较划算的方式交付客户订单的唯一途径。

业界热捧机器人

泰森（Tyson）食品公司是受到因新冠疫情而断货、停工和因物理距离要求而导致生产力下降的肉类加工公司之一。"我们所处的行业严重依赖人力，"首席执行官诺埃尔·怀特（Noel White）说，"但我们公司正在积极投资，使工厂中最困难的工作实现自动化。"[1] 2019年，该公司开设了一个新的泰森制造自动化中心——这是该公司在过去五年中对自动化和机器人技术投资2.15亿美元的一部分。[2] 自动化工作包括异物检测、去骨、包装和码垛。

泰森食品公司总裁迪恩·班克斯（Dean Banks）说："自动化确实带来了很多，但我想强调的一点是灵活性。"[3] 该公司在一些生产牛肉和猪肉等产品的企业安装了 Multivac 包装系统，这有助于在没有人工操作的情况下处理业务。班克斯补充说："这些企业能够非常迅速地将产品从食品服务转向零售……真的很有好处。"怀特预计，自动化的使用将加速，"我相信不仅是我们公司，整个行业将继续通过自动化寻找解决方案。"[4]

从外表来看，宝马汽车工厂是一座大建筑，普通的汽车零件箱从一端进入，然后从另一端出来光亮的新车。在内部，工厂就像一个繁华的城市，包含所有的安装地点，工人（和机器人）在这里将零件组装成子组件，然后装入汽车。连接这些地点的是处理零件、子组件和汽车流动的所有连接路线。为了以最高的效率和质量水平工作，每个工厂的工人和机器人都需要不断地"送货上门"，以获得他们工作所需的特定零件。此外，由于宝马公司 99% 的德国客户订单都是定制的，每个工人都需要为每个客户的独特汽车设计方案配置相符的准确零件。

宝马集团物流高级副总裁尤尔根·美德乐（Jürgen Maidl）说："最终，大量可能需要使用的配置对宝马集团在计算、物流规划和数据分析三个基本领域的生产构成了挑战。"[5] 为了解决这一挑战，宝马开发了五种类型的机器人：SplitBots 负责拆开零件托盘，PlaceBots 将货物装到货架上，PickBots 根据需要收集零件，SortBots 管理空的容器以便再利用，两种尺寸的自动驾驶智能运输机器人（STR）将零件容器和滚动零件运输车从一个地方移动到另一个地方。[6]

所有这些硬件都需要智能控制系统来运作。每种类型的机器人都使用机器视觉和人工智能来"学习"如何抓取和移动许多不同种类的容器和零件。这种训练使用所有的容器、零件、机架、货架和其他工厂资源的图像，每个机器人都要与之合作。宝马已经训练 SplitBots 能够处理 450 种不同类型的零件容器，而 PickBots 可以学习如何处理多达 50 000 种不同类型的零件。为了追踪一切，宝马集团开发了一个无纸化、无接触的系统，在零件容器上使用独特的二维码。工人们戴着带有集成扫描仪的手套，显示屏会告诉他们每个容器里有什么。

虽然肉类包装厂和汽车厂是不同类型的工厂，但它们都是繁忙的设施，员工之间的工作距离很近，因此受到新冠疫情的限制。因此，制造业正在积极加倍努力，通过自动化来减少对手工劳动的依赖，这种行为并不令人感到惊讶。

提货，打包，发货

为杂货店电子商务履行中心制造机器人的奥卡多（Ocado）解决方案公司的首席执行官卢克·詹森（Luke Jensen）说："如果说现在有两个话题是全世界杂货店董事会议程上的头等大事，那就是新冠病毒和如何建立成功的在线能力。"新冠疫情出现之前，传统零售商就在加紧努力，在与亚马逊和其他在线零售商竞争的生存之战中圈定在线销售。2019 年，电子商务占美国全部零售额的 16%，[7] 有超过 9 300 家传统零售店关闭。[8] 疫情加剧了这种趋势。尽管与疫情相关的经济衰退意味着 2020 年 4 月整体消费支出下降了近 13%，但同一时期的电子商务与 2019 年相比增长了 49%。预计 2020 年美国零售店关闭的数量将增加一倍以上，达到 20 000 ~ 25 000 家。[9]

除了零售商现在必须处理越来越多的电子商务订单外，他们还必须满足消费者对快速交付的无止境的渴求。在新冠疫情之前，阿里巴巴和亚马逊等公司通过鼓励消费者使用免费、完美、快速的送货服务来加强其竞争优势。在一个当日送达甚至两小时内送达服务越来越普遍的世界里，次日送达的承诺不再能打动消费者。自动化带来了在不增加成本的情况下加快处理和交付的承诺。

奥卡多位于英国安多弗的在线杂货配送中心，是一个棋盘、一个蜂巢和一个难以捉摸的堆叠拼图的混合体[10]。1 000 多个洗衣机大小的机器人在网格上向北、向南、向东、向西移动，与在相邻轨道上运行的其他机器人堪堪擦肩而过。每个机器人都在某个单元格上停顿下来，像一只蹲在地上的小鸟一样，在继续前进之前下了一个蛋。但是，机器人不是在下蛋，而是在放置或取回一个装有某类杂货的板箱。一个箱子里可能装满了覆盆子巧克力棒，另一个装满了一瓶一瓶的番茄酱，或者是玉米罐头——这些是任何一个杂货店都可能需要的东西。从上往下看这些网格，可以发现每个网格实际上是一个深洞，最多可以容纳 17 个箱子。

当客户的订单进入奥卡多时，计算机每秒进行 300 万次路由计算，以派遣这些机器人群在整个网格上展开竞赛，检索所有装有客户需要的库存单位的板箱。机器人将找到的板箱送到滑道上，再送到分拣站。大多数包装好的货物可以由其他机器人拣选，这些机器人带有吸盘式抓手，可以抓取所需的物品，将其进行扫描，然后放入第二个板箱的袋子中，将客户的订单转移到卡车上进行运送。装有易碎货物的板箱则被送到人工拣选站。从头到尾，机器人系统可以在 5 分钟内完成平均 50 件货物的检索、拣选和打包。

除了比在过道上走来走去的人类分检者更快之外，机器人还不需要休息，不担心新冠，也不会抱怨恶劣的工作条件。除了奇怪的计算机病毒，它们对传染病和接触者追踪、测试、隔离和消毒的喧嚣都是免疫的。

目前，在速度、准确性和耐力方面，人类无法与机器人相比，但在灵活性方面，人类比机器更胜一筹。让一个仓库机器人去拿一罐豆子，它的表现会非常好；让它去拿一个已经熟了的牛油果，水果会被打得稀烂。精致的物品仍然需要人类的运动技能或看上去有些浪费的保护包装。但这种情况正在改变。例如，麻省理工学院正在尝试通过更柔软的、类似手指的抓手材料和更好的触觉传感器，使机器人更加灵巧。麻省理工学院的研究人员正在为机器人提供操纵酒杯和水果等精致物品所需的精细运动控制和柔软触感。[11]

在物流业，机器人构成了全球仓库自动化运动的核心。领先的公司已经在自动化方面投资了数十亿美元，率先部署的机器人使分拣和包装更加高效，并使用地面机器人或飞行无人机持续跟踪库存。[12]

例如，在 2018 年，中国电子商务和物流巨头京东在上海郊区开设了一个自动化仓库。该设施每天完成 20 万份订单，但只雇用了 4 名员工。阿里巴巴旗下的菜鸟在无锡运营着一个物流园区，700 辆自动导引车在那里取走包裹并将它们送到等待的车辆上。中国是世界上最大的机器人市场，在 2018 年全球机器人总安装量中占 36% 的份额。[13]

根据国际机器人联合会的数据，总体而言，2018 年用于专业用途的服务机器人的销售额增加了 32%，达到 92 亿美元，其中物流系统占销售量的 41%。预测到 2022 年，全球仓库和物流机器人市场将翻两番。Fetch Robotics 公司的首席执行官梅洛尼·怀思（Melonee Wise）说："现在有真正的商业需求，所以必须尽快做，而且现在更容易推行。"该公司制造的机器人可以拿起物品，自我导航，并把物品放在别的地方。[14]

机器人快步走

一个在人行道上滚动的不起眼的箱子，可能是城市最后一英里配送的未来。随着电子商务和餐馆送货上门的爆炸性增长，需要更多的最后一英里来交付货物和食品，同时也为司机和客户带来更多的安全和距离问题。

这就是人行道自动机器人（例如 Starship 公司制造的人行道自动机器人）出现的地方。[15] 该公司目前在几个地方开展业务，计划在 2021 年夏天之前扩大到 100 个地点。[16] "由于该地区的新冠疫情封锁，我们看到这项业务一夜之间翻了一番，"Starship 公司业务发展高级副总裁瑞安·图希（Ryan Touhy）说。[17] 客户使用一个应用程序来订购食品或其他商品，在地图上设置他们想要收货的位置，并可以监控应用程序，了解他们的订单和机器人的实时位置。当机器人到达时，它会提醒收件人，然后收件人使用应用程序解锁机器人的货箱门来取走货物。

人行道机器人就是这样一种解决方案，适合在人口稠密地区进行短途运送。传统送货车辆（如货车和卡车）的合法自动驾驶版本可以处理城市、郊区、农村和长途货物运输需求。这些更大、更快的车辆将需要进一步的工程开发（以及监管部门的批准），以达到更高的安全标准和全天候的自动驾驶性能——这还需要几年的时间。

亚马逊、UPS 和其他公司正在开发的小型空中送货无人机，有可能更快地运送时间敏感的产品。[18] 美国 Zipline 公司已经使用小型空中送货无人机向卢旺达和加纳的 2 500 个医疗机构运送了 170 种疫苗、药物和血液制品，其航程最长可达 75 英里。[19] Zipline 正在寻求将业务扩展到其他几个国家，并在 2020 年 5 月获得联邦航空局有条件的批准，在北卡罗来纳州与 Novant 医疗进行配送合作，进行远程无人机送货。[20] 2020 年 9 月，Zipline 与沃尔玛合作，在沃尔玛商店按需交付物品。[21] 较大的空中货运无人机可能会在数百英里内运送数百磅的货物，用于快递和人道主义援助。[22] 一些公司提议使用面包车大小的货车，可以开到一个街区，然后派遣大量的人行道机器人或空中无人机来处理最后几个街区的货物。[23] 然而，在这些空中机器人在送货路线上普及之前，许多问题必须得到解决，例如如何在城市地区安全地管理无人机群。

机器人流程自动化

一个庞大的供应链可能正在运送数百万个零件，为数百万名客户制造数以百万计的产品，与此同时，它也在运送更多的数据包。这些数据包括订单、发票、状态信息和与所有这些活动相关的报告。当机器人手臂、拣选器、放置器、分拣器、运输器和自动驾驶车辆将供应链中的工厂车间工作自动化时，白领的知识工作也可以自动化。机器人流程自动化（robotic process automation，RPA）是一种软件，旨在复制办公人员在其电脑或移动设备上的常规工作，从而实现自动化。RPA 涉及创建一个由脚本动作和简单规则组成的软件机器人，可以处理办公室工作的重复性任务，如批准发票、整理周报数据、发送提醒和重新订购用品等。任何人力可能用键盘和鼠标反复做的事情，都可以成为 RPA 的服务内容。

领先的金融和保险企业是 RPA 的成功采用者之一。苏黎世保险集团（Zurich Insurance Group）使用 RPA 来处理标准模板保单的核保工作，使商业核保人员能够将时间用于更复杂的保单。[24] 同样，中国民生银行能够简化其烦琐和耗时的人工贷款申请流程，这个原本烦琐耗时的流程，对于那些在新冠疫情时期申请贷款的企业来说是行不通的。为了加快审批速度，该银行对 RPA 进行了大量投资，并将其贷款申请流程自动化，以实现在线申请审查、验证、在线贷款和自动审批。这将审批过程的时间减少到 30 分钟，使其成为一个对企业有吸引力的产品。[25]

与物理机器人一样，RPA 机器人在速度上胜过人类，但缺乏人类的认知灵活性。因此，RPA 机器人通常处理重复性的任务，而人工则处理例外情况，并努力改善流程，而不是仅简单地执行。

采用 RPA 确实涉及人们对其工作看法的改变。强生公司的全球副总裁梅里·史蒂文斯解释了新冠疫情是如何改变使用 RPA 等数字工具的人的心态的。"如果你需要每分钟做出 1 000 个决定，而且你不可能在没有数字技术辅助的情况下做到这一点，你在管理大量的制造生产线这方面就不再具有任何价值。你的自我价值现在与你为病人保持的产品联系在一起了。"而且，她补充说，"对更快决策的需要，对获得这些见解的需要，迫使人们采用新的工作方式，而且再也不会回头。"[26]

从本质上讲，RPA 机器人是创建和使用它的员工的一个虚拟下属员工。在一家受访公司，RPA 机器人由人力资源部门管理，因为该公司将机器人视为员工。人力资源部门负责跟踪机器人的任务表现，并管理机器人的访问凭证，就像对待人类员工一样。

这些只是供应链如何实现自动化的几个例子。2021 年，供应链将不得不在一个高度不确定的世界的曲折中转向，而握着方向盘（或键盘）的很可能并不是人类。

16　调整精益生产

在医疗用品短缺、食品现货短缺以及美国和许多地方的工厂暂时关闭之后，许多媒体都在寻找替罪羊，一些媒体将罪魁祸首归咎于精益生产（JIT）系统。澳大利亚广播公司宣称，"新冠疫情暴露了'精益'经济的致命缺陷"。他们指出，精益生产是为了避免库存和仓储，降低成本。他们还建议各行业应转而保持大量库存以备不时之需。[1] 例如，《对话》（*The Conversation*）杂志的一篇文章对这一呼吁做出了回应，认为"我们需要在我们赖以生存的系统中建立更多的冗余、缓冲区和防火墙"。[2]

库存：好的、坏的和贵的

库存的核心是将供应链上的每个流程解耦（或分解），以便每个流程能够以自己的最佳速度或批量大小来运行。例如，一艘超大型原油运输船（VLCC）"超级油轮"可能每隔几个月就向一个炼油厂运送8 200万加仑的原油。在那里，这些油被放在一个储油罐里，而炼油厂每天稳定地生产300万加仑的汽油。然后，把这些汽油放在另一个大油罐里，等待燃料输送卡车每次将1万加仑的汽油送到加油站。在加油站，燃料被放置在一个地下油罐中，等待汽车每次购买5～15加仑。最后，燃料被放在汽车的油箱里，在城市驾驶中，发动机每小时慢慢地吸食大约一加仑的汽油。在整个过程中，所有油罐中的所有库存都允许每个流程根据需要启动和停止，并让它们相对独立于其他流程。原油船、炼油厂、燃料车、加油站燃油泵和汽车发动机都能以其理想的速度或批量来生产、运输或使用汽油，各种燃料库存使所有这些流程互不相关。

供应链中每一级别的库存量是三种库存的总和。上面的例子展示了所谓循环库存（cycle stock）的作用，它使原油的运输从巨型油轮中定期循环交付给连续运行的炼油厂。季节性库存（seasonal stock）有助于使稳定、持续的供应源（如炼油厂）与季节性或周期性的需求（如夏季的高天然气需求）脱离关系。因此，炼油厂持续运行，在冬季建立用于应对夏季汽油需求的、储存在汽油罐中的库存。安全库存（safety stock）有助于汽油零售商将（可能中断的）汽油计划交付与不可预测的需求激增（例如，即将到来的暴风雪将导致汽油短缺）解除关联。所有这些库存的总和，应当是为确保供应链中任何一个环节都不会出现产品短缺所需的数量。

采用精益生产的公司试图通过协调它们的流程来消除一些库存，而不是让每个流程以自己的最佳速度运行。因此，一些工序可能以不太理想的速度运行（例如，卡车可能半载运行），但总的来说——由于库存的节省和下面描述的其他更大但不太明显的节省——成本较低。

对精益生产的批评主要集中在它缺乏对重大事件（如大流行病）的安全库存。即使是那些采用精益生产的公司，除了循环库存和季节性库存所需的数量外，也会因为需求模式的变化无常（可能会意外激增），供应商的问题（由于洪水、罢工、事故或其他原因），或运输的问题（由于过境、天气延迟、事故等），而例行保留一些额外的库存。然而，它们保留的安全库存量取决于公司对过程中出现意外（因此也是未知）变化的机会的估计、持有库存的经济性以及公司的服务目标。

保持正确的安全库存水平的方法之一是平衡库存持有成本与销售损失、客户损失或未交货处罚的成本。这些成本是很难计算的。因此，大多数公司选择了一个它们可以"忍受"的服务水平。一个典型的安全库存计算方法是平衡服务水平（缺货的概率）和保持额外库存的成本。比如说，拥有95%的服务水平意味着公司只有5%的时间不能为客户提供服务。考虑到意外事件的统计分布，公司可以计算出实现特定服务水平所需的安全库存水平。如果要有一个100%的服务水平来覆盖所有突发事件，包括像新冠疫情这样的重大事件，将需要巨大的库存水平，是正常数量的许多倍。因此，公司试图保持一个"理想库存"：刚好够处理供应链的中断和客户订单的变化，但又不能太多，以免成本太昂贵和风险过高。

正如任何一集《囤积者》（Hoarders）所显示的那样，过多的库存可能也会出问题。库存成本包括库存所占用的资本以及服务、管理和储存库存的运营成本。但是，增加库存带来的不仅仅是成本问题。库存还增加了风险，即库存商品在未来可能会过时、损坏或无法销售。如第7章所述，额外的库存对产品质量也有不利的影响。

伟创力公司的托雷尔描述了该公司与库存之间的"爱恨情仇"。"我们不能为了万一的情况而囤积所有东西，因为这不是供应链或利润的运作方式。"当新冠病毒在2020年1月下旬引发第一次停产时，由于涉及不确定性，伟创力开始关注并大量讨论提高库存的问题。托雷尔谈到了最大的挑战是"新冠病毒在全球范围内不可预测，不知道它的传播速度或潜在的破坏力，不知道我们的工厂将如何关闭、关闭多长时间。怎样才能确保工厂有合适的零件，以便在生产时能够提高产量，同时了解我们确实需要的库存水平？"伟创力公司只在必要时增加库存以应对中断的风险，但在了解实际需求变化时就停止了囤货。后来，在世界上一些地区的第一波疾病和封闭事件有所缓解，环境变得相对可预测之后，该公司就何时何地恢复到较低的、具有成本效益的库存水平进行了进一步的激烈讨论。[3]

为"精益生产"主持公道

对于精益生产导致杂货店短缺的批评而言，讽刺的是，丰田从 20 世纪 50 年代开始模仿美国超市，开发了精益生产，以避免零件短缺。此前，丰田使用大批量的汽车零部件和组件以支持大规模生产，这些零部件和子组件会被送到装配线的下一个步骤。通常，在月初，如果一些批次落后于其他批次，丰田就会面临某些零部件的短缺。到了月底，当所有批次的生产过程都跟上进度时，又不得不疯狂地组装汽车，以达成最终目标。

丰田公司了解到，在美国的超市，消费者经常购买"①需要的东西；②在需要的时间；③购买需要的数量"，丰田生产系统的创始人大野耐一写道。[4] 他的洞察力催生了一个系统，在这个系统中，丰田的员工只购买他们立即生产所需的零件，而零件的制造商则根据需求给"超市"补货。

尽管精益生产确实降低了库存和相关成本，但后来的丰田生产系统（TPS）的要素实际上是绩效改进的冰山一角。由于小批量的零部件被及时生产和提供，零部件或其生产中的任何错误或质量问题都可以在更多的缺陷零部件或汽车被生产出来之前，被发现并立即纠正。精益生产使得零部件和生产得到持续改进，从而能够制造出更高质量的汽车。因此，精益生产减少了由于未被发现的缺陷、过时或不需要的零部件、返工和维修造成的成本浪费。从本质上讲，丰田围绕着成本和质量之间通常的权衡进行了创新——丰田生产系统提供了更高质量的汽车，而没有出现通常情况下更高质量所伴随的更高成本。

与精益生产会降低弹性的说法相反，丰田生产方式使生产系统更加灵活，实际上提高了供应链的弹性。用小规模的"按需"生产取代大批量的"按计划"生产，意味着工厂可以根据需求的变化，更灵活地在许多不同的产品之间进行生产转换。精益生产系统可以更灵活地改变数量，以配合需求的变化，而不是制造一大批不需要的产品，同时又缺少另外一些所需要的产品。

此外，精益生产也促进了供应商、制造商和客户之间的紧密联系；它促进了公司之间以及员工和管理层之间的持续沟通；它推动了给员工的授权——所有这些都有助于避免错误和提高质量。丰田生产方式和精益生产系统衍生出许多相关的管理概念，如精益生产、持续改善和六西格玛，几乎在每个行业都得到了实施。总的来说，丰田生产方式是有史以来最重要的制造和供应链创新之一，有着巨大的优势。因此，尽管它很容易受到异常破坏性事件的影响，但这种模式不会消失。

在精益生产基础上增加应急储备

就精益生产的所有好处而言，它显然未能满足与疫情引起的医疗危机、纸制品囤积和消费者购物模式变化有关的超高需求。虽然关于食品短缺的头条新闻被广泛夸大了（见第 1 章），但在美国和其他一些国家，个人防护设备确实存在短缺。这种令人担忧的供应短缺促使人们呼吁在医疗（和食品）供应链中实施"应急"库存，为疾病的暴发做好准备。然而，精益生产的好处——质量、灵活性、减少浪费——实在是太重要了，不能放弃。因此，问题在于某些关键行业的公司如何能够既享受精益生产的好处，又能同时确保有足够的库存，以防灾难发生。

当五角大楼与强生公司签订合同，要求为紧急军事需求保留库存时，强生公司就面临这个问题。[5] 作为医疗用品的主要供应商，强生公司为许多医院和药店服务。由于对其产品的需求随着流感、花粉症以及各种疾病的暴发而起伏，强生公司在多个仓库中保留了库存，以在需要时调用。这种安全库存为不完美的需求预测和不完美的供应商表现提供了一个缓冲。反过来说，如果库存可以掩盖缺陷，那么大量库存就很容易导致忽视或不去纠正更多的缺陷。过多的库存会让管理变得草率，因为粗心大意不会有任何后果。

为了履行对五角大楼的合同义务，强生公司面临两大挑战：如何保持额外库存的新鲜度和及时性，以及如何确保这些额外的库存不会使强生公司的流程变得松散，从而导致昂贵的质量问题。强生公司用"卖一存一"（sell - one - stock - one，SOSO）的库存补充政策解决了这个问题。该政策在本质上是要求公司在销售库存时及时更换库存，而不是动用库存。[6] 在"卖一存一"政策下，强生公司没有把五角大楼的库存放在一个专门的仓库里；相反，它把这些库存与强生公司的其他库存混合在一起。

为了履行承诺，强生公司根据五角大楼的库存要求，为其每种产品配置了"红线"库存水平的库存软件。只有五角大楼授权的订单才可以使用低于红线水平的库存。常规的、日常的订单只能使用红线以上的库存。由于低于红线水平的库存需要五角大楼的明确批准，强生公司不能使用这些库存来补偿日常的变化或质量的不完善。[7]

需要五角大楼授权的命令才能动用库存的要求，与从美国战略石油储备中释放石油的美国总统指令要求相似。在这两种情况下，这一要求已经预先阻止了管理人员使用库存来应对日常的波动。

强生公司的故事表明，公司可以保持精益生产的优势，但在需求非常高、没有替代的供应商或替代产品的情况下，应确保仍然能够充分地服务于客户。该战略的实质是在保持足够的成品和零部件库存的同时，继续运行精益生产的其他方面。秘诀首先是确保库存不断转动，从而保持新鲜；其次是，库存不能被用来掩盖通常的生产和供应链故障，而是需要特别授权才能使用。

再快点！再快点！

最后，食品等关键行业的一些关键物资实际上更需要精益生产。新鲜水果和蔬菜在健康食品推荐排行榜上名列前茅时,这些食品的易腐性使精益生产变得至关重要。如果没有及时的系统来种植、采摘、包装和运输蔬菜及类似的新鲜原料,消费者在一年中的任何一天都不可能吃到新鲜沙拉。事实上,新鲜食品供应链上的库存越少,产品在零售商货架上或消费者家中的"新鲜度"就越高,变质或过期的商品造成的浪费也越少。

总的来说,新冠疫情加速了供应链朝着更快、更灵活的方向发展的趋势,也使得这一趋势成为必然需求,从而更好地应对不断变化的供需条件。霍尼韦尔公司董事长兼首席执行官达柳斯·亚当奇克(Darius Adamczyk)说:"拥有灵活的供应链流程对管理我们的开支和现金投资而言,比以往任何时候都更重要。因此,我们将销售、库存和运营计划流程从传统的月度周期缩减为每周"。[8] 同样,普华永道对美国首席财务官的调查发现,72% 的人认为他们的公司在未来会更加灵活。[9]

THE NEW（AB）NORMAL:
Reshaping Business and
Supply Chain Strategy
Beyond Covid-19

第五部分
政治和大流行病

"鉴于危机的性质，所有人都应该做好准备，所有可用的工具都应该用起来。"

——克里斯蒂娜·拉加德（Christine Lagarde），欧洲中央银行行长[1]

疫情引发了各国政府的大规模反应，它们打算对抗病毒，减轻其对其机构、企业和公民的影响。前所未有的法规限制了旅行，关闭了企业，禁止出口，修改了消费者金融合同，并限制了个人自由。刺激性支出将数万亿美元注入消费者的钱包、陷入困境的企业和金融市场。在许多方面，政府展示了它们巨大的权力和资源，这可能导致新的未来预期。包括美国联邦储备局直接购买公司债务和支持公司债券市场等举措，"这是美联储历史上的第一次非政府债券购买"。[2]

　　新冠疫情对现在和未来的供应链都会有影响。疫情加剧了贫富之间的不平等，影响了人们的可支配收入，并暴露了在居家办公、购物和学习所需技术方面的不平等。在全球范围内，这场大流行病加剧了经济民族主义，特别是在与医疗保健有关的产品领域，它还加速了全球贸易格局的持续趋势。这场危机还将公众注意力和资源从其他紧迫的社会问题上拉开，如气候变化、贫困、平等、腐败、食品安全、清洁水供应等。最后，疫情造成的高昂成本和监管动荡，将对税收、通货膨胀和商业监管产生长期影响。

17　贸易战和经济民族主义的愚蠢之处

根据美国劳工统计局的预计，在 2020 年第二季度，美国经季节调整后的 GDP 年化降幅达到了惊人的 33%。[1] 消费者对新冠疫情的反应和政府为控制疫情所采取的措施，导致了前所未有的企业关闭和令人眼花缭乱的失业增加。

世界各国政府都利用危机来设置贸易壁垒，并"把制造业带回家"。无论是华盛顿的"购买美国产品"，渥太华的"购买加拿大产品"，还是伦敦的"是时候买英国产品了"，各国政府长期以来一直鼓励其公民购买本地产品。然而，新冠疫情被用来为这些口号提供一些佐证，而个人防护设备和医疗产品的短缺有助于在民众中"社会化"这种行为。

保护主义的警世之歌

各国政府在疫情暴发后的保护主义行动都遵循了一个老套的剧本。纵观历史，许多政府通过对外国商品征收更高的关税或配额来应对国内经济问题，其目的始终是保护国内生产商不受经济下滑的影响，从而保持或增加这些行业的就业。

可惜，保护主义的实际效果大多与预期的相反，1930 年 6 月 17 日签署的臭名昭著的《斯穆特·霍利关税法》就证明了这一点[2]。该法案旨在通过将美国针对进口商品已经很高的关税平均再提高 40% 来保护国内工业和就业。阿肯色州州长阿萨·哈钦森（Asa Hutchinson）说："正如我们在大萧条开始时赫伯特·胡佛（Herbert Hoover）总统签署《斯穆特·霍利关税法》后所了解的那样，活跃的国际贸易是经济复苏的一个关键组成部分；阻碍贸易会带来灾难。"[3]

《斯穆特·霍利关税法》可能没有直接导致 1929 年秋天的股市崩溃（尽管许多经济学家认为，前瞻性的股市下跌是因为胡佛的关税计划的影响），然而，它肯定是大萧条的主要催化剂，并导致经济灾难蔓延到世界各地，因为其他国家也在进行报复并提高关税。国际贸易量暴跌超过 50%，失业率飙升至 25%，全球 GDP 下降 15%。[4] 经济的阴影挥之不去，甚至直到 1940 年，美国的失业率也没有降到 15% 以下。

1934 年的《互惠贸易协定法》出台后，世界贸易才开始恢复。该法案赋予美国总统谈判关税和双边贸易协定以及调整关税税率的权力。它通过逐步降低关税，帮助世界贸易加速从大萧条中复苏，最终在 1947 年的关税与贸易总协定（GATT）中达到顶峰。[5]

2020 年秋季的情况——严重的经济衰退和美国两个政党对经济民族主义的呼吁——与 20 世纪 20 年代末的情况非常相似。这种民族主义已经可以在 2020 年中期的国家计划中看到。这些国家将囤积国内制药公司生产的疫苗，并为自己的国民预先购买疫苗。[6] 然而，征服流行病需要国际合作。正如一些政治领导人所评论的，疫苗是一种"公共产品"[7]。不幸的是，当第一批疫苗供不应求时，政治家们很可能会恢复到"我的国家优先"。

这种囤积行为并不新鲜。在研制出 H1N1 流感病毒的疫苗后，西方国家几乎买走了所有的疫苗供应。美国供应链应对新冠病毒的负责人彼得·纳瓦罗（Peter Navarro）说："如果说我们从 2009 年的冠状病毒和 H1N1 疫情中学到了什么，那就是我们一定不能依赖其他国家，甚至是亲密的盟友，为我们提供从口罩到疫苗等所需物品。"

各国在新冠病毒大流行前几个月的行为证明了这一点。面对全球个人防护设备的短缺，欧洲国家和美国为他们自己的一线医疗工作者囤积了呼吸器、外科口罩和手套。在新冠疫情暴发的头四个月，有 70 多个国家（包括欧盟）对当地的医疗用品实行出口管制。[8] 欧盟鼓励供应品在成员国之间流动，但向外出口需要特别授权。[9] 而在 2020 年 6 月，美国几乎买光了首批新冠治疗药物之一——瑞德西韦的所有供应，使世界上大多数其他国家在三个月内没有任何供应。[10] 所有这些行动都加剧了世界各地的紧张局势，导致其他国家囤积自己的供应，造成进一步的物资短缺和价格上涨。

在这种环境下，世界贸易组织（WTO）失去了它在疫情发生前作为世界贸易争端仲裁者的仅存的影响力。该组织几乎没有机会通过更新贸易规则[11]以反映与疫情有关的变化来领导一轮多边关税削减。因此，在没有全球领袖的情况下，由于各国采取以邻为壑的政策，许多观察家预计世界自由贸易将继续受到阻碍。联合国的一份报告显示，世界贸易在 2020 年第二季度下降了 28%，[12] 外国直接投资预计将下降 40%。[13]

在考察 2020～2021 年及以后的情况之前，我们先来了解为什么贸易对经济是有好处的。

为什么要进行贸易？——理论

在 17 世纪和 18 世纪，许多国家实施重商主义的贸易策略，这要求通过补贴使出口最大化，同时通过关税使进口最小化。现代经济学鼻祖亚当·斯密（Adam Smith）意识到，重商主义不可能同时为所有国家创造经济增长，因为一个国家的补贴出口就是另一个国家的关税进口。在他 1776 年的作品《国富论》（*The Wealth of Nations*）中，斯密提出了绝对优势的概念，用国家与国家之间劳动生产率的差异来解释，如果所有国家都专注于自己的绝对优势并实行自由贸易，就可以同时致富。[14]

为了理解他的论点，想象一下，美国肥沃的农场每工时能比英国的农场生产更多的小麦，而英国发达的纺织厂每工时能比美国的纺织厂生产更多的布。如果两国的劳动工资相同，那么美国应该为两国生产所有的小麦，英国应该生产所有的布，两者应该自由交易。与每个国家试图自力更生但却低效地生产一些商品相比，这两个国家都会有更好的发展（工人在最有生产力的活动中获得收益，消费者享受更低的总体价格）。

当然，如果当地没有替代品，贸易就会自然增长。日本从沙特阿拉伯购买石油，因为日本的石油矿藏很少。铝、钢铁、黄金、小麦、水果等同理。

然而，绝对优势只是贸易故事的一半，因为有些国家可能在任何产品上都没有绝对优势（它们所有的产品都很贵），而另外一些国家则有许多种绝对优势（它们的大部分产品都很便宜）。一个常见的情况是，一个国家的工资高，而另一个国家的工资低。仅靠直觉从表面来看，如果一个国家没有绝对优势，它就会什么产品都进口，什么都不出口，而完全拥有绝对优势的国家则什么都不进口，什么产品都出口。然而，这种直觉是错误的，因为比较优势的影响，解释了跨地域的贸易如何为贸易双方创造价值，即使一方有可能用比另一方更少的资源生产所有商品。比较优势指的是这样一个事实：即使某个国家在生产任何东西都比其他国家效率更高（或更低），但仍有一些东西的生产是每个国家都更擅长或更不擅长的。

比较优势的概念是英国政治经济学家大卫·李嘉图（David Ricardo）提出的，他在 1817 年出版的《政治经济学及赋税原理》（*On the Priciples of Economy and Taxation*）一书中，用英国和葡萄牙作为代表。[15] 在李嘉图的例子中，英国人可以以适度的成本生产布匹，但只能以非常高的成本生产葡萄酒。相比之下，葡萄牙人可以以非常低廉的价格生产葡萄酒和布匹。

有了这些相对的生产成本结构，葡萄牙将从生产更多的葡萄酒并向英国出口高利润的产品中获益，即使这意味着牺牲当地的布匹生产而进口高成本的英国布匹。也就是说，葡萄牙最好将用于亚麻、棉花和绵羊的田地转为葡萄园，以实现最高利润的出口。因此，虽然在葡萄牙生产布匹会比在英国生产便宜，但葡萄牙生产更多的葡萄酒并以之换取英国布匹更加有利可图。英国也会受益，因为虽然其生产布匹的成本保持不变，但它可以以更低的价格、更接近布匹的成本获得葡萄酒。正如这个例子所示，国家通过专门生产其具有比较优势的商品并用这些商品换取其他商品的方式获益。

下面这个例子是由作家马特·雷德利（Matt Ridley）[16] 提出的：杰克和吉尔各自准备一餐。假设杰克做一个面包需要 30 分钟，做一个煎蛋卷需要 40 分钟。然而，吉尔做一个面包只需要 20 分钟，做一个煎蛋卷只需要 10 分钟。一顿饭吃这两种食物，杰克要花 70 分钟，吉尔要花 30 分钟。根据这些数据，吉尔拥有绝对的优势，但她从杰克那里买面包仍然是值得的。她可以花 20 分钟做两个煎蛋卷，杰克可以花 60 分钟做两个面包。用一个煎蛋卷换取一个面包，对双方都有好处。吉尔只需花 20 分钟就能吃上饭（而不是 30 分钟），而杰克在交换后只需花 60 分钟就能吃上饭（而不是 70 分钟）。

关税为什么可怕

关税是经济民族主义的代表，是惩罚外国产品或补贴国内生产商产品的一种政府政策。自然，一个国家征收关税会导致其他国家对该国家进行报复性关税征收，从而减少其出口。这可能导致一轮又一轮的关税和反关税的斗争，导致贸易的崩溃和衰退的加速。许多主流观点都反对关税，支持自由贸易。

规模

如果一家公司在一个有关税限制和配额的世界里进行经营，那么这家公司在很大程度上就只能销售其本国市场所需的少量产品。相比之下，在完全自由贸易的情况下，每个国内生产商都有可能向全世界销售更多的产品。在许多行业中，平均每单位生产成本随着产出的增加而减少。[17] 扩大贸易的结果是，公司的单位成本降低，消费者支付的价格降低，从而令生活水平提高。

规模带来的一个主要好处是，公司可以生产更多的产品。在销量低的情况下，新的利基产品无法收回增加拟议新产品的固定成本（如研发、专业设备、制造、营销和管理费用），以满足公司所需的投资回报率或投资回报阈值。然而，随着规模的扩大，生产更多的小批量产品变得可行。这丰富了消费者的选择，因为有更多的产品可以满足多种预算、口味和国际市场。

规模扩大的一个特别重要的好处是，增强了投资于研发的能力。这种投资的成本可以分摊到大量的产品上，促成更多的创新，也倾向于增加产品种类。[18] 反过来，零关税的国家的消费者可以获得来自世界上所有生产商的创新，而不仅仅是国内生产商。因此，民族主义者剥夺了他们的公民获得全球规模经济和全球创新资源的机会，从而使他们自己的国家陷入贫困。

竞争的美德

经济民族主义和关税的既定目标之一，是保护国内产业免受外国竞争。然而，没有竞争的公司可能会变得自满和低效，提供不合格的产品和服务，正如在许多情况下发生在政府服务和垄断企业的一样，如邮政服务。[19] 例如，苹果、三星和其他许多公司在智能手机方面的竞争推动了领先公司和竞争对手的持续创新。除了更好的产品之外，这种竞争还导致了手机以及相关产品和服务市场的巨大增长。2019 年，世界银行报告说，虽然全世界只有 70%的人能够获得基本的卫生服务，如厕所，但几乎 97% 的人都能够获得移动电话。[20]

正如一个新产品或服务类别的企业家所知道的那样，市场（包括客户和投资者）需要不止一个参与者来"验证"对这种新型产品或服务的需求。随着越来越多的公司加入竞争，市场对所提供的产品有了更多的了解，而管理良好的公司就会胜出并成长。几乎任何创新产品都是如此。竞争越激烈，就会产生越多的创新。竞争使生产力不断提升，同时使价格下降，使市场得以增长。相反，经济民族主义使市场支离破碎，减少企业家的机会，扼杀了新产品类别的创新。

关税是对公民的一种税收

经济学家特里萨·吉拉尔杜奇（Teresa Ghilarducci）在推特上说："对经济学家来说，关税的运作就像税收一样，提高了消费者支付的商品价格，这往往会使工作机会减少，而不是创造就业机会。"[21] 举例来说，请注意欧盟对（除其他外）肯塔基波本威士忌生产商征收的报复性关税，向共和党参议院多数党领袖（和肯塔基州参议员）米奇·麦康奈尔（Mitch McConnell）发出了一条信息。肯塔基州蒸馏器协会主席指出，"这是一项25%的增税——关税就是税收，这一点毫无疑问。"[22]

更重要的是，被征收关税的进口商品价格上涨，意味着消费者不得不限制其消费。这就是经济学家所说的关税"税"。正如美联储前主席艾伦·格林斯潘（Alan Greenspan）所说，"无论你征收什么税，你得到的东西都会减少。"更高的关税意味着更少的贸易。[23] 其连锁反应是降低总消费。无论欧洲消费者选择购买价格较高的肯塔基波本威士忌，还是转而购买（可能更贵的）国内蒸馏饮料，该消费者在所有其他商品上可自由支配的收入将减少，因此将因为关税而降低生活水平。

标准

缺乏国际合作的长期影响之一，是损害国际产品和贸易标准的发展。要了解这些标准的重要性，请参照海运集装箱，它的标准化为世界贸易提供了重要的推动力。另一个例子是国际贸易术语（Incoterms），它定义了进口商和出口商之间的交易行为，以便双方都了解交易的条款。其中的细节包括要完成的任务、成本、时间、风险分配以及谁负责什么。国际贸易术语解释通则涵盖了货物从出口商的工厂到进口商的工厂的整个运输过程。

标准使商品和服务的买方确信卖方了解他们所期望的质量和安全规范。标准还提供了一种语言，让买方和卖方可以就产品和服务的供应或要求的属性进行沟通。随着各国从国际交往中撤退，制定和维护的标准将越来越少，在未来几年将阻碍贸易。

美国国内公司的竞争劣势

赫斯可（HUSCO）国际公司是一家市值为 4.5 亿美元、总部设在威斯康星州的私营公司，为汽车和非公路车辆行业提供各种流体动力阀和软管配件的工程、开发和制造。（该公司的名称来自于液压装置专业公司。）它在全球（包括中国在内）拥有九个销售和制造地点。在 2020 年 7 月的彭博网络研讨会上，首席执行官奥斯汀·拉米雷斯（Austin Ramirez）解释了美国对中国汽车零部件征收 25% 的关税是如何伤害了他的公司和美国的汽车工业。[24]

例如，在短期内，关税意味着更高的零件成本。为了保持竞争力，赫斯可国际公司向供应商施压要求降低价格，减少他们的利润，并将增加的部分成本转嫁给客户。然而，拉米雷斯的主要担忧是长期的。美国的关税意味着竞争对手日本和德国的汽车零部件和汽车制造商可以购买更便宜的零部件，这让它们在世界舞台上变得更有竞争力，由此损害了美国的就业。一旦这些竞争对手的产品在汽车行业站稳脚跟，未来的汽车和重型设备设计将围绕这些产品进行，美国的就业机会将不得不被削减。[25]

报复

一旦征收关税，其他国家很可能会进行报复。例如，当时任总统特朗普对加拿大的钢铁和铝征收关税时，加拿大也做出了回应。它对美国的各种金属产品征收 25% 的关税。此外，加拿大还对其他 250 多种美国商品如啤酒桶、威士忌和橙汁征收了 10% 的关税。[26]

当 2019 年美国对加拿大的铝和钢铁征收的关税提高了这些进口产品的价格，提高了农民购买车辆、设备和其他金属产品的成本时，农民受到双重影响。加拿大副总理克里斯蒂亚·弗里兰（Chrystia Freeland）说："加拿大和美国工人最不需要的就是新的关税，这将提高制造商和消费者的成本，阻碍贸易的自由流动，并伤害名省和各州的经济。"[27] 9月16日，特朗普政府取消了这项关税。[28]

报复也可以通过与贸易依赖关系相关的相互出口禁令来实现。2020年4月，特朗普政府援引《国防生产法》，威胁要禁止将美国3M公司生产的口罩出口到加拿大和墨西哥。加拿大准备进行报复，停止出口美国公司生产外科口罩和病号服所需的医用级纸浆。加拿大还可以阻止加拿大护士和医院工作人员越过边境进入密歇根州，而那里迫切需要他们来治疗美国病人。墨西哥则可以切断美国公司制造口罩所需的发动机和其他部件的供应。白宫似乎没有意识到这些潜在的脆弱性。一旦意识到这些行动的代价，特朗普政府就会退缩。[29]

关税可能会成为一个自我强化的循环——一旦征收，随着贸易急剧下降，所有国家的情况都变得更糟，国内的政治考虑可能会使连续报复的势头难以遏制。

发展中国家的工作机会

大众媒体充斥着贪婪的跨国公司为了给西方消费者生产廉价商品而剥削贫穷国家工人的轶事，例如支付低工资、简陋残酷的工作条件和使用童工。美国国家经济研究局发表的一项实证研究在全面分析的基础上对这些印象提出了质疑。事实上，其作者认为，数据显示，事实恰恰相反。他们认为："外资企业通过提高劳动生产率和扩大生产规模来提高工资，并在此过程中改善工作条件。此外，似乎有一些证据表明，外资企业利用了劳工组织和民主制度的某些方面，改善了其工厂运营的效率。"[30]

这一实证发现的推论是，当跨国公司离开欠发达国家时，它们会留下一个洞；也就是说，它们带走了这些国家的雇员可能发现难以替代的就业机会。对于雇用妇女的行业（如纺织业）来说，情况尤其如此，因为对她们来说，其他的就业机会特别有限或不受欢迎。因此，从欠发达国家转移到富裕的西方国家的再生产，最终可能使许多人失去工作，从而加剧这些国家的贫困和剥削。

全球化增加了弹性

这场新冠疫情证明了公司不应该把所有的供应鸡蛋放在一个篮子里。换句话说，世界上任何地方都可能因为大流行病、自然灾害、武装冲突或不明智的政府政策而变得无法进入。当公司正在更新它们的疫情后的供应网络时，它们确实正在分散自己的厂房以及世界各地的供应商的位置。"全球供应链是一个有弹性的供应链，"赫斯可国际公司的拉米雷斯说，"赫斯可国际公司需要更高程度的全球化，而不是更少。"[31]

然而，在疫情期间，经济民族主义的影响是显而易见的——关税的增加、贸易的减少，以及对囤积疫苗的国家的强烈反感。自力更生是一种危险的、将所有东西都在一个篮子里的战略。经济民族主义的自私性对人类面临的其他挑战——如气候变化——而言，也不是好兆头。

全球化的弊端

俗话说，"在理论上，理论和实践是一样的。在实践中，它们不是。"从阿尔伯特·爱因斯坦（Albert Einstein）到理查德·费曼（Richard Feynman）[32]，许多学者都曾说过这句话。许多有思想的全球化和自由贸易的反对者认为，问题在于实施，而不是概念。也就是说，魔鬼存在于细节之中。关于现实世界中的激励机制、行为和结果的假设，与自由贸易支持者提出的理论理想并不一致。理解这些缺陷并不意味着拒绝全球化，只是需要领导者和机构来减少其缺陷。

劳动力（不）流动

传统的自由贸易理论认为，被外国竞争取代的工人可以找到新的工作。此外，被取代的工人有望从（受到贸易限制保护的）低生产率的工作岗位转移到在全球范围内具有竞争力的成长型公司的高生产率的工作岗位中去。从理论上讲，一切因自由贸易所造成的失业都是短暂的，可以被未来的美好所抵消。

在实践中，这种劳动力流动并不那么容易，也不那么普遍。自从亚当·斯密和大卫·李嘉图首次阐述了贸易在最大限度提高工人生产力方面的基本优势以来，工作变得更加专业化。竞争性行业的现代公司更愿意雇用本行业内训练有素、经验丰富的工人，而不是来自衰落行业的未经训练、缺乏经验的工人。来自被淘汰行业的年长的高薪工人在转换行业时，面临着接受入门级工资的不愉快前景，其结果就是结构性失业。

诺贝尔经济学奖得主约瑟夫·斯蒂格利茨（Joseph Stiglitz）认为，当出现高失业率时，许多工人根本无法在任何地方找到新工作，因此自由贸易会导致更高的失业率。他认为，其结果是进一步加剧了不平等——尽管公司可能会获利，但工人却受到了打击。在这种情况下，斯蒂格利茨强调说，虽然公司确实从自由贸易中受益，但"涓滴效应是一个神话"。[33]

争夺监管权

跨国公司经常抱怨世界各地缺乏一致的监管框架和标准。不统一的产品法规为全球销售创造了缺陷，而不统一的生产法规在与外国公司的竞争中创造了不公平的竞争环境。从理论上讲，在世界各地创建强有力的环境、社会公正和劳动保护标准，对所有参与者来说都是一件好事。消费者将得到他们想要的保护，而企业将得到它们所主张的公平竞争环境。

在缺乏强有力监管的情况下，公司并不承担其自然资源消耗、运营和副产品的所有成本，如污染、碳排放、环境污染和废弃产品的有毒废物。这些成本被称为负外部性，是由社会承担的。在一个非全球化的、严格意义上的地方经济中，这些成本可能在一定程度上是自我限制的，因为当地的消费者、选民、投资者和政治家直接体会到每个公司在当地生产的社会成本，并可以决定这些成本是否值得。相反，在全球化中，供应、制造、管理、投资和消费的地点可能相距甚远，以至于当地的决策者无法直接体会到所有的负外部性。

斯蒂格利茨认为，在实践中，"当然，我们可以通过加强各地最高标准的监管来实现监管的统一。但是，当企业呼吁协调时，他们真正的意思是一场逐底竞争。"[34] 对外国直接投资的分析支持了所谓的污染避风港假说，即公司或国家将污染活动外包给监管宽松的国家。[35] 反过来，这又造成了发展中国家为了吸引外国投资而在宽松监管上竞争的不正当激励。

因此，在一个没有在最高级别上实现监管一致的世界里，自由贸易相当于强迫工作机会从环境、健康和安全、最低工资、劳动保护和相关法规强有力的国家，转移至没有这些完备法规的国家。

自由市场并非如此

劳动力流动和监管并不是自由贸易理论背后唯一有问题的假设。自由贸易理论的核心假设是，世界经济在以最佳价格提供最佳产品的基础上，依靠公平竞争的纯市场力量运作。长期担任 IBM 高管的拉尔夫·戈莫里（Ralph Gomory）和知名劳动经济学家威廉·鲍姆尔（William Baumol）认为，消费者并不生活在这样一个乌托邦的世界里。[36] 相反，公司不是通过更好的产品和价格进行公平竞争，而是采取反竞争策略来阻止自由市场的自由贸易理论所预言的价格越来越好（工资越来越高）的乌托邦的出现。[37]

因此，当各国使用各种手段限制贸易时，争论废除关税是毫无意义的。现实世界涉及以下方面（以及更多）：

● 操纵本国货币以获取出口优势的国家。

- 支持国有企业和政治上受宠的企业，使它们能够定价偏低并将竞争对手赶出市场。
- 以健康和安全检查或国家安全考虑为幌子实行非关税贸易，以提高进口产品的价格。
- 在法律裁决中偏向于国内公司而不是外国公司。
- 迫使外国公司与本地公司合并，从而将其知识产权和技术转让给未来的潜在对手。

在一个市场被操纵的世界里，有种说法认为，不操纵市场和不设置贸易壁垒会使一个国家处于不利地位。当然，一旦操纵与行动和反击相结合，就很难停止，各方都是输家。

支持新兴市场

德裔美国经济学家弗里德里希·李斯特（Friedrich List）在 1841 年提出，为支持新兴市场，有一定的关税空间。[38] 他主张让发展中国家从低 GDP 的农业社会转变为高 GDP 的工业社会。为此，发展中国家有理由使用临时商业限制来保护其新生的工业势力，直到它们能够与更成熟的国家进行正面竞争。李斯特指责发达国家的虚伪——在它们自己从前需要保护主义的时候追求保护主义，但在它们的发展中竞争对手需要一些保护的时候又试图将自由贸易强加给它们。

当然，李斯特关于允许发展中国家将其生活（和工业）水平提高到发达国家水平这种值得称赞的道德理论，在实践中也有一定的问题。特别是，如何确定新的发达国家何时应该摆脱保护主义，以及如何说服它们（或迫使它们）这样做，都是一个挑战。

向前迈进

虽然前面的例子表明了自由贸易的婴儿是如何弄脏国际洗澡水的，但把前者和后者一起倒掉是短视的。自由贸易确实为那些参与的国家提供了明显的优势，而且有可能抵消相应不利因素。它是以一种盈余交换另一种盈余，满足参与双方的需求。将贸易限制在地图上的任意范围内，就是限制所有公民获得来自世界各地的所有创新、新产品和最佳价格的机会，也就是限制国内公司获得全球客户的机会。

贸易如果做得好，也可以带来和平红利和财产红利。1795 年，伊曼纽尔·康德（Immanuel Kant）认为，"商业精神……迟早会吸引每个国家，并与战争不相容。"[39] 更具体地说，1999 年，托马斯·弗里德曼（Thomas Friedman）指出，"自从每个国家都有了麦当劳之后，没有两个都有麦当劳的国家之间打过仗。"[40] 经济纽带将人们联系在一起——每方都必须了解对方的很多情况，以便做出最好的交易。而随着持续的双边流动，相互依赖逐渐增加，人们更多地偏爱稳定而非冲突。从贸易中获得的共同利益成为促进和平的共同动力。

此外，虽然全球化加剧了美国和其他西方国家内部的不平等，但它大大增加了国家之间的平等。虽然 2013 年美国的中位收入仅比 2008 年高出4%，但越南的中位收入却增加了一倍多，泰国的中位收入增加了 85%，印度增加了 60%。新冠疫情有望进一步推动这些趋势，因为亚洲经济体可能会比美国和欧洲更快地走出疫情引起的衰退。[41]

世界贸易明显的优势和同样明显的劣势表明，人们需要在不受约束的全球化和完全被束缚的地方化之间做出选择。保护年轻经济体的论点，使人们摆脱贫困的需要，那些被快速变化甩在后面的人的社会成本，以及无管制的过度发展的环境成本，都意味着需要平衡的过程，在面对相互冲突的短期激励时创造互利的长期结果。推而广之，似乎也需要领导和可信赖的机构来仲裁争端，以达到平等（或者至少是勉强接受）的满意度。

在第二次世界大战结束后的几十年里，美国主导建立了一套贸易规则和执行这些规则的机构。不幸的是，由于一些原因，这一体系正在瓦解。新冠疫情造成的混乱加速了这种趋势。世界现在正等待着它的下一任领导人。

18　优化医疗供应链

　　随着社会努力接受新冠病毒大流行的规模，最悲惨的景象之一是一线医疗工作者乞求更多的口罩和防护服，以拯救那些正在拯救生命之人自己的生命。随着新冠病毒的到来，口罩、棉签、检测试剂、检测设备、呼吸机和重症监护床短缺的现象层出不穷。在所有这些现象的背后，隐藏着医院照顾危重病人所需的成千上万种物品的短缺。

　　美国供应链风险管理软件公司 Resilinc 的首席执行官瓦基勒女士（Bindiya Vakil）评论说，在美国第一波感染的高峰期，医疗供应链面临10 500种不同物品的短缺。然而，这些短缺在医院之间分布不均，因此该公司建立了一个医院对医院的交换平台。她解释说："我们把这个交换平台建成一种沟通工具，医院可以加入，发布他们提供的东西，发布他们需要的东西，系统会进行匹配。然后他们可以通过交流平台直接给对方发短信。"[1]

　　然而，某些物品在各地都供不应求，使得医疗机构之间无法进行交换。这些物品包括个人防护设备，如医用级口罩（如 N95 口罩）、手术服、眼罩以及医疗设备，如呼吸机。欧洲、美国和其他地方未能在全国范围内集中采购，迫使医院和地方政府在个人防护设备和呼吸机方面陷入残酷的竞争。这种竞争提高了供应商收取的价格，给采购过程带来了不可预测性，并使无良供应商得以销售伪劣的个人防护设备。虽然 N95 口罩的标准是过滤 95％ 的空气中的颗粒，但测试表明，一些口罩只过滤了 35%的颗粒，有些口罩只过滤了 15%。弗吉尼亚州州长拉尔夫·诺森（Ralph Northam）说："这就是为什么我们需要一个全国性的领导对策。"[2]

为了确保美国（或任何国家）不会陷入同样的境地，政府需要加大对大流行病的防范。旨在为正常的需求变化提供最具成本效益的医疗保健产品和服务的供应链，很难应对与全球医疗卫生危机相关的全球紧急需求激增。因此，政府需要投资于国家的库存、制造和劳动力储备，并与能够应对全球大流行病压力的医疗服务系统合作。

战略性医疗库存

在美国成为石油净进口国的那些年里，为了应对 20 世纪 70 年代的阿拉伯石油禁运，美国建立了战略石油储备，以便在国家无法采购或生产日常能源需要的石油时储存石油。新冠疫情痛苦地证明，在全球大流行病中，美国和大多数其他国家都无法采购或生产他们需要的所有医疗用品来拯救生命。更进一步说，虽然许多制造商可以转而制造其中的一些物品，但这需要时间。因此，国家需要在全国各地的几个地方保持大量的、集中管理的医疗用品库存，以补充制造商、分销商和医院为日常使用而保持的普通库存。

美国有一个医疗用品的国家战略储备（Strategic National Stockpile，SNS），但这些储备对于应对新冠危机来说是远远不够的。克林顿政府于 1998 年 10 月授权"在疾病控制和预防中心进行药品和疫苗储备"，开始了储备工作。[3] 小布什政府为该储备获得了更多的资金，并大大充实了它。不幸的是，在奥巴马及特朗普政府期间，它没有得到适当的补充，导致了 2020 年的短缺。同样的短缺在其他国家也很明显。例如，法国在应对新冠疫情时始终面临个人防护设备库存不足问题，因为多年来主要由于预算原因忽视了这一重要资源的储备。[4]

储存方面的挑战是，大多数医疗产品的保质期有限，超过保质期的产品可能不再安全和有效。即使是像口罩这样简单的产品，也会随着时间的推移而老化——口罩的带子会失去弹性，经过特殊处理的过滤织物也会随着时间的推移而失去捕获颗粒的功效。

正如第16章所详述的那样，强生公司在与五角大楼签订的为紧急军事需求保持医疗用品储备的合同中，面临着过期库存的成本问题。[5] 挑战在于如何将日常的民用需求的库存精益管理与紧急的、临时的库存管理结合起来——既能够为两个非常不同的目标服务，又不会影响任何一个目标。如前所述，解决方案是"卖一存一"（SOSO）的库存法则，将应急库存与民用物资混合在一起，使大量库存保持新鲜。库存管理系统中的一条数字"红线"阻止了强生公司在没有五角大楼授权的情况下使用这些库存。要求有五角大楼的授权命令才能动用库存，这与要求有美国总统的指令才能从美国战略石油储备中释放石油的情况类似。在这两种情况下，这一要求使管理人员无法利用库存来应对日常的波动问题。

美国医疗保健供应链的结构包括几个大型分销商。与强生公司的角色类似，这些分销商可以成为国家战略储备的保管者。由于这些分销商管理着医院的日常需求，他们可以承担起保持战略储备的任务。库存保管费用可以由政府支付，可以通过使用库存进而补充定期订单来保持新鲜，只有在总统批准的情况下才可以允许库存低于"红线"。这个过程确保了安全库存，同时又不破坏这些公司的质量流程。从现有的医疗产品商业分销网络中管理国家库存有一个额外的好处：可以利用全国成千上万的医疗用品制造商和成千上万的医疗机构之间的自然和既定渠道。

分布式库存

银行挤兑和产品囤积有相同的根本原因。顾客担心银行或供应商不能提供现金或产品，导致顾客立刻冲向该银行或供应商，获取资金或产品。从本质上讲，如果自己不相信供应商能够满足自己的未来需求，那么他们就会通过立即试图获得他们认为将需要的所有库存来控制局面。如果有一大群顾客突然采取这种行动，由此产生的需求就会形成一个自我应验的预言——客户对供应商无法履行订单或出现缺货的担忧成为现实。

金融政策制定者很早就知道这种自我毁灭的暴徒动态——银行挤兑，几乎和银行本身一样古老。在过去的一个多世纪里，政府出台了两个解决方案来减少银行挤兑。第一个是对银行准备金的要求。监管机构要求每家银行保持足够的现金库存，以应对储户提款的波动或银行贷款的违约。第二个是政府以直接向银行贷款和存款保险的形式提供货币供应担保。这两项政策有助于让银行的客户放心，他们的钱会一直在那里。

以此类推，国家医疗用品的应急库存就像政府的货币供应保障。相应地，医院也需要有自己的关键物资储备，作为应对任何医疗危机的第一道防线。这就要求每家医院保持一个当地的 SOSO 用品和设备的库存。这种地方储备在两个方面增强了国家储备。首先，当地的缓冲给当局和商业伙伴（分销商和制造商）提供时间来协调再供应。其次，当地的缓冲有助于处理因自然灾害或物流能力短缺而造成的物流补给中断。

为了准备应对第二波新冠病毒疫情，90% 的医院和卫生系统正在建立约 20 种关键药物的安全库存。超过一半的医院和卫生系统正在建立一个月（基于他们在大流行病高峰期的使用情况）的镇静剂和止痛药的供应量。需求的增加导致经销商将其中的一些药物进行按份额分配，这意味着只能满足部分订单（见第 8 章）。[6]

在 2008 年的金融风暴之后，金融当局发现，简单的银行储备和存款保险本身还不够。系统性金融风险意味着，即使每家银行自身足够强大，更大规模的破坏仍然可能引发多米诺骨牌效应，使许多银行倒下。因此，金融监管机构创建并实施了银行压力测试协议，银行必须证明它们能够经受住破坏性情景的考验，如经济萧条、股市崩溃、房地产衰退、自然灾害等。[7]

同样，政府也应该把对医院的压力测试要求作为其经营许可的一部分。这种测试通常包括通过一些紧急情景，验证医院的反应能力。在这个过程中，医院将了解其准备工作中的差距，并培训人们在紧急情况下的应对措施。其结果是医院有更强的准备和应变能力，医疗系统处理重大事件的整体信心也有所增强（见第9章）。

医疗产品制造

法国国防和国家安全总秘书处前主任路易斯·戈蒂埃（Louis Gautier）警告说："在危机时期，我们不再能够通过从一个生产区转换到另一个生产区的方式，来获得我们的必需产品"。[8] 新冠疫情危机表明，尽管医疗产品的全球供应链非常庞大，但当新冠病毒扩散到世界各地时，它们无法处理每个国家对各种基本医疗产品需求的同时增长。

在许多观察人士看来，这些个人防护设备的短缺似乎是一种市场失灵，无论是营利性医院还是医疗产品供应商都没有保持足够的库存和能力，在大流行期间为公众提供服务。因此，许多人呼吁政府介入。长期以来，政府已经介入，支持他们认为符合国家利益的某些行业和项目。例如，政府对绿色技术和战略产业的支持，如芯片设计和制造[9]，以及五角大楼对美国武器研发和制造的支持。

为了应对新冠疫情，各国正在将资源倾注于医疗保健产品的本地制造。例如，在法国政府的帮助下，赛诺菲（Sanofi）公司正在法国建设一个疫苗生产基地和一个新的研究中心。但这样做的并不仅仅有法国人——欧盟外交政策负责人约瑟夫·博雷尔（Joseph Borrell）宣布，欧盟将寻求药品供应链多样化，以减少对其他国家的依赖。"在实践中，这将意味着储存一些关键资产，"他说，"例如，欧洲甚至不生产一毫克的对乙酰氨基酚，这是不正常的。"[10] 谈到新冠大流行期间医疗用品的短缺，全球疫苗免疫联盟（GAVI）董事会主席、尼日利亚前财政部长恩戈齐·奥孔乔-伊维拉（Ngozi Okonjo-Iweala）说："这将导致国内生产药品、医疗用品和设备的需求方面出现民族主义高潮。即使是那些传统上在这些领域没有能力的国家，也会寻求发展同样的能力。"[11]

然而，自给自足的诱惑可能会导致比人们想象中更坎坷的未来。事实上，如果仅仅因为大流行病可能会在国内需求激增时损害国内医疗产品的生产，那么很可能会使弹性恶化。此外，制造每种产品的所有材料所采用的专业工业生态系统，使自给自足变得昂贵而困难。限制出口国内产品的贸易政策更有可能带来以邻为壑的反应，最终在最需要产能的时候反而导致全球产量减少。相反，来自多个国家的多重采购提供了一个更坚实的基础。

经济合作与发展组织对全球口罩生产的供应和需求进行了深入分析，发现了挑战的严重性和生产的局限性。该研究表明，在新冠暴发之前，全球对口罩的正常需求约为每天4800万个。按人口计算，疫情期间的口罩消费比正常时期高27倍，并且超过了全球口罩生产能力的10倍。[12]

也就是说，全球将需要储备27年的个人防护设备的正常需求量，以应对一年的新冠疫情，这还是假设这场疫情只会持续12个月。鉴于口罩的保质期达不到27年，维持这样的库存将是相当昂贵的。

然而，世界各公司对新冠疫情的反应表明，各国并不需要大量的库存来应对这场大流行病。正如第3章所详述的，许多原本与口罩和医疗产品行业并无关联的公司在重新利用他们的生产系统来弥补关键的短缺。高级定制服装制造商、制鞋公司和T恤衫生产商转而制造口罩。汽车制造商在制造呼吸机[13]，酒厂在制造洗手液[14]。

经济合作与发展组织绘制的口罩供应链图确实发现了限制口罩生产的瓶颈，特别是高需求量的N95口罩。在大多数情况下，口罩的生产取决于简单的材料和制造流程，这些材料和流程在各行业的不同供应商中广泛存在。真正供不应求的关键材料[15]是聚丙烯电热熔喷非织造布。[16]

聚丙烯的生产本身并不是瓶颈——全球每年为地球上的每个男人、女人和孩子生产 16 磅的这种多功能塑料[17]，分别被用于瓶子、酸奶桶、麦片盒，甚至是汽车。限制 N95 口罩生产的是熔喷非织造布生产系统和高压处理系统，这些系统需要制造一个透气的过滤层，以静电方式捕获非常微小的颗粒。

维持口罩库存很昂贵，而且口罩工厂的使用频率并不高，因此让政府花费大量资金建立巨大的库存没有什么意义。相反，大流行病应对策略可以依靠（并鼓励）灵活使用庞大的全球生产系统来生产可自由支配的消费品。政府只需要储备大量的（但不必巨大的）口罩和用于口罩生产的瓶颈材料或阶段的关键机器。这种储备只需要满足几周或几个月的大批量个人防护设备消耗（如果政府听从流行病学家的意见，而不是等待个人防护设备的短缺，则需要更少的时间），在此期间，政府将采用灵活的应对措施。

国家医务人员储备

在发生战争时，许多国家需要一支比和平时期国家武装力量大得多的部队。为此，这些国家根据各种计划使用预备役人员。例如，韩国男性在服完兵役或警察服务后会自动加入国家预备役部队，为期 7 年。在芬兰，所有男性在 60 岁之前都属于武装部队预备役。而在以色列，所有服完兵役的公民都自动成为预备役人员，直到男性年满 54 岁，女性年满 38 岁。预备役人员接受定期培训，并在需要时被征召服役。美国为每个军种以及陆军和空军国民警卫队都设立了预备役。所有预备役军人每月有一个周末进行训练，每年有两个星期进行训练，以备在发生战争时被征召。

在战争中，仅有武器和弹药的储备是不够的；预备役人员能让使用这些储备武器的劳动力激增。同样，如果没有相应的护士、技术人员和其他训练有素的医务人员的储备，医疗设备和用品的库存是不够的。因此，一个国家的长期大流行病战略的一个关键部分应该是一支新的储备力量：国家医务人员储备。

国家医务储备人员将是在大流行病所需的基本护理或医疗技术职责方面接受过培训的志愿者。这样的医疗后备队将在大流行病和其他有可能使当地医疗资源不堪重负的全国性灾难中，提供训练有素的人员。它可以是国土安全部、联邦应急管理署或一个新成立的大流行病准备组织的一部分。成员将定期接受新设备的培训，每月有一个周末在医院工作（或根据医院的需要），跟随医生、护士和技术人员，并在可能的情况下提供帮助。美国需要周末医护人员来作为补充。

这些创建更强大的医疗保健系统的想法可能需要立法来充实细节和原则，例如医院许可规则如何改变、如何分配储备物资以及如何管理和补偿国家医疗储备志愿者。这些新的或扩大的政府项目或许看起来很极端，但像新冠病毒这样的全球性危机应该成为一个警告信号，让我们意识到传统的做法是不够的。

19　绿色环保在复苏中占据次要地位

经济学家、法国总统埃马纽埃尔·马克龙（Emmanuel Macron）的前助手让·皮萨尼－费里（Jean Pisani-Ferry）对即将到来的有关气候变化的辩论进行了总结："顽固的绿色激进分子认为，显而易见，新冠病毒危机只会加深对气候行动的迫切需要。但坚定的工业家们同样相信：没有比修复被破坏的经济更优先的了，如果有必要，可以先推迟执行更严格的环境法规。两派之间的战斗已经开始。其结果将决定未来的世界。"[1]

各国政府应对新冠的努力与遏制全球气候变化的努力有很多共同之处。在这两种情况下，社会都面临着一个巨大的、后果严重的危险。而且，在这两种情况下，一个主要对策是减少经济活动，同时在经济增长和减轻危险之间取得平衡。同样，在这两种情况下的挑战都是减少不平等，因为穷人已经在遭受更多的痛苦，而且即将经历更多的痛苦。此外，这两种挑战都是全球性的，但各国政府却退而求其次，采取"我优先"的立场，在全球范围内制造"公地悲剧"。

政府、公司和消费者为对抗或避免新冠疫情而采取的措施，大大减少了世界各地的温室气体（GHG）排放。根据一项同行评议的研究，2020年4月，全球GHG排放量骤降17%[2]。然而，该研究的作者之一、斯坦福大学教授罗伯特·杰克逊（Robert Jackson）说："历史表明这将只是一个小插曲……2008 年的金融危机使全球 GHG 排放量在一年内减少了 1.5%，但在 2010 年又回升了 5%。这就像它从未发生过一样。"[3] 结论是，世界仍然面临着气候变化的挑战，并在当前的健康危机之后将继续面临这一挑战。

"我们今天已经在经历气候变化的影响，而且几乎每天都在经历，"[4] 巴斯夫董事长马丁·布鲁德穆勒（Martin Brudermüller）说道。毫无疑问，人类活动使大气层充满了温室气体，其中最主要的是二氧化碳（CO_2），导致地球的气候发生了变化。1988 年，联合国成立了政府间气候变化专门委员会（Intergovernmental Panel on Climate Change，IPCC）。这个科学小组审查了气候科学的知识状况，评估了气候变化的社会和经济影响，制定了应对策略的建议，并规划了未来国家间的气候公约。[5] 多年来，政府间气候变化专门委员会发布了五份评估报告。最近的一次（截至本书撰写时）是 2014 年的第五次评估报告（第六次评估报告正在筹备中，将于 2022 年发布）。它的头条声明是："人类对气候系统的影响是明显的，最近的温室气体人为排放是历史上最高的。最近的气候变化已经对人类和自然系统产生了广泛的影响。"[6]

这个头条声明既概括了问题，又概括了迎接气候挑战的主要困难。情况很糟糕，但排放量却不断增加。

减排之困难重重

尽管有越来越多的证据表明气候变化及其日益严重的后果，但是即便在新冠疫情暴发之前，绿色环保口号也远远多于实际的绿色行动。大多数消费者、公司和政府只对他们的行为做出了微小的、微不足道的改变。即使是承诺的改变，如果付诸实施，在最好的情况下也是无效的，而在最坏的情况下，将确保地球继续在其目前的破坏性道路上前进。

虽然《巴黎协定》是在 2016 年签署的，但到了 2018 年，全球二氧化碳排放量却增加了 4.3%[7]。2019 年在马德里举行的后续气候会议未能达成共同协议。此外，由于消费者的行为和经济发展的进程，排放量将继续增加。

真正令人不安的真相：消费者的冷漠

谈到可持续发展，消费者（和公民）口口声声说的是一回事，但实际上做的是另一回事。[8] 在尼尔森的一项调查中，66% 的全球消费者声称他们愿意为可持续性付出更多；[9] 其他调查也得出了类似的数字。然而，对消费者在商店的实际购买行为的研究发现，[10] 尽管价格差异通常很小，但只有 5% ~ 12% 的消费者选择了可持续的产品。2019 年，我和我的学生进行了一项研究证实了这一发现，在新英格兰四家超市，见证了消费者做出选择的过程，我们当时使用的是"消费者观察和拦截"法。[11]

大多数消费者也在投票时表现出他们的真实想法（不是绿色）。减少排放的最有希望的途径之一是碳税，它使经济与可持续发展的激励措施保持一致。然而，2018 年，美国最积极的州之一——华盛顿州的碳税提案第二次失败。[12] 澳大利亚人废除了他们的碳税，并在反对派宣传"砍掉碳税"时踢走了工党政府。[13] 归根结底，大多数消费者似乎想要好的工作、负担得起的产品，以及今天他们的孩子有更好的生活。他们要么不相信科学，要么似乎不愿意为了地球和后代而做出哪怕是微小的牺牲。

公民在现实世界中的选择，束缚了政府在气候相关问题上的手脚。如果消费者不能通过投票箱来否决不喜欢的气候政策，他们就会使用警戒线，正如在巴黎和其他法国城市由每加仑燃料仅 12 美分（约 2%）的拟议碳税引发的长达数月的暴力示威所看到的那样。[14]

企业能否带头？

公司面临比政府更严格的约束。公司缺乏法定货币的印钞机和征税人的有力臂膀来为可持续发展筹集资金。如果消费者不喜欢一家公司的绿色产品的价格和性能，他们可以更容易地更换供应商，这可远没有作为公民想要更换国家或政治领导人那么难。因此，公司更没有能力收拾冷漠的消费者和受限制的政府所留下的气候问题的缺口。

为了安抚大声疾呼的少数环保人士，大多数公司提供"可持续发展场景"：一些高度可见但相对微不足道的改进。餐馆停止使用塑料吸管，尽管对环境的影响微乎其微[15]，而且纸质吸管不能回收（与塑料吸管不同）[16]；酒店要求客人放弃每天使用新鲜毛巾（但不收费）；零售商放弃使用一次性包装袋，尽管这是错误的环境选择——所有这些都是以"假装的"可持续性为名[17]。这些备受推崇的渐进式解决方案往往成为企业和政府掩盖其缺乏实质性行动的遮羞布。

要了解企业可持续发展的实际行动，可以考虑一下，比如，在写本书时，世界上最大的资产管理公司之一黑石（Black Rock）的首席执行官发表的备受赞誉的声明。该公司表示，它将从那些从用于发电的煤炭生产中获得超过25%收入的公司撤资。[18] 然而，对该政策的仔细研究表明，它实际上只是"漂绿"（为什么是超过25%，而不是比如说10%，或零?）。此外，该政策仅适用于该公司1.8万亿美元的"积极基金"，因此，资产剥离将只影响5亿美元的持股，或其7万亿美元资产的一小部分（0.007%）。[19] 最后，在2020年5月17日，《金融时报》报道了黑石拒绝支持澳大利亚石油公司的环境决议，其标题为："黑石被指责为气候变化的伪君子。"[20]

发展中的世界

根据世界银行的数据，即使发达国家的消费者突然接受了限制排放的措施，全世界仍有近一半的人每天的生活费不到5.5美元。[21] 对于世界上贫穷的那一半人来说，环境的可持续性是一种奢侈品。

此外，随着穷人努力改善他们的长期生活，他们将期望住在混凝土制成的建筑物中，能使用空调，拥有家用电器，可以吃更多的肉，并驾驶汽车——这些变化不可避免地会在短期内增加温室气体排放。石油和天然气巨头埃克森美孚（Exxon Mobil）公司的首席执行官达伦·伍兹（Darren

Woods）说："尽管目前存在不确定性和波动性，但支撑我们业务的基本面仍然强劲。"他还说，"为什么我这么说？因为我们知道，在未来几十年里，人口将从今天的 70 多亿增长到 2040 年的 90 多亿。数十亿人将进入中产阶层，寻求需要能源的生活方式和产品。经济将再次扩张。"[22]

在印度，政府计划"在未来几十年内"继续用煤发电。它在 2017 年发布了一项增加煤炭生产的九点计划，目的是为另外 3.04 亿人提供电力。[23]

疫情后的可持续问题

新冠疫情打击了全球经济，极大地改善了多个环境指标。空气更清洁了，拥堵更少了，噪音更少了。德里居民看到平时朦胧的灰色天空被清晰的蓝色取代，感到非常震惊，他们在社交媒体上发布了照片。[24] 由于停电，国际能源署（IEA）表示，2020 年世界将减少 6% 的能源使用，相当于失去了印度的全部能源需求。[25] 然而，这些减少是以巨大的经济成本为代价才实现的。

经济萧条与环境进步

经济合作与发展组织[26]和欧盟委员会[27]的报告认为，新冠疫情导致欧洲经济的衰退比原来想象的还要严重。经济合作与发展组织的报告认为，就业损失比 2008 年全球金融危机头几个月造成的损失大 10 倍，这使得欧洲、美国和其他发达经济体的就业起码在 2022 年之前，不太可能恢复到疫情之前的水平。经济合作与发展组织的就业、劳工和社会事务主任斯特凡诺·斯卡佩塔（Stefano Scarpetta）说："在短短几个月内，新冠危机抹去了自 2008 年金融危机结束以来在劳动力市场上取得的所有改善。"[28]

政策制定者、媒体、智囊团和学术界正陷入一场关于新冠疫情后世界的辩论。欧盟委员会主席乌苏拉·冯·德·莱恩（Ursula von der Leyen）在 2020 年 4 月说，集团的绿色目标应该"成为复苏的动力"[29]。她补充说，

"欧洲绿色新政是关于投资数十亿欧元来重新启动经济。我们应该避免回到旧的、污染的习惯中去。"[30] 十七位欧洲环境部长签署了一份声明，"使欧盟的复苏成为绿色交易"，并"在对抗新冠病毒、生物多样性丧失和气候变化之间建立桥梁。"[31]

2020 年 7 月 14 日，美国总统的民主党提名人乔·拜登提出了一个类似的意义深远的气候政策版本，其中包括所谓的绿色新政的大部分内容。它要求在未来四年投资 2 万亿美元，同时承诺美国在 2050 年前实现温室气体零排放，投资清洁基础设施和工业，扩大公共交通和高速铁路，并增加联邦对无碳能源发电的研究和开发的支持。[32]

虽然这样的声明源于良好的愿望，但他们忽略了实施的最大障碍：更多的失业者，更多的穷人，更多的破产公司，以及空荡荡的政府库房。伦敦大学国王学院欧洲政治学教授阿南德·梅农（Anand Menon）总结说："我怀疑政治上的下一次价值冲突将是环保主义和那些赞成经济增长的人之间的冲突，我担心经济将是其中的赢家。"前欧盟官员斯蒂芬·雷恩（Stefan Lehne）的评论支持了梅农的预测："每天，从水泥、塑料到汽车行业等强大的工业组织的信件都会送到委员会，纷纷说着他们需要在排放标准和法规方面的救济。"[33]

未来合作——不

各国在最终的新冠病毒疫苗方面的行为，可以看作气候变化进展的一个风向标。正如第 17 章所述，在压力下，各国正在恢复"我优先"的行为，尽管为全球接种疫苗——和解决气候变化问题一样——需要全球合作。

在疫苗上市的头几个月里，各国的行为可能类似于著名的博弈论中的囚徒困境。在这种游戏中，获胜的策略是自私的，即使合作会给双方带来更好的结果。当新冠病毒疫苗出现时，各国进行了类似的游戏。由于担心其他国家缺乏合作，每个国家都会囤积疫苗和其他关键物资。鉴于公民对政治家施加的压力，以及难以理解共享疫苗的好处，这种结果几乎是不可避免的。

其结果将是国家之间长期酝酿的怨恨和指责，可能会阻碍未来几年在气候变化这一史诗般挑战上的国际合作。尽管气候变化是一个世界性的问题，解决它将带来真正的公共利益。正如已经发生的那样，各国可能会因为不相信其他国家也会这样做，而拒绝引入会阻碍本国经济增长的有意义的变革。

闲谈

环保主义者、善意的研究人员及政策制定者的末日言论，可能是许多缓解计划的败笔。这种可怕的警告已经成为急于提高其绿色认证的政治家们的素材。例如，在一次陈述其气候政策的演讲中，拜登宣称："在损害不可逆转之前，我们还有九年时间。"[34] 这是重复了一遍美国众议员亚历山大·奥卡西奥–科特兹（Alexandria Ocasio–Cortez）对政府间气候变化专门委员会特别报告《全球变暖1.5摄氏度》的错误解读[35]。该报告认为"人类应该在2030年前将全球二氧化碳排放量减少40%～50%，才有可能在2100年前将未来平均升温限制在1.5摄氏度以下"[36]。然而，即使地球的温度真的升温超过1.5摄氏度，也不可能发生灾难。气候研究者齐克·豪斯福特（Zeke Hausfather）解释说："气候变化是一个程度问题，而不是阈值问题。"[37]

我们可以想象，当2030年到来的时候，如果没有气候引起的灾难性事件发生，人类仍然屹立不倒，那么某些媒体的头条新闻就会出现。除了最热心的环保主义者之外，公众的大部分信任将蒸发，这将更难让世界重视严肃的绿色新政。

对气候的关注度降低

由于新冠疫情引发经济危机，经济增长可能会在大流行病后的世界中占据中心位置。经济紧张的消费者将转向廉价产品，而不再关注产品的制造过程。公司的优先事项将是增加收入、控制成本以及风险管理和复原。可持续发展可能不在前三个关注点之列，不管它有多么高大上的声明。而政府将专注于振兴其经济和控制新冠疫情危机期间的巨额赤字和债务（见第 20 章）。美国军情五处前处长约翰·索尔斯（John Sawers）说："我这个严酷的现实主义者认为，我们会比以前更加分裂，能力更差，也更穷，这将使政府不愿意投资于几年或几十年后出现的问题。"他还说，"我想说的是，政府将减少对气候问题的关注。"[38]

乐观的方面？

我一直认为，最终，气候挑战的解决方案将扎根于技术。一些技术已经结出硕果——特别是可再生能源。国际可再生能源机构 2019 年的一份报告估计，"2019 年新增的可再生能源中，有一半以上的电力成本低于煤炭。新的太阳能和风能项目正在压低现有燃煤电厂的最低价格。"然而，虽然太阳能和风能资源一直在快速增长，但在 2018 年，它们只占美国所有能源使用量的 4%。[39]

环保运动多年来针对消费者的教育和劝说工作取得了有限的成功。在许多国家，创造每 1 美元 GDP 的碳排放量一直在下降。然而，与此同时，全球 GDP 却在以更快的速度增长。未来的技术解决方案依靠的不仅仅是减缓排放的速度。他们必须专注于负排放技术——将碳从大气中移除并扭转气候变化的影响。这些方法包括生物能源碳捕获和储存、直接空气捕获和储存、基于植被的捕获，以及其他一些方法。[40]

应对全球大流行病的经验可能在四个方面帮助未来的气候斗争：①技术的作用；②可调动的资金，③促进国际合作；④加强科学和专业预测的作用。

技术的作用

新冠疫情危机表明，在关键时刻，世界需要依靠科学家和工程师的聪明才智来开发技术解决方案。在这场大流行病中，很明显，自古以来使用的政策——识别病人和隔离他们，以及封锁疫区——具有不可持续的经济成本。世界已经转向以技术来开发疫苗和治疗方法。如上所述，突破性技术在应对气候变化方面的作用对于降低经济的碳强度和消除大气中的多余碳至关重要。新冠病毒疫苗和疗法的成功开发和应用可能会展示技术的力量，并释放出足够的资源来开发新技术，以应对气候变化。

钱不是问题

从应对新冠疫情的经验中得出的第二个结论是，当社会看到明显的危险时，它可以调集巨额资金来应对这一挑战。政府和公司已花费数十亿美元来了解这种病毒、揭示其传播方式，并开发检测、疫苗和治疗方法。世界各地数以千计的科学家正在疯狂地工作，因为全世界的人都在原地躲避。各国政府和非政府组织花费数十亿美元准备打造供应链管理能力，以便在疫苗问世时做好准备。最后，政府正在花费更多的资金——数万亿美元——来缓解那些试图通过关闭社交活动来控制大流行病的政策所带来的经济后果。

无准备的政府不得不花费大量资金来减轻大流行病的后果，因为它们允许病毒在社区内几乎毫无阻碍地传播。许多政府过多地关注早期微不足道的病人和死亡人数，而不是危险的未来增长趋势。在病毒扩散到灾难性水平的过程中，他们付出了灾难性的人力、医疗和经济代价。这里的教训是，做好准备和及时响应科学家的警告比事后的缓解要便宜得多。风险投资家和政治经济学家尼克·哈瑙尔（Nick Hanauer）说：“病原体是不可避免的，但它们变成大流行病却不是。”[41]

国际合作

即使在新冠疫情期间，政府层面的经济民族主义已经出现了几个重要的合作迹象。世界各地的研究人员和卫生专业人员不仅分享了技术细节和可行的流程，一些国家还改变了在合作方面的姿态。

国际货币基金组织首席经济学家吉塔·戈皮纳特（Gita Gopinath）说，

"这是一种不尊重边界的病毒：它跨越边界。只要它在世界的任何地方存在，它就会影响其他所有人。因此，需要全球合作来对付它。"二氧化碳也不尊重国界。世界上任何地方的碳排放都会影响到所有人。就像抗击大流行病一样，气候变化需要全球的科学家和工程师之间的合作。

一个特别有希望的迹象可能是欧洲复兴基金（European Recovery Fund）。2020 年 7 月底，由安格拉·默克尔（Angela Merkel）和埃马纽埃尔·马克龙（Emanuel Macron）领导的欧洲领导人们，不顾几个成员国的反对，成功地推动了这项协议。这项具有里程碑意义的协议赋予了布鲁塞尔前所未有的权力，可以在金融市场上借入数千亿欧元，并将资金分配给遭受重创的成员国[42]。虽然该协议最初被指定为帮助减轻疫情影响的经济后果，但欧盟已经向"更紧密的联盟"迈出了一步[43]。欧洲复兴基金在整个欧洲引入了相互分担风险甚至可能打开中央征税的大门[44]。所有这些发展意味着，欧盟可能会在危机中变得更强大，更有凝聚力，更有力量。

尽管作为预算谈判的一部分，欧洲绿色协议（European Green Deal）的资金被削减，但一旦疫情得到控制，资金可能还会恢复。欧洲对气候倡议的渴望和欧洲复兴基金所展示的新的财政力量的结合，意味着未来欧洲在从国防到气候变化的问题上可能都将采取更加团结和有力的行动。

听取专家意见

这场疫情的最后一个教训可能适用于全球变暖，那就是决策者应该认真对待科学家的警告。自 2003 年以来，《时代》杂志的一些封面概括了一些基于科学报告的预见性警告：

- 2004—禽流感：亚洲正在孵化下一个人类大流行病？
- 2005—禽流感的死亡威胁。
- 2009—H1N1：它将变得多么糟糕？今年 9 月学生返校时，猪流感可能感染数百万人。

- 2009—为什么你会再次戴上口罩？这次世界可能躲过了一次致命的大流感。我们不会总是这么幸运。

- 2017—警告：我们还没有准备好应对下一次大流行病。

其他敲响警钟的人包括比尔·盖茨，他在 2015 年的 TED 演讲和美国情报界（the US Intelligence Community）的 2019 年全球威胁评估报告（*World wide Threat Assessment*）中都有所提及。在新冠疫情危机发生之前不到一年，该报告指出，"我们评估美国和世界将仍然容易受到下一次流感大流行或大规模传染病暴发的影响，这可能导致大量死亡和残疾，严重影响世界经济，使国际资源紧张……"[45]

随着人们对全球变暖威胁的认识加深，对没有听从专家警告的遗憾可能会浮出水面，为抗击疫情而投入的巨额资金可能会成为一个新的支出先例，迫使决策者重新考虑气候斗争。从新冠疫情危机中吸取的教训，即全球威胁必须通过全球合作来应对，有助于扭转局势。关键的是，态度的转变也可能为技术突破提供动力，而技术突破是我们克服气候变化挑战的最大希望。

20 政府和疫情后的经济

新冠病毒很可能在人类前进的道路上创造了一个拐点。拐点往往会改变人们对周围世界的看法。这种关键事件的一个例子是大萧条。大萧条导致了一系列被称为新政的计划[1]，也是法西斯主义和纳粹崛起的原因之一，导致了第二次世界大战[2]。第二次世界大战本身催生了新的多国组织作为"基于规则的国际秩序"[3]的象征，如联合国、国际货币基金组织。

许多大规模的事件在历史的蜿蜒弧线上产生了拐点。两个最大的宗教——基督教和伊斯兰教——的崛起，对现代社会产生了深远的影响。2020年可能会导致另一个拐点，未来的历史学家可能会将21世纪划分为"BC"和"AC"："BC——新冠疫情之前"和"AC——新冠疫情之后"。

大政府又回来了

在1996年的国情咨文中，比尔·克林顿（Bill Clinton）总统宣布，"大政府的时代已经结束"。尽管与其他主要国家相比，美国从未真正拥有过"大政府"，但多年来，许多对制度的巨大冲击强化了美国政府的作用。例如，大萧条刺激了社会项目的增长；第二次世界大战催生了国防部；冷战引发了州际公路系统的建设；9·11袭击导致了国土安全部的成立；而2008年的金融危机使美联储（和其他中央银行）在对抗金融风暴时接受了巨额赤字。[4]

　　新冠也不例外。为了对抗疫情的经济影响，美国国会为有史以来最大的美国政府支出计划拨款数万亿美元。美联储启动了一系列金融市场干预措施，向金融系统注入更多的流动性。新的法律规定暂时禁止因未付租金而驱逐房客，并提供了暂停偿还抵押贷款的权利。[5]

　　然而，美国并不是唯一向经济注入前所未有的资金的国家，其援助计划也不是最慷慨的。截至 2020 年 6 月，日本政府的经济刺激计划占其 GDP 的比例为 21.1%，加拿大为 15%，而美国的经济刺激计划"只有" 13.2%。[6]大多数政府预计将——特别是随着新的新冠病毒事件出现和新的停产宣布——增加经济刺激支出，以支持其经济。所有国家都提供了更多的资金。而且，如上所述，欧洲领导人推动了一项 7 500 亿欧元的欧洲复兴基金，用于重建遭到重创的欧洲经济。

对政府的期望值提高

　　世界各国政府制定和实施巨大的金融刺激计划的速度，并不是疫情期间政府加速行动的唯一领域。当埃马纽埃尔·马克龙宣布法国处于"战争状态"时，他并不是唯一使用这一比喻的国家领导人。其他政治领导人以战争般的速度解决了多年来困扰他们的社会问题。例如，伦敦市只用了一支笔，就结束了露宿街头的问题，由国家出资向所有有需要的人提供免费酒店房间——总共 1 400 个房间。[7]

　　这种迅速的干预措施促使一些人提出疑问，为什么不早些采取这些措施。[8]伦敦声称"现在是非常时期"，这听起来很平淡，因为芬兰早在新冠疫情之前就已经开始了类似的计划。问题是，只要有意愿且目标一致，政府就能很快完成很多事情。

　　作为实施重大变革的一个副作用，政府可能会被其选民寄予更多的期望。其结果就是所谓的"棘轮效应"，即危机期间政府支出的激增在危机过后并没有回落到危机前的水平。[9] 同样，在危机中颁布的短期法规，往往在生活恢复正常后很长一段时间内仍然存在。

皮尤研究中心（Pew Research Center）2019 年的一项调查发现，人们广泛支持维持或增加一系列政府项目。[10] 即使在倾向于"小政府"的共和党个人中，皮尤研究中心的调查也发现，超过一半的受访者希望增加退伍军人福利、基础设施、教育、军事防御和反恐方面的支出。[11] 这意味着，公民在生活的许多领域对政府有更多的期望。

一旦政府增加了支出，即使是为了解决短期问题，关闭慷慨的水龙头也不是一件容易的事。紧缩政策很少受到欢迎，而且很少有机构会选择缩减自己。不受市场力量制约的政府，无论其支出是否超过收入，都会继续增长。

改革性的政策和法规

上述的新冠疫情应对措施显示了政府的力量和必要性。政府对公民的生活进行了更多的控制，关闭边境，实施隔离，强制检测，以及跟踪和监视公民。很可能，即使疫情得到控制，许多政府也不愿放弃他们新发现的权力和能力。[12] 在许多国家，人们的行动将通过人脸识别来追踪，其理由可能超出为了安全而进行健康监测的范围——也可能是其他政治目的。政府规模更大、更具侵入性的时代可能会影响到所有国家，但它可能首先出现在日本和韩国等先进的、有能力的并且对隐私问题较宽松的国家。

政府将更多参与的另一个领域是制定产业政策。世界贸易组织的可悲状况意味着各国政府可能会继续实行"以邻为壑"的关税和出口限制政策，以减少对外国领土上的制造业的依赖。

政府也可能加倍努力干预采购和库存政策，为其认为关键的行业提供补贴，增加"购买本地货"的要求等。这些政策中的一些在过去就存在，在被认为对国家安全至关重要的制造业中可能会更广泛。

这场大流行病使大多数西方社会的不平等现象暴露无遗（见第 13 章），未来几年可能会出现更高的税收，以资助社会服务的增多。政府采取了大规模的变革性举措，不仅很难收缩，而且人们会期待更多。像往常一样，支出可能会超过政府的收入，因此赤字会激增，甚至超过 2020 年的高位。

新冠疫情凸显了美国国家与地方政府的角色和责任划分。后者包括次级国家政府（州政府）以及县和市的政府。州长和市长的工作重点是健康、安全、教育和所有其他基本服务。在许多方面，州长和市长的作用在疫情期间得到了提升，因为企业和机构必须遵守当地的规则和条例，如哪类地点可以开放或关闭，入住人数限制，距离要求，等等。此外，在危机期间，联邦政府的一项政策是将管理疫情应对的责任转移给州政府。

越来越多的监管网络

政府在更多的方面已经变得庞大，不仅仅是在支出方面。例如，在美国，稳步累积的法规体系，如《谢尔曼反托拉斯法》（Sherman Antitrust Act，1890 年）、《公平劳动标准法》（Fair Labor Standards，1938 年）、《清洁空气法》（Clean Air Act，1963 年）、《职业安全与健康法》（Occupational Safety and Health Act，1970 年）、《消费品安全法》（Consumer Product Safety Act，1972 年）、《食品安全现代化法》（Food Safety Modernization Act，2011 年），都对企业施加了越来越多的限制和义务。这些法案，加上无数的其他监管活动，使美国联邦法规从 1950 年的 1 万页增加到 2019 年的 18.6 万页。此外，新的监管变化的内容也从 1950 年的每年 1 万页膨胀到 2019 年的每年 7 万多页。[13]

其他政府也不甘落后。自 1957 年《罗马条约》（Treaty of Rome）创建欧洲经济共同体（欧洲联盟的前身）[14]以来，欧盟已经通过了超过 10 万项立法，包括指令、法规和决定。[15] 这个数字还不包括每个成员国和司法管辖区通过的另外的国家和地方法规。例如，丹麦规定要对婴儿的名字进行管理，必须从 7 000 个预先批准的名字中挑选。

监管加强的趋势没有减弱的迹象——在过去的 69 年中，美国联邦监管有 55 年都在增强。尽管特朗普政府以反监管为竞选纲领，但在其头三年也写了近 20 万页的新监管内容，2019 年底的监管法规总量并不比 2017 年奥巴马政府结束时的少。2020 年，为应对新冠疫情和使国家从危机中恢复，监管体系的规模将不可避免地增加。

除了更多关于新冠疫情和恢复相关问题的监管内容外，未来影响企业的法规可能出现在客户数据隐私、自动驾驶汽车（包括地面和空中）、贸易、网络安全、零工经济劳工和环境等领域。一些未来法规的方向和性质——例如关于贸易或环境的法规——在不同国家以及在美国 2020 年大选之后，可能会走向截然相反的方向。技术、商业和世界事务的日益复杂，可能会刺激法规的日益复杂。

灾难性的政府财政状况

"经济活动和财政收入的急剧萎缩，加上政府的大规模支持，加剧了公共财政的紧张，预计今年全球公共债务将达到 GDP 的 100% 以上，"国际货币基金组织在 2020 年 6 月的《世界经济展望更新》（*World Economic Outlook Update*）中说。截至 2020 年 5 月中旬，十国集团国家，加上中国，已经公布了估计为 15 万亿美元的刺激支出和贷款担保总额，随着新冠疫情显示出复苏的迹象，更多的刺激措施即将出台。[16] 经合组织国家的平均金融负债预计将从占 GDP 的 109% 上升到 2020 年底的 137%。

因此，尽管多国政府可能有雄心勃勃的支出计划——无论是"绿色新政"、新的社会保护措施还是加强军事，但钱可能不太够。特别是，在压制新冠疫情的同时，世界在对抗其他疾病方面受到了挫折。这些疾病包括一系列被忽视的和重新出现的热带疾病（如血吸虫病、包虫病、利什曼病、锥虫病）。[17] 最令人不安的是，人类本已正在控制住的疾病卷土重来，包括结核病（每年在全世界造成 150 万人死亡）、艾滋病和疟疾（每年造成 1 万~3 万人死亡）。[18] 政府被迫投入资源来控制这些疾病。

一些政府面临着特别严重的财政困难。在美国，州和地方政府不能通过借钱来处理增加的支出和减少的税收。[19] 大多数政府必须平衡它们的预算，这迫使它们在危机中要么削减开支，要么增加税费。同样，发展中国家甚至在新冠疫情袭击之前就面临着与高额主权债务水平相关的制约。[20] 偿还先前存在的债务限制了这些国家从疫情中恢复的能力，并损害了它们的长期财政稳定性。

最终，政府债务必须通过税收、通货膨胀或违约来解决。这三种策略都会对未来的经济增长产生负面影响。即使国家选择将这些债务永久展期，利息支付将是政府必须从某些人那里榨取的钱，这些钱不能用于其他有益的目的。因此，在疫情之后，可以预期全世界会有一段增长放缓的时期，唯一的"积极"方面是可能在一段时间内会减少碳排放。日立公司执行主席中西宏明（Hiroaki Nakanishi）在接受《金融时报》采访时说："我们的经济策略正在使用相当数量的资金，老实说，这在未来将是一个很大的财政问题。"[21]

世界一直在努力应对由新冠疫情危机造成的不确定性，并确定公共卫生和生态可行性之间的平衡。不幸的是，疫情后的道路可能同样坎坷，甚至可能更坎坷，因为各国都在努力应对疫情的连锁反应以及新冠病毒暴发前就已经存在的各种全球层面的问题。

第六部分

下一个机会

"回顾历史，在 1918 年流感之后，进入了喧嚣的 20 年代。我们当时渡过了难关，我们现在也能渡过难关。人是有弹性的。"

——布莱恩·尼克洛（Brian Niccol），
契普多（Chipotle）墨西哥餐厅首席执行官[1]

getAbstract（一家为企业学习提供商业书籍摘要的供应商）的首席战略官安德鲁·萨维卡斯（Andrew Savikas）希望这次疫情能成为"那些从根本上重新思考我们工作和生活方式的罕见机会之一"。他的愿景包括"花更少的时间在汽车上，减轻环境污染，以及人们有机会重新获得一些灵活性，能更好地实现工作和生活的平衡"[2]。未来几年的这种变化将给一些公司带来生存困难，但也给其他公司提供了发展机会。

21　更多电子商务

"电子商务已经初具规模了，"安德鲁·萨维卡斯说，"家庭配送已司空见惯，居家办公对一些人来说也已经是常事。"[1] 他补充说："我们在五周内遇到了五年的变化，这可能有点令人震惊。疫情加速了这一切。"[2]

虽然对传染病的恐惧使人们远离实体店，改为在网上购买所有必需品（和奢侈品），以适应居家的生活方式。在牛鞭效应的一个例子中（见第 2 章），电子商务技术的供应商，如移动支付公司 Square，看到了更快的变化。"一夜之间，面对面做生意不再是一个现实的选择，每个人都争相网购。"该公司的电子商务主管大卫·鲁森科（David Rusenko）说[3]，"我们看到三年的适应周期被压缩到了三周。"

2020 年 8 月 3 日，美国最古老的百货商店申请了破产保护。1826 年，英国移民塞缪尔·洛德（Samuel Lord）和乔治·华盛顿·泰勒（George Washington Taylor）在曼哈顿下东城创办了一家干货店——洛德与泰勒（Lord & Taylor）。该公司发展成为一个连锁店，并于 1914 年在纽约第五大道上开设了盛大的旗舰店。[4] 几十年来，它一直是创新的领导者，它是第一个引入午餐柜台的零售商，在圣诞节期间提供动画窗口展示，允许员工成为公司股东，并引入新的美国设计师。在其破产公告中，该公司表示，如果找不到买家，它将进行清算。[5]

行业分析师说，这场疫情是许多实体零售商棺材里的最后一颗钉子。"传统零售业多年来一直处于困境，现在这种强烈的冲击将更多的公司推向了边缘，"标普全球（S&P Global）公司零售和餐饮行业首席分析师萨拉·怀斯（Sarah Wyeth）说。[6] 2020 年 4 月，标普全球公司将 30% 的零售商归类为"困境"（意味着至少有 50% 的违约概率），是新冠疫情开始以来的两倍。[7] 特别是，百货公司 20 年来一直在衰退。在 1999 年 3 月至 2020 年 2 月期间，美国百货商店的收入下降了 70%。[8] 然后，新冠病毒来了。

到 2020 年中，美国其他引人注目的零售商破产对象包括内曼·马库斯（Neiman Marcus）、布鲁克斯兄弟（Brooks Brothers）、J. 克鲁（J. Crew）、J. C. 彭尼（J. C. Penney）和 1 号码头（Pier 1）。[9] 高负债和低现金水平意味着这些零售商缺乏财务来源，无法在疫情导致的收入中断中幸存下来，也无法投资于在线销售。此外，这些只是早期的受害者。破产通常在公司实力减弱并陷入困境后的 10 个月达到顶峰。[10] 也就是说，2020 年大多数美国零售业的破产都类似第 11 章中描述的类型，这使公司在得到债权人保护的同时也试图重组，保留一些业绩最好的门店，并寻求利用公司资产来赚钱的办法。

全渠道零售

全渠道零售是在数字零售的背景下，利用拥有实体店的零售商的资产的主要战略之一。例如，总部位于上海的林清轩公司，是一家拥有 300 家分店的零售商，销售由传统中草药制成的化妆品。春节对该零售商来说是一个重要的购物季，但随后因新冠疫情的到来，该公司 40% 的网点在春节假期开始时关闭，并导致其实体店的销售量下降了 90%。该公司面临危机。"突然之间"，创始人孙来春说，"由于冠状病毒的暴发，旧的方式已不再可行。我们没有选择，必须走新的数字道路。"[11]

随着多家门店的关闭，该公司重新部署了一项关键的零售资产，即 100

多名店内美容顾问。[12] 顾问们利用微信、丁香园和淘宝直播等数字工具开展在线活动，与在家的顾客互动。[13] 情人节前的在线活动产生的收入比前一年高45%；3月初的国际妇女节相关活动产生了五倍的在线销售额。"而现在，"孙来春说，"我们已经意识到，我们可以在这条新的数字道路上开展业务。"[14]

其他零售商通过虚拟版本的试衣间和产品测试来适应新冠疫情（和电子商务）。总部设在纳什维尔的Savas公司专门生产定制皮夹克，这种需要高接触的零售体验因新冠疫情而变得不可能。于是该公司创建了一个虚拟试衣包，里面有一个自我测量工具，一包布料样本，并提供视频咨询。[15] 美容产品零售商丝芙兰创建了一个"虚拟艺术家"应用程序和网站，使用客户的面部图像，让化妆品购物者尝试不同颜色的化妆品、睫毛等。[16] 同样，宜家的增强现实应用软件能让顾客看到宜家的家具在他们自己家里的样子。

术语"全渠道"指的是一种综合的零售通信和配送战略，使客户可以通过任何物理或电子渠道（店内、网络、电话、移动应用程序、短信、视频等）与零售商互动，并通过任何物理渠道（现货、路边、送货上门、储物柜等）购买（或退回）产品。"我们的全渠道战略，使客户能够以无接触、灵活的方式购物，是为在这场危机中和未来服务客户的需要而建立的，"沃尔玛首席执行官道格·麦克米伦（Doug McMillon）在其2020年第一季度财报发布的管理评论部分中说，该公司报告电子商务销售额增长了74%。[17] 其他实力雄厚的零售商也报告了同样令人印象深刻的电子商务业务的增长。例如，2020年4月，与2019年4月相比，塔吉特（Target）百货公司的在线销售额增长了282%。[18]

从理论上讲，对于顾客来说，全渠道创造了一种流畅的零售体验，将电子商务和实体零售的优点结合起来。对于零售商来说，在实践中，在所有不同的面向客户的技术和后端实体配送系统中创造这种流畅的体验可能令人生畏。沃尔玛电子商务部供应链和库存管理高级主管丹尼斯·弗林（Dennis

Flynn）解释了服务全渠道消费者所需的产品流的复杂性。鉴于电子商务销售和一些产品的总体需求激增，弗林描述了沃尔玛如何寻求"将产品送出去的创造性方法，无论是通过从商店发货还是通过我们的配送中心，或者增加所谓的直运供应商（drop ship vendors），即制造商直接向客户发货。"[19]

管理全渠道物流需要整体的库存管理：拥有对所有库存的可视性——无论它在哪里，并拥有优化算法来确定从哪里以及如何最好地履行订单。由于需要与亚马逊竞争，沃尔玛已经开发了许多这样的基础技术，而其他零售商则被打了个措手不及。

为了虚拟这种复杂性，请考虑波士顿的一位顾客从当地零售商处订购一件毛衣的简单订单。零售商可以从最近的波士顿商店、全国连锁店中的另一家商店、最近的区域配送中心（例如康涅狄格州）、全国配送中心或直接从毛衣制造商那里履行该订单。考虑的因素不仅仅是存货供应和运输距离，还包括诸如不同地点的相对销售率等因素。例如，如果毛衣在美国东北部卖得很好，但在加利福尼亚卖得不好，公司可能会决定把毛衣从加利福尼亚空运到波士顿，以避免以后在毛衣卖得不好的地方打折出售。在波士顿全价销售的净利润减去从加州来的运输成本，可能会超过在加州打折销售的不确定利润。

如果订单包括多种物品，挑战就会变得更大。此外，该决策还取决于该订单是为波士顿商店设计的、由顾客取货，还是直接运到顾客家中。在前一种情况下，由于与运往商店的其他物品合并，运输成本可能会降低。在后一种情况下，单个包裹被送到客户家中，增加了运输成本，并可能使决策偏向于使用本地配送中心或本地商店。

BOPIS（BuyOnline，Pick up In Store，即在线购买，店内取货）是一种流行的全渠道配送做法。BOPIS 在因新冠疫情而停产期间增加了两倍多，并且在 2020 年 6 月美国经济重新开放时，仍保持为 2019 年的两倍多。[20] BOPIS 避免了最后一英里送货的成本，尽管在商店的劳动力和建筑占地空间方面有一些相对较小的额外支出。虽然 BOPIS 可以实现少接触交易，但它也鼓励更多的店内购物——85％的购物者在 BOPIS 取货期间进行了额外的店内购物，15％的人说他们"其实经常"这样做。[21]

另一种数字销售模式涉及 BOSFS（Buy Online, Ship From a Store，即在线购买，从商店发货）。这种模式是由沃尔玛等零售商推广的。这些零售商拥有庞大的实体店网络，以此来利用他们的实体店作为与亚马逊和其他在线零售商竞争的优势。从商店发货可以加快交货速度，因为与配送中心不同，这些商店位于靠近客户的城市和街区。[22] 为了应对这一威胁，亚马逊一直在与美国最大的商场运营商西蒙地产集团（Simon Property Group）讨论接管商场中濒临倒闭的百货公司所放弃的空间。[23] 亚马逊打算将这些空间作为前方的配送中心，使其能够进一步缩短交货时间。

谁在网上购物

2020 年 5 月和 6 月期间，麻省理工学院运输与物流中心（CTL）对美国的杂货店购物习惯进行了一次调查。[24] 该调查由来自 CTL 两个研究机构（AgeLab 和 Sustainable Supply Chains）的丽莎·德安布罗西奥（Lisa D'Ambrosio）博士和亚历克西斯·贝特曼（Alexis Bateman）博士管理。该调查是《新冠病毒代际和生活方式研究》（*Covid - 19 Generational and Lifestyle Study*）的一部分，收到了 1320 份答复（这里显示的结果是出版前的，截至本书写作时还没有经过同行评审）。

调查问题集中在购买行为上，区分了在商店购物和一系列网上购物模式（送货上门、BOPIS、储物柜取货、路边取货和让别人代购）。

如图 21 - 1 所示，送货上门在所有购物行为中的份额从 13％增加到 31％。大城市的购物者在新冠暴发之前就已经更倾向于使用送货上门服务，而在疫情期间，他们比其他地方更多地使用送货上门服务。这可能是由于城市地区的人口密度高，有更多的送货上门服务，且疫情期间店内购物的风险也更大（见表21-1）。

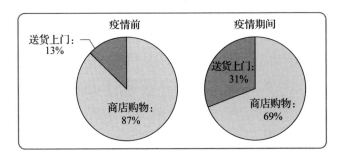

图21-1　疫情前和疫情期间的送货上门服务

表21-1　杂货店购物者的位置对网上购物的影响

	疫情前	疫情期间
大城市	26.0%	60.1%
大城市附近城郊	8.2%	19.9%
小城镇	2.7%	10.3%
乡村	1.7%	6.9%

如图21-2所示，各代人的网上购物行为也有所不同。

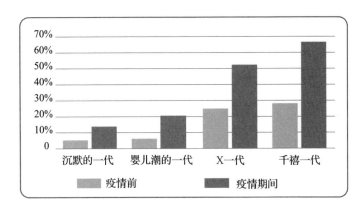

图21-2　各代人的网上购物行为

在疫情期间，各代人的网上购物都增加了一倍以上。跨代的模式没有改变（在新冠暴发之前和期间，在网上购物更多的都是年轻人，而不是老年人）。这里使用的每代人的定义是皮尤研究中心使用的定义：沉默的一代，1945 年或更早出生；婴儿潮一代，1946～1964 年出生；X 一代，1965～1980年出生；千禧一代，1981～1996 年出生。

调查中的另一个问题是探究"黏性"。那些改变了购物方式的人是否有可能继续保持或在疫情之后有所改变？近三分之一（31%）改变购物方式的人打算继续使用新的购物方式。

如图 21-3 所示，在那些从店内购物转向送货上门的人中，31% 的人表示他们可能会继续使用送货上门服务，这是转变购物方式的最大群体。虽然这对所有参与送货上门业务的临时工来说是个好消息，但请注意，转向送货上门的人的总比例只有 18%。因此，由于新冠疫情而增加的送货上门的购物者的长期比例可能只有 5.6% 左右。

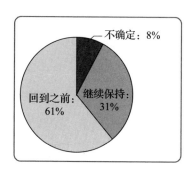

图 21-3　坚持购物选择的百分比

小人物的大平台

技术正在降低那些想在网上直接向消费者进行销售的小供应商的准入门槛。当普通的"50 个装口罩"正在成为亚马逊上最畅销的产品时，追求时尚的消费者转向 Etsy，寻找由 Etsy 的 270 万名工匠和卖家制作的手工口罩。"当疾控中心改变其指导方针时……我们突然看到网站上出现了大量的需求，"Etsy 首席执行官约书亚·西尔弗曼说，"就好像我们一觉醒来，突然就到了剁手星期一，但世界上每个人都只想要一种产品，而且是一种两周前还基本上不存在的产品。"[25]

像 Etsy 这样的在线平台，为在更不稳定和更难预测的环境中销售提供了一个动态灵活的零售渠道。消费者可以搜索任何东西，而搜索数据（以及关于消费者是否点击或购买的数据）提供了强大的、实时的需求可视性，包括对全新产品的需求。在新冠疫情中，Etsy 在几小时内就看到了搜索行为的变化，并调整了其系统，以反映对防护性口罩而不是万圣节面罩或装饰性面罩的新兴趣。该公司还必须招募口罩制造商，向他们告知交付预期，并分配需求，使其至于过分集中于少数卖家。在 5 月的财报电话会议上，Etsy 有 6 万家商店销售口罩，仅 4 月的销售总量就达到 1 200 万个，价值 1.33 亿美元（占 Etsy 商品销售总额的至少 10%）。[26]

"我为什么要对口罩进行如此详细的介绍？"西尔弗曼告诉投资者，"并不是因为我相信口罩将在未来几个月内成为一个持久的类别，"他继续说，"我想讲这个故事的原因是，我认为它确实突出了 Etsy 模式和我们 Etsy 卖家的活力。"[27] 不仅这个新产品类别突飞猛进，非口罩类别的销售额在 4 月也增长了 79%，而一直热销的婚礼和派对相关产品的销售额出现了严重滑坡。

一些人认为，新冠疫情加速了零售业向亚马逊、沃尔玛和塔吉特等巨头的整合。Rational Dynamic Brands 共同基金的经理埃里克·克拉克（Eric Clark）说："那些消除了网上购物摩擦的最佳品牌将获得我们更多的时间和金钱，给小品牌带来更大的压力。"[28] 然而，像 Etsy 这样的第三方平台反驳了这一简单的逻辑链。

这些平台使独立商店能够进行在线竞争。例如，C&S 批发公司与美国生鲜电商巨头 Instacart 合作，向全美 3 000 多家 C&S 独立杂货零售商提供电子商务和当日送货解决方案。[29] 同样，Bookshop 是 750 家独立书店用于在线销售的第三方平台。[30] 书籍经销商英格拉姆（Ingram）负责处理 Bookshop 的订单，当地书店获得清单价格的 30%，且不必承担库存或运输的成本。

这些在线平台是与创造云计算、爱彼迎、优步和跑腿兔（Task Rabbit）相同的加速技术趋势的一部分。可扩展的在线技术意味着第三方可以创建一个系统，让任何人都可以执行某些功能，如打零工，或提供电子商务能力（允许小型零售商建立一个在线产品目录，提供带有购物车的在线购物，提供订单跟踪，等等）。"我们应该能够通过一个应用程序中选购整个商场的产品，"零售和技术咨询公司 Coresight 的首席执行官和创始人戴博拉·温斯维格（Deborah Weinswig）说。"每个商场在某种程度上最终都是一个平台，如果你是西蒙地产集团，你会有许多不同的亚马逊配送中心。"[31]

电子商务的脸书

尽管亚马逊是西方电子商务领域最大的参与者，但该领域的增长速度可能比亚马逊所能适应的还要快。这在新冠疫情期间变得非常明显。亚马逊大肆宣扬的当日、隔夜和两日送达变成了没有保证的两周送达。电子商务量的泛滥使这个巨型零售商不堪重负。

利用优势——并从亚马逊的游戏书中吸取经验—— 脸书在 2020 年 5 月 19 日宣布了一项新的电子商务举措。抛开场地方面的问题（仓库、飞机、卡车和庞大的库存），脸书将允许企业在其脸书和 Instagram 平台上建立虚拟商店，并允许其他平台（如 Spotify）通过其网站销售商品和服务。[32] 这些虚拟店面对任何企业都是免费的。脸书将通过对使用其支付系统的商家收费，以及希望提高其知名度的商家的广告收费，来创造收入。

这场疫情表明，亚马逊很难跟上时代的步伐，即使它把一些商品放在优先位置。与此同时，传统零售商报告了 2020 年第二季度在线销售的大幅增长。其中包括沃尔玛（增长 97%）、家得宝（100%）、劳氏（135%）和塔吉特（195%），等等。希望在网上销售的商家和制造商可能更愿意使用不与他们竞争的平台。因此，脸书正在利用其流行的社交媒体平台向有利可图的邻近领域扩张，其核心广告和新的支付系统业务有可能大幅增长。

配送和交付时越来越多的费用

无论疫情持续多久，人们都将继续需要购物，而这些货物将需要仓库进行有效的分配和配送。美国最大的仓库开发商、业主和运营商安博（Prologis）公司指出，尽管新冠疫情对就业和经济有影响，但网上购物的激增一直使仓库空置率保持在低水平。沃尔玛和亚马逊等大型零售商正在增加他们的仓库。"我们没有看到这些人放慢脚步，他们继续非常积极地进行新的交易，"安博公司的首席执行官哈米德·莫格达姆（Hamid Moghadam）说，"强者继续在占用大量的空间。"[33]

在新冠疫情的高峰期，很少有人愿意使用优步或 Lyft 来打车，而其他配送和交付方面的工作却激增。2020 年 4 月，优步的乘车量下滑了 80%，而优食（Uber Eats）的食品配送服务却增长了 89%。[34] 为了处理食品配送领域的业务不断增长，优步在 2020 年 7 月以 26.5 亿美元收购了邮友（Postmates）公司。[35]（优步还裁减了 3 700 名员工，包括优食国际市场上的一些员工。）[36] 在 2020 年 2 月至 4 月期间，Instacart、Peapod 和 Shipt 等送货服务应用程序的下载量跃升了 300% ~ 600%。[37] Instacart 的食品杂货订单惊人地增长了 10 倍——在加利福尼亚和纽约是 20 倍。该公司将其购物者网络从 20 万人提升到了 75 万人。[38]

然而，电子商务的履行和交付也增加了包装、最后一英里运输和劳动力的成本。在许多情况下，消费者不愿意为运输支付额外费用。研究表明，54% 的购物者因为昂贵的运费而放弃了他们的购物车，而 39% 的人是因为没有免运费而放弃。此外，26% 的人因为运输速度太慢而放弃了他们的购物车。[39] 随着时间的推移，最后一公里的自动化（见第 15 章）可能会降低送货成本，尽管送货地点的多样性（高楼大厦、城市、郊区和农村家庭）意味着送货系统的多样性。

业务同步

有两个例子展示了移动技术趋势是如何改善实体世界服务的。首先，Chipotle 快餐厅将卷饼引入 BOPIS，从 2020 年 6 月起，将其 Chipotlanes 概念（直通式数字订单接送通道）从 10 个地点扩展到 100 个地点。有了这个系统，消费者可以通过一个移动应用程序订购他们的食物，并选择取货时间。汽车不再需要在"在此点餐"站排大队，然后在取餐窗口等待他们的订单完成。"你可以把车直接开到取餐窗口，他们把袋子递给你，然后你就开走，"首席餐饮官斯科特·博特莱特（Scott Boatwright）说道。"数字化体验这项业务真的很有黏性。"[40]（由于不用排队，也使 Chipotle 快餐厅更容易从零售开发商那里获得"得来速"服务的许可，后者不希望再看到"得来速"车道上的拥堵状况。）

此外，停车是城市中最后一英里物流的祸根。送货员不知道要花多长时间才能在客户的地址附近找到一个车位，也不知道他们是否会被迫重复停车或把车停得很远。对于最后一公里物流公司来说，其结果是送货效率低、送货时间不可靠，以及停车罚款带来的额外成本。为了解决这个问题，CurbFlow 等初创公司正在与许多城市合作，以预约的方式管理路边空间。[41]一个移动应用程序可以帮送货司机和物流公司安排路边的装卸活动。这个系统可以避免不安全的重复停车，以及耗费时间去寻找停车位或步行往返远处。

CurbFlow 的概念，比城市规划者正在进行的控制和管理城市路边空间的工作更进一步。[42]有争议的空间被用来存放汽车（停车场）、商业送货、临时工人的车辆（如各种承包商）、公共汽车站、共享乘车服务，甚至户外用餐。

CurbFlow 的根本区别在于对路边空间的动态管理，为共享使用开放了容量。

在更深的层次上，这两个例子都显示了供应链中同步活动的价值——客户和供应商都能从预先安排某些物品（一份食品订单、一个停车位等）的供应时间中受益。这两个例子也显示了如何加速使用移动平台来实现这一目标。通过同步化，客户获得了对其卷饼或停车位的时间和可用性的可视性和信心，而服务提供商则获得了对实时需求的可视性，并可以平衡其资源消耗。这与传统的驾车通道和停车方式形成了鲜明的对比——后者是顾客随机到达资源地并排队等候，直到资源可用。

22　重塑城市

高密度的人口使纽约这样的城市成为新冠病毒蔓延的绝佳地点。更糟糕的是，大城市高层建筑的电梯似乎是不可避免的传染源。富裕的城市居民则逃离了这一流行病[1]。公司则派员工回家工作。居家办公使许多人可以考虑搬家，用他们在大城市的工资在城外购买更大的房子。因此，受新冠疫情困扰的大城市和大高楼，很可能会因大流行病而失去吸引力。

城市曾经从灾难的影响中恢复过来。9·11事件后，曼哈顿和华盛顿特区的写字楼租金下降，特别是以前备受青睐的高层写字楼。然而，当并未发生进一步的攻击时，人们的恐惧感逐渐消失，市中心高层的租金又反弹了。未来，今天的难民城市居民可能最终会怀念大城市热闹的生活方式，即使这意味着放弃郊区、小城镇和价格较低的州或国家的较低生活成本（和较大的房子）。因此，城市生活方式最终可能会在新冠疫情后存续下来。[2]

大清空

然而，企业在做出选址决定时，更强调成本而不是生活方式。"把7 000人放在一座大楼里可能是过去的事情了，"巴克莱（Barclays）银行首席执行官杰西·斯塔利（Jes Staley）说[3]，"我们的选址战略将有一个长期调整。"同样，在全美互惠（Nationwide）保险公司，远程工作开展得如此顺利，以至于该公司正在关闭五个区域办事处[4]，并计划将 20 个实体办事处缩减到只剩 4 个。[5] 同样，摩根士丹利的首席执行官詹姆斯·戈尔曼（James Gorman）告诉彭博财经频道："我们已经证明，可以在不亲自到访的情况下有效地运营。"[6] 昂贵的城市办公大楼看起来不再那么有吸引力了。

只要大流行病继续肆虐，保持物理距离的要求就将使公司面临艰难的选择——继续向他们的大多数员工实行居家办公政策，或者购买更多的办公空间以降低感染的机会。在过去的十年里，公司将越来越多的人挤在办公室里。2010 年，办公室平均每 1 万平方英尺里有 44 名员工。到 2017 年，平均每 1 万平方英尺有 66 名员工。[7] 在疫情造成经济衰退和金融不确定性的情况下，大多数公司将选择尽量缩减房地产成本，而不是增加。

电梯成就了现代高层建筑，但也可能导致它们的衰落。1857 年首次在曼哈顿引入的电梯，使城市的垂直增长成为可能。文化研究教授、《提升》（*Lifted：A Cultural History of Elevators*）一书的作者安德烈亚斯·伯纳德（Andreas Bernard）说："电梯是城市密度的中心。"[8] 如果没有这种垂直的人员（和货物）运输方式，城市将被限制在巴黎式的城市建筑中——五层楼是走楼梯的舒适极限。繁忙时段，在一部小电梯里不可能保持物理距离。乘客需要触摸未经消毒的按钮，还要面临以前的乘客残留气溶胶的威胁。此时电梯使高层办公室、公寓楼或酒店在新冠疫情期间更没有吸引力。

高效的远程办公和在线协作技术的出现意味着，即使一些人需要在办公室工作，这些办公室也可以搬迁到成本较低的郊区和二级城市，那里的房地产、生活成本和工资会更低。例如，麻省理工学院、哈佛大学和斯坦福大学。这三所大学都占据了世界上最昂贵的房产。虽然教师和学生需要在校园内共同办公，以获得传统的大学体验（见第 12 章），但辅助性的行政职能可以搬迁到价格较低的地方，通过远程工作，甚至转移到海外。同样，虽然销售主管需要靠近他们的客户（其中一些人可能仍然在昂贵的城市中心），但公司的辅助功能部门可以转移。

最重要的是，那些可以在家工作的员工，如计算机程序员、会计师、律师、电话销售员、运输经纪人和财务顾问，都决定这样做。人们正在离开像纽约这样的大城市[9]和像加利福尼亚湾区这样的高成本城市地区，这些地区的人口甚至在新冠疫情暴发之前就已经在减少。[10] 尽管经济不稳定，但在2020年6月，房屋建筑商的销售额达到了15年来的最高水平，比前一年高出55%。买家们在寻求郊区和农村地区、高科技住宅，以及用于家庭办公和家庭教育的额外房间。[11]

即使新冠疫情像一些人希望的那样消失了，远程办公的精灵也已经从瓶子里跑了出来，并将产生深远的影响。办公空间，尤其是市中心的昂贵空间，可能会失去其高价值，对城市景观的影响将不仅仅是高层办公室的空置。由于居住在城市和在市中心工作的人越来越少，城市经济将支持更少的餐馆、商店、停车场、交通服务和快餐车。[12] 对于大城市和大型摩天大楼来说，新冠病毒将尤吉·贝拉（Yogi Berra）的话变成了现实："没有人再去那里了，那里太拥挤了。"

散开，减速

世界各地的餐馆和零售商在这场疫情中也受到了影响，因为他们的商业模式是假定通过大量业务获得适度的利润，而这些业务往往与人流量有关。对于许多以消费者为中心的公司来说关闭命令、空间占用限制以及消费者不愿意聚集在一起，使这些商业模式陷入困境。在部分开放的不确定阶段，很少有餐馆、商店和美发店能够支付其在新冠疫情暴发前的100%的租金，同时只运行50%或更少的产能。"鉴于恢复到危机前的水平可能是渐进的，" Coresight创始人兼首席执行官戴博拉·温斯维格（Deborah Weinswig）说，"那些在危机前为维持业务而挣扎的零售商不太可能有足够的资金在复苏的道路上坚持下去。"[13]

Yelp 对企业倒闭的分析发现，截至 2020 年 7 月 10 日，美国有近 16 000 家餐馆永久关闭，另有 10 000 家暂时关闭。[14] Coresight 估计，美国零售商将在 2020 年关闭 20 000～25 000 家商店，占美国实体商店总数的 5%～6%。[15] 预计 55%～60% 的关闭将发生在美国的购物中心。[16] 在过去的几十年里，作为这些购物中心支柱的百货商店的下降趋势——即销售额的减少和更多的破产——在疫情期间加速了，并可能将这些逐渐衰落的消费大教堂拖入坟墓。

幸存者（和城市）可能会通过重塑城市景观找到前进的道路。只要疫情造成政府要求消费者保持距离，餐馆、酒吧、理发店、健身房和咖啡馆等设施就需要更多的空间来满足每个顾客的需求。许多城市正在重新利用市政空间，以便在保持人与人之间的距离的同时，从健康角度出发，实现社交聚会。在大流行病持续期间，城市正在将停车位甚至整条街道，转换成供餐厅放餐桌和其他公共用途的步行空间。[17] 这些行动不仅仅是一种善意的姿态；许多城市的预算有很大一部分是依靠销售税收入——而后者因新冠疫情而大大减少。

在纽约市（和其他许多地方），自行车的使用激增，因为它是替代大众交通带来的高感染风险和汽车的高成本（纽约市不到一半的家庭有汽车）的最佳个人交通方式。此外，居家办公减少了通勤者的数量，减少了拥堵。200 多个城市已经宣布关闭道路，以扩大行人区，增加自行车道，并使餐馆能够向室外扩展。[18] 还有些城市将一些街道指定为"慢速街道"，以鼓励安全、混合的使用。[19]

一些人认为这些针对新冠疫情的适应是可喜的，可能是对城市环境的一种永久改变。"如果我们好好利用这些副产品，将使我们的城市成为一个更加开放的城市，一个可供各种人、咖啡馆和骑自行车的人生活的城市"，华盛顿特区的玛丽·M. 切赫（Mary M. Cheh）议员说，"这是一个停止以旧有的污染和不健康的方式运行的机会。"[20]

零售店隧道尽头的光明

有创意的零售商也在改变城市面貌方面发挥着作用，他们通过重新利用资产来应对新冠疫情所带来的变化。在许多情况下，将资产调整为其他用途是向全渠道零售转变的一部分（见第 21 章）。

例如，沃尔玛在北卡罗来纳州重新开放了一个被关闭的山姆会员店，甚至将那里的员工数量增加了一倍。然而，并没有顾客进门，因为那里现在是一个电子商务配送中心（也被称为"暗店"，因为它不向顾客开放）。[21] 同样，鞋类零售商 DSW 开始从其关闭的鞋店运送订单。连锁店母公司 Designer Brands 的首席增长官比尔·乔丹（Bill Jordan）说："我们基本上把它们变成了'迷你仓库'，以满足日益增长的数字需求。"[22] 电子商务的发展和对快速交货的期望，需要在美国各地建立更多的配送中心，以接近客户。

美国各地的杂货商已经决定重新利用他们的实体店。克罗格（Kroger）、驻步购物连锁店（Stop & Shop）、全食超市（Whole Foods）和其他食品杂货商已经暂时关闭了一些零售店，并将它们用于送货服务。[23]（这些被重新利用的商店通常是那些已经准备关闭的商店，尚未开业，或者位于附近有另一家商店的地方。）这样的商店充当了"前线配送中心"的角色。网上订单的拣选活动不会导致购物者聚集，这使得商店不那么拥挤，使订单拣选人员能够更有效和准确地完成订单，还可以实现更好的库存控制。

如 Ohi 这样的物流初创公司也在利用城市空置的房地产。例如，Ohi 将纽约市 Garment 区的一个旧办公室改造成了一个用于电子商务配送的微型仓库。[24] 这家初创公司提供微型仓库服务和软件，使品牌和零售商能够更接近他们的客户。随着办公室和零售店面的消失，电子商务的配送活动可能会填补许多这样的空间。

23 谁将胜出？尚无定论

这场疫情伴随着许多获胜和失败产品的离奇转变。"我们看到上装的销售量增加了，但下装没有。"[1] 沃尔玛公司事务执行副总裁丹·巴特利特（Dan Bartlett）说道。虽然巧克力的销量有所增长，但好时公司的口香糖和薄荷糖产品销量却下降了 40% ~ 50%。[2] 联合利华的家庭卫生产品（以及冰激凌）的销量有所增长，而除臭剂和头发及皮肤护理产品的销量则有所下降。[3] 在家工作但在视频会议系统上开会，意味着人们只有上半身是可见的，任何口臭或体味都无法被发现。"随着人们习惯于这种新的生活方式，这些行为将继续发生改变，"巴特利说。

一些重大的金融岔路口

日益扩大的贫富差距（见第 13 章），以及在家工作的高薪专业人士和坐在家里的无业人员之间不同的经历，决定了哪些产品和零售商能够扛过疫情。高端和低端的产品可能会卖得很好，而中档产品可能会萎靡不振。为低收入家庭服务的商店可能会做得很好，因为越来越多的失业者和经济上没有保障的人将会选择从折扣型零售商那里购买更便宜的产品。

沃尔玛在 2008 年的经济衰退中表现良好，从 2020 年至今也表现良好。达乐的表现甚至更好。沃尔玛第一季度的销售额年增长率为 10%，而达乐公司则获得了 21.7% 的收益。达乐公司的首席执行官托德·瓦索斯（Todd Vasos）说："我们在经济好的时候做得非常好，在经济不好的时候也做得非常好。"同样，Dollar Tree（也拥有 Family Dollar）的企业总裁迈克·维滕斯基（Mike Witynski）告诉分析师："当人们失业时，他们没有收入来源，他们将比以往更需要实用性。"[4]

高端市场的影响则更为复杂。截至 2020 年 6 月 10 日，高收入家庭减少了 17% 的支出，而低收入家庭只减少了 4% 的支出。与之前的经济衰退不同，之前的经济衰退中耐用品支出大幅下降，而服务类支出相对不变，在新冠疫情导致的经济衰退中，服务类支出大幅减少。[5]

新冠疫情粉碎了餐饮、娱乐、旅游、美发、spa、观赏性运动和所有其他依赖于亲身体验的服务的开支——所有这些都是高收入家庭享受的活动。疫情还影响了奢侈品牌产品的销售。法国著名的奢侈品集团 LVMH 在 2020 年上半年的收入下滑了 28%。[6] 随着旅行、婚礼、派对和社交聚会的减少，富人几乎没有理由购买 LVMH 的高级时尚产品——如果人们不能炫耀它，为什么要买它呢？

相反，美国的储蓄率从 2019 年的平均不到 8%，猛增到 2020 年 4 月的 33%（几乎是 1975 年创造的前记录的两倍）。[7] 截至 2020 年中期，高收入家庭正坐在越来越多的现金堆上。他们在未来是否、何时以及如何花这笔钱，仍然是个未知数。鉴于高端零售业的销售与旅游和社交活动的强关联，高端消费将对消费者对个人健康和安全的看法特别敏感（见第 10 章）。使这种敏感性更加突出的是，财富、储蓄和消费集中在接近退休年龄的这一代人身上。这个老年群体特别容易患重病或死于新冠病毒感染。

追求简单化

第 8 章描述了由于需要保证供应，公司正在削减它们销售的商品数量。

公司正在为可能长期持续变化的"新常态"做准备，继续削减它们提供的产品种类。例如，麦当劳已经精简了菜单，以简化其业务。"我们正在努力使业务更加简单，"快餐公司 Mondelez 的董事长兼首席执行官德克·范德普特（Dirk van de Put）在 4 月底说。[8] IGA 首席执行官约翰·罗斯（John Ross）补充说："我们可能不需要 40 种不同的卫生纸"[9]。Mondelez、可口可乐、通用磨坊和宝洁公司都减少了他们的库存单位数量，以缩短转换过程中的停机时间，延长受欢迎产品的生产周期，从而在消费者囤积的情况下最大限度地提高受欢迎产品的产量。

宝洁公司的首席运营官兼首席财务官乔恩·穆勒（Jon Moeller）说："这有可能导致我们削减低效库存单位和品牌的长尾。"[10] 尼尔森（Nielsen）6 月中旬的数据显示，杂货店的库存单位总体下降了 7.3%，其中一些品类的下降幅度高达 30%，如婴儿护理、烘焙和肉类。[11] 因此，虽然在新冠疫情早期，库存单位的减少是由于需要增加供应，但随着世界对疫情状况的调整，库存单位的减少是由于在消费者支出遭受经济破坏的情况下需要削减成本。

据范德普特说，Mondelez 正计划取消其四分之一的库存单位，以集中精力于最重要的品牌。"我们正在利用这个机会大幅减少库存单位的数量……也在大幅减少我们的创新项目。"他在 2020 年第一季度的财报电话会议上说。[12] 此举将简化该公司的供应链运作，降低成本和库存。被放弃的库存单位只占公司收入的 2%，但占成本的比例大得多，对公司的财务业绩产生了拖累。范德普特说，对产品的删减也带来了更佳的客户服务体验，主要体现在剩余的库存单位的货架可用性和"更干净的"货架上。[13]

简化库存单位并不是什么新鲜事；它发生在每一次经济衰退期间，也发生在每一家财务紧张的公司。（Mattel 公司在玩具反斗城倒闭后就开始了这种努力。）在形势好的时候，公司常常会继续生产和销售财务回报微薄的小产品，只是为了最大限度地扩大市场份额，保留忠实的客户，并保持零售货架的占有率。然后，一场危机或经济衰退促使人们对数量少、利润低的产品进行删减。然而，一旦经济开始复苏，公司不可避免地开始资助创新，引进新产品，并再次增加库存单位的数量。有人把这种现象称为"手风琴式零售"：在经济好的时候引入大量的产品，然后在经济不景气的时候缩小品类，在商业周期出现转折时再次扩大品类。[14]

由于新冠病毒的出现，许多技术被更快地采用，使产品创新率更高，制造更灵活。例如，虚拟产品开发和基于云的设计平台使新产品的出现变得更加容易。增材制造可以快速生产原型、小批量地测试市场容量，并支持高度灵活的制造系统。机器人和自动化可以通过编程来处理无数的库存单位。物联网驱动的对消费者产品使用情况的可视性使生产商能够更好地预测当地对小众产品的需求。因此，一旦危机结束，一些公司将寻求增加库存单位，以满足新的需求，并从那些依赖过时的库存单位的公司那里夺取市场份额。

没有比家更温暖的地方

2020 年第一季度，劳氏（Lowe）等家庭装修零售商的销售增长实际上超过了风向标零售商沃尔玛。[15] 政府的居家法令、雇主的在家工作政策、家庭教育和休假促进了家庭升级活动的开展。此外，由于经济衰退，人们不愿意让陌生人进入家里，房主们转而自己动手，使在家的生活更愉快，或者至少更容易忍受。

家里几乎每个空间都得到了升级：书房里有更大的电视[16]，厨房里有面包机[17]，卧室里有新床垫[18]，浴室里有坐浴盆，家庭办公室里有新书桌，地下室里有健身器材，后院里有花园、蹦床和充气水池。随着在家工作成为长期趋势，以及人们从狭窄的城市办公室搬到更宽敞的住所，即使在病毒消退后，家庭和庭院耐用品的销售也可能继续。

餐馆的关闭尤其影响了家庭厨房。随着人们在家吃饭越来越多，芬芳的香草花园开始开花，面包发酵剂的罐子也开始出现。（在 2008 年经济衰退期间，家庭烹饪也蓬勃发展。）好新鲜（Hello Fresh）和蓝围裙（Blue Apron）等送餐公司的客户激增，同时也出现了来自同样准备送餐的餐馆的竞争。蓝围裙公司首席执行官琳达·芬德利·科兹洛夫斯基（Linda Findley Kozlowski）说："即使对消费者行为的限制开始放松，我们也预计会出现新的经济和社会规范的转变，反映出消费者在家度过的几周或几个月中形成的烹饪和饮食习惯的变化，这些变化将持续一段时间。"[19] 这些销售趋势在引发恐慌的媒体报道中揭示了商机。

很难预测这对未来的销售意味着什么。以运动器材的销售为例，在健身房关闭的影响下，以及人们迫切需要足不出户就能消除压力的情况下，运动器材销路大开。正如第 8 章所述，健身器材的销售通常在假期达到顶峰，但这些产品在 2020 年底将如何销售（截至本文写作时），谁也说不准。虽然在 3 月买了跑步机的人不太可能在 12 月再买一台，但他们可能会购买其他设备，或者也许在 3 月买不起这种设备的家庭会特别倾向于购买健身设备作为节日礼物。类似的购买模式可能出现在面包机、大电视和其他在新冠疫情初期销量增加的耐用品上。

结果是，公司需要为任何事情做好准备，无论是另一个囤积卫生纸的浪潮，还是第二次 20 世纪 20 年代的享乐主义盛宴。

24 未来的灵活性

查尔斯·达尔文的一句名言说："能生存的不是最强壮的物种，也不是最聪明的物种，而是最能适应变化的。"在新冠疫情期间，一些能够迅速适应和改变的公司表现良好。在这样做的过程中，这些公司发现了另一种弹性。他们不是简单地尽快反弹到原来的"正常"状态，而是灵活地反弹，创造新的东西来补充或取代被破坏的东西。其他公司采用或创建了灵活的业务系统，使它们能够改变自己所做的事情或运作方式。

直接面向消费者：农场和批发商

J. W. Lopes 是新英格兰的小型生鲜农产品经销商，为餐馆厨师、机构主管、社区杂货店甚至监狱厨师提供服务。这是一家由杰夫·科特森（Jeff Kotzen）和他的父亲皮特（Peter）经营的家族企业。杰夫的妻子伊利莎（Elyssa）于 2020 年 3 月加入该公司。在采访中，杰夫分享说，"我的曾祖父是来自俄罗斯的第一代移民，他来到美国，开始在法尼尔厅[⊖]做水果小贩。他通过自己的努力，最后接管了所从事的生意。"[1]生意经历了起伏，之后在 2016 年，杰夫和他的父亲进入了这个新的、当地的批发企业 J. W. Lopes。就

　⊖ 法尼尔厅（Faneuil Hall）是美国波士顿的一座历史建筑。——译者注

在这一年，杰夫和伊利莎相遇了。

2020 年 1 月底，杰夫与他的会计师会面，对业务感到乐观。他刚刚建立了一个加工中心，该中心可以生产 1 000 磅西兰花和其他预切产品——由于劳动力短缺，他的批发客户要求提供这种增值服务。杰夫很高兴能满足这一需求并发展业务。

然后病毒来袭。马萨诸塞州州长命令人们待在家里，该公司 75% 的客户不再营业。原本每周订购 3 万~4 万美元的大客户降至每周订购 200 美元。一些餐馆试图继续营业，但外卖服务无法抵消损失的堂食量。J. W. Lopes 不得不解雇大部分员工，包括那些曾在这里工作了几十年的人。

伊利莎加入了她丈夫的行列，成为 J. W. Lopes 的员工，同时继续在波士顿一家专注于撒哈拉以南非洲地区的国际卫生非政府组织工作（并辅助她的孩子们的远程学习）。杰夫继续说："伊利莎有一个直接向消费者销售产品的想法，我们开始这样做。这是一个相当简单的概念，一个 74.95 美元的农产品箱——充分利用我们的物流网络，因为我们有大约 20 辆卡车和 20 名司机。所以，我们可以利用这个优势。"伊利莎和杰夫依靠口口相传、社交媒体上的帖子以及针对寻找高质量的新鲜、本地种植的农产品的人的电子邮件实现销售。"这几乎就像在网上去农贸市场一样，但我们可以把产品直接送到你家门口，"杰夫说。

然后，一个当地经销商建议他们也向客户出售鱼。杰夫说："在将鱼作为产品的补充方面，我们得到了积极的反馈，于是我们开始与当地相关的人或公司联系，使产品品类逐渐增加：面包师、屠夫、奶牛场，不胜枚举。"J. W. Lopes 将这些公司的一些产品加入他们的送货上门服务中。[2] 随着他们的产品线的增长，将直接面向消费者的服务与批发业务区分开来变得很重要，因此，新的服务被称为新英格兰乡村市场。随着他们增加了更多的本地供应商，直接面向消费者的业务蓬勃发展，公司重新雇用了所有被解雇的员工，甚至增加了更多的员工。

一路走来，杰夫夫妇需要发展新的能力来为消费者提供服务，如升级电子商务网站、管理社交媒体粉丝、路由技术、库存管理、条形码等。"几乎每一天，我们要么想出一些办法，要么确定一个新的流程，一个新的谷歌文档，以及我们所有人之间一种新的沟通方法——其中一些人在家里工作，"伊利莎说。杰夫补充说："我们的技术和包装越来越好"。该公司还租用了较小的冷藏送货卡车，因为大型批发送货卡车在小型社区街道上很难通行。

杰夫强调了他们相对于大型超市的竞争优势。"韦格曼斯（Wegmans）[⊖]在纽约州北部有一个大的配送中心，位于罗切斯特附近。因此，农场在向罗切斯特运送农产品。进入罗切斯特后，所有的农产品被处理好，被分散到各个商店。装上另一辆卡车，运到商店。产品经理开始分拆，把产品放在摊位上。这时才有消费者接触到这些产品——决定想要什么，不想要什么。然后，网上杂货配送车司机过来，挑选客户需要的东西。因此，实际上，产品已经被转手五六次了。"

"我们最初没有想到这将是一个长期的商业想法，"杰夫继续说。新业务的成功改变了这一点。"我们现在几乎全身心地投入这种直接面向消费者的模式中了。"随着餐馆和机构慢慢重新开业，杰夫夫妇正在经营两支队伍。"我们将经营这两项业务，努力工作，并看看它能把我们带向何方，"杰夫总结说。[3]

其他一些公司，特别是食品行业的公司，也经历了类似的从批发到直接面向消费者销售的转变。对于一些农产品种植者来说，新冠疫情和直接面向消费者的模式对业务起到了推动作用。"有一个记者给我们打电话说，'我们想拍一些农产品烂在地里、牛奶流进排水沟的场景'，"加州萨克拉门托西北部的卡佩谷（Capay Valley）的农场主朱迪思·雷德蒙（Judith Redmond）说，"然后我说，'好吧，事实上，卡佩谷里没有这种场面'"[4]。那里的农民

⊖　美国连锁超市。——译者注

正在参与社区支持农业（CSA）计划，在该计划中，消费者直接向当地农场订购，并从该农场直接获得一箱箱当季的农产品，可以送货或自提货。新冠疫情带来了新用户的蓬勃发展，他们寻求更短的食品供应链，这意味着接触农产品的人更少，消费者能够更快得到新鲜的农产品。

最近可用的技术和平台在实现从批发到直接面向消费者的灵活转变方面发挥了关键作用，这种转变适用于各种规模的公司（特别是较小的公司）。例如，约瑟夫·布（Joseph Boo）帮助他的父亲将一家亚洲蔬菜批发企业转换为直接面向消费者的企业。[5] 布与电商平台 Shopify 合作建立了网站，用他的 iPhone 拍摄产品照片，在 Instagram 和脸书上进行营销，用 Upwork 雇用了帮手，并通过 Onfleet 安排配送物流。在手机、应用程序、云服务和数字平台出现之前，这样的转变对于小企业来说几乎是不可能的。

从危难到机遇

1906 年，一位移民美国的英国人威廉·莱利（Willian Riley）在波士顿创立了 New Balance 脚弓支撑器公司（New Balance Arch Support Company），生产可以改善任何鞋子的舒适度和合脚度的鞋垫。他的许多早期客户是警察和消防员等专业人士，他们必须长时间站立。后来，公司扩展到相关产品线。30 年后，该公司开始生产鞋子，并于 1978 年发布了其第一款运动服装产品。

当新冠疫情袭来时，"我们接到了来自 MGH（马萨诸塞州综合医院）、波士顿 Partners HealthCare 等机构的电话——他们真的需要个人防护设备，"New Balance 公司首席运营官戴夫·惠勒说，他在采访中描述了该公司对新冠疫情的回应。"我们在一个周末内集思广益，看看我们有什么设备，有什么样的技能，在国内有什么样的原材料供应。"该公司迅速转向制造防护口罩。

"我们设计了一个 New Balance 独有的口罩，带有一点 New Balance 的特色，"惠勒补充说，"它是用无缝隙织物拼接起来的，这也是我们在 1540 鞋上使用的东西。将鞋子的某些部分固定在一起，然后放上类似的织物，再插入一些泡沫过滤。我们与麻省理工学院合作，帮助我们明确过滤要求。我们从一个星期五开始，在周末进行头脑风暴，创建了一个三维图像，然后在星期一有了一个物理原型。到那周五，我们就开始生产了。"

2020 年 3 月 30 日，该公司在推特上低调地发布了一条动态："昨天在做鞋，今天做口罩"，并附上了一张带有弹性卷曲鞋带的、看起来很结实的口罩的照片（见图 24-1）。"这则广告仅凭两句话就成为 New Balance 历史上最大的社交媒体热点"，惠勒说道，"因为公司在当下做了一些事情，为了更重要的事——照顾大众——而采取了行动"，回应了医疗界的求助呼吁。他补充说："还有很多关于外观的评论。比如，'我想买一个'。'这太酷了！''这绝对是 New Balance'。尽管我们没有设计人员来专门设计，但供应链人员做得很好。"[6]

图 24-1　New Balance 的广告

许多公司只是为了应对新冠疫情，临时利用他们的固定资产和供应链来制造个人防护装备和呼吸机，而 New Balance 则进一步涉足口罩制造。他们把这种紧急的人道主义努力变成了一个新的产品系列。尽管该公司以前没有从事过口罩业务，但他们开始考虑为跑步者制造口罩和其他与核心品牌相关的产品的长期战略。6 月，在为医护人员生产了 100 万个口罩后，New Balance 面向公众推出了重新设计的 NB 口罩 V3，并宣布了未来"可用于运动的"口罩计划。[7]

这个例子也说明，虽然供应链往往跨越遥远的距离，并涉及全球范围内的合作，但有时，临近是敏捷性的关键。在一个数字工具可以使越来越多的人在世界任何地方远程工作的时代，有些任务需要在场才能更好地完成。New Balance 的口罩团队有一半的人在当地工厂工作，因为那里有原材料和设备。与附近麻省理工学院的关系使他们能够迅速了解过滤要求。New Balance 公司还与当地的长期供应商合作，在停工的情况下，能快速进行所需材料的运输。同样，口罩团队可以迅速得到关于口罩的适合性和功能的反馈，因为主要用户（马萨诸塞州总医院）离高速公路只有半小时的路程。最后，由于在马萨诸塞州本地生产，口罩可以被迅速分配给当地医院、急救人员和其他需要的人。

利用增材制造使产能倍增

增材制造，也被称为 3D 打印，在疫情期间大放异彩。多家公司和个人使用增材制造来制造面罩、口罩、鼻拭子、呼吸机部件等。惠普公司首席商务官克里斯托夫·谢尔（Christoph Schell）说[8]："我们正在共同尽一切努力激活我们的 3D 打印技术、专业知识、生态系统和生产能力，以帮助一线医务人员抗击新冠病毒。" 3D 打印不仅被用于应对新冠疫情，而且以分布式的方式用于招募设计师并通过互联网寻找可用产能。

例如，美国食品药品监督管理局（FDA）、退伍军人事务部（VA）、国家卫生研究院（NIH）和美国制造（America Makes）为应对新冠疫情建立了公私合作关系。[9] 该合作关系从医疗保健界征求需求，在利益相关者之间批准产品设计，并在 3D 打印机所有者之间协调 3D 制造。NIH 负责管理设计，VA 负责测试设计的安全性和有效性，FDA 为有效的设计撰写紧急使用授权书，然后由参与的打印机所有者打印和运输。截至 2020 年 6 月中旬，该合作关系已经制造了近 50 万件个人防护设备。[10]

总之，增材制造是相当灵活的制造技术。在打印材料和打印机尺寸的物理限制范围内，一台特定的 3D 打印机有可能为任何行业的任何产品制造几乎任何东西。随着数字设计在互联网上的即时传输，任何人只要拥有一台兼容的打印机都可以贡献自己的能力。尽管每台打印机的速度可能慢得惊人（与专门的、自动化的大规模生产系统相比），但大量汇集的打印机（通常称为"打印机场"）可以使生产能力成倍增长。此外，与专门的大规模生产系统相比，增材制造一种新零件的准备时间可以忽略不计。"三维打印和数字制造有助于缩小供应链的差距，加快从设计到生产的过程，并在需要的时间和地点实现关键部件的本地化制造。"惠普的谢尔说道。[11]

在任何地方都可以进行灵活的仓储和配送

对更多仓储和配送的需求不仅仅是建造更多更大的仓库。两个关键的供应链趋势正在塑造对这些资源的需求，这些资源对零售业的未来至关重要。

第一个趋势是由季节性需求、促销需求、产品推出、公司增长以及（当然还有）中断引发的商业（特别是电子商务）的不稳定性和动态性。第二个趋势是对交货时间的要求越来越高，这需要在世界上许多人口中心附近部署库存。其结果是，更多的公司将需要在仓库的许多空间和相关的服务中游刃有余的灵活性，在未来的几个月和几年中，这些空间的大小是不同的。

这些在地点和容量方面对仓储灵活性需求的增长动态，特别是对电子商务而言，与通常通过对大型设施的长期承诺提供的仓储供应不匹配。此外，无论是大公司还是充满希望的初创公司，如果签署了大型仓库的多年期租约，在建立需求的同时，这些空旷的建筑中的空间往往没有得到充分利用，或者只用于季节性产品。

这就是像 Flexe 这样的技术平台公司的用武之地。Flexe 提供了一个平台，将短期存储需求与剩余仓库空间的供应相匹配——即仓储行业的爱彼迎。其客户包括拥有多余空间的仓库业主和寻找存储空间的公司。Flexe 将其专有的仓库管理系统安装在有空间可供短期租赁的仓库中，因此它可以非常快速地为新客户在他们选择的地区寻找空间。该系统使用基于云的软件进行仓储、配送和物流服务。虽然不拥有任何实体建筑，但 Flexe 可以在美国各地方 1 000 多家仓库中，为任何需要仓库空间的客户提供额外的空间。

Flexe 的一家快速增长的初创企业客户销售大型、笨重的物品，随着公司的发展，他们不断改变配送和履约方式。他们从东海岸的一个规模较小的仓库开始，扩大到全国的几个仓库，以提供两天内交货服务，再扩大到提供当日达的送货服务，当他们与一家大型零售商签订协议时，改变了配送方式，当他们增加一个退货中心时，又重新进行了配置。对于这家初创企业，Flexe 联合创始人兼首席执行官卡尔·西布雷希特（Karl Siebrecht）说："Flexe 就像一个大型交换机，在四年多的时间里，可能对网络进行了 50 多次重新配置，以满足客户的增长、库存单位组合的增长以及它们不同的渠道计划，等等。"[12]

西布雷希特继续说："事实证明，在巨大的混乱和不确定性时期，灵活性真的很宝贵。"许多公司使用 Flexe 来处理与新冠疫情有关的电子商务的增长，并移除流动性缓慢的商品（如服装），为食品和家庭相关产品等需求腾出空间。甚至在新冠疫情暴发之前，许多公司就已经利用 Flexe 来管理飓风和冬季风暴等干扰，以及管理增长（寻找额外空间）和收缩（出租未使用的空间）。

25 逆境和意志成就未来

危机的考验可以帮助人们和公司提高弹性。在重大危机期间，成功的公司会迅速适应并学会在"战争的迷雾"中运作。面对重大的不确定性，来自市场的不明确信号，以及来自客户和供应商的压力，会让公司变得更加警觉和灵活。如果无法预测，那么灵活的反应就是至关重要的。敏捷的反应使拥有充足财政资源的公司能够在资产和供应品价格最低的时候投资于未来。

在阿根廷做生意

许多发展中国家的商业环境充满不确定性。例如，阿根廷的企业面临着猖獗的腐败、毫无征兆地出现的看似荒谬的法规、失控的通货膨胀和金融危机（包括货币贬值，很常见且频繁）。企业家们几乎别无选择，只能在混乱、不断变化的法规、缺乏现代金融系统和不发达的商业信贷基础设施中生存。小企业贷款的利率高达45%。然而，企业家们在这样一个北美或欧洲企业家甚至不会尝试的环境中，创办公司并努力发展。

阿根廷商人的坚持和聪明才智，在许多方面使他们在危机时期比在稳定的商业环境中的同行更具弹性。首先，危机对他们而言不是什么新鲜事，其次，他们一直在为各种危机做准备，为此所发展出的灵活性对他们很有帮助。当然，这种商业弹性并不是阿根廷独有的，许多发展中国家都存在这种弹性。

波音公司重获新生

2019 年对空客公司来说是最好的一年，对波音公司来说则是最差的一年。空客公司在这一年交付了创历史纪录的 863 架飞机，但波音公司只交付了 380 架飞机（原定目标是 810 ~ 815 架）。波音公司广受欢迎的 737 MAX 飞机的设计缺陷（导致两起坠机事故，造成 346 人死亡）迫使该机型停飞，并导致许多航空公司取消了订单。[1] 然后，新冠疫情几乎使航空旅行停摆，使波音公司的客户陷入财务困境，并使航空公司的未来采购计划变得毫无希望。

波音公司可能会倒下，但不能算出局。事实上，这种经历可能会增强公司的实力。痛苦是一位优秀的（即使是不愉快的）老师，而波音公司在艰难的打击中度过了艰难的一年。因此，它很可能会带着从这次惨败中得到一系列深刻的"教训"重生。

从长远来看，这场危机可能会造就一个更灵活、更具竞争力的波音公司。更广泛地说，强加给世界上的公司和公民的逆境正在迫使他们摆脱舒适的生存模式。其结果可能是，一些公司将找到在新环境中蓬勃发展的方法。经历破产保护的公司可以重组并走向未来，就像通用汽车在 2008 年金融危机后或达美航空在 2005 ~ 2007 年破产后一样：2014 年，通用汽车的净收入达到创纪录的 97 亿美元，而达美航空在 2019 年创下了 470 亿美元的收入纪录。

强者以实力回应

"如果你是亚马逊的股东，你可能想坐下来，因为我们的想法不小，"亚马逊首席执行官杰夫·贝索斯（Jeff Bezos）在 2020 年 4 月底的新闻稿中说道。贝索斯解释说："在正常情况下，在即将到来的第二季度，我们预计将获得约 40 亿美元或更多的营业利润。但现在不是正常情况。相反，我们期望将这 40 亿美元（也许更多一点）全部用于与新冠疫情有关的开支，将产品送到客户手中并保证员工的安全。"[2]

在人员方面，该公司在 2020 年第二季度增加了 159 600 名员工，使其员工总人数达到 100 万。[3] 在实物资产方面，亚马逊计划在接下来的几年里，在现有的 1 248 个配送中心的基础上再增加 306 个配送设施。[4] 为了加强其运输能力，该公司在 2020 年 6 月增加了 12 架宽体波音 767 货机，使其机队飞机总数超过 80 架。[5] 飞机数量的增长与亚马逊在加利福尼亚州、肯塔基州、得克萨斯州、佛罗里达州和波多黎各的航空枢纽数量的增长相平行。

德州仪器公司（Texas Instruments）从 2008 年的金融危机中吸取了教训，不要对中断造成的牛市反应过度。在公司 2020 年第一季度的收益电话会议上，首席执行官理查德·K. 坦普尔顿（Richard K. Templeton）回忆说，在 2008 年，"我们的客户对下行趋势进行了过度修正，然后我们花了一年半的时间来寻求支持以支持需求。"对于这次危机，该公司选择不试图预测经济衰退或复苏。"相反，"坦普尔顿说，"我们希望确保有最大的可选择性，以便能够成功地应对任何结果。"[6] 在随后的一个季度，该公司报告说对这一决定感到满意，因为这使它们能够满足与在家工作趋势相关的个人电子产品销售激增所带来的未预测的需求。

宝洁公司是另一家充分利用这一趋势走向未来的大公司。"这种向电子商务的转变，我们在危机期间已经在中国和美国看到了，这是为未来做的一个很好的准备。"该公司的首席财务官乔恩·莫勒说。该公司生产许多消费者需要的清洁和个人护理产品，但也面临来自其他品牌和非专利供应商的竞争。莫勒说："我们必须保持警惕，必须每天行动——我们必须以卓越的价值提供卓越的产品，在我看来在生态系统中没有什么是我们不能利用的，因为它要么在进化，要么在变革。"[7]

利用最坏的情况

"总的来说，我认为在这样一个时期，有很多新的东西需要建设，"脸书的首席执行官马克·扎克伯格（Mark Zuckerberg）说。在他的行动呼吁中，扎克伯格强调，"重要的是，（我个人认为）不要像很多公司那样现在就踩刹车，重要的是继续建设，继续投资，为人们的新需求而建设，特别是弥补其他公司可能会放弃的一些东西。"扎克伯格最后说："在某些方面，这是一个机会，在另外某些方面，我认为这是一种责任，要继续投资于经济复苏。"[8]

Chipotle 快餐厅就是这样做的一个例子。该公司没有债务，拥有近 10 亿美元的现金，正在继续扩张，建造新的餐厅，改造旧的餐厅，改善数字订单的服务（包括第 21 章中描述的类似 BOPIS 的"得来速"服务）。[9]它在新的建筑场地方面的竞争较少，还计划在新冠病毒危机过去后接管其他公司关闭的零售店。[10]

许多公司现在意识到，它们最重要的资产每天都离开办公室（现在他们居家办公，甚至早上都不回办公室）。这使得一些公司（那些没有处在新冠疫情引发的需求漩涡中的公司）正在研究如何提高它们的劳动力技能或完成在正常业务量时期难以执行的有用项目。[11]

最后，正如这场疫情充分表明的那样，危机是一种可怕的浪费。它提供了一个做出艰难商业决策的机会，例如重组或削减表现不佳的产品、零售网点或客户。危机可以用来克服变革的阻力，因为危机本身已经破坏了现状，创造了一个要求组织进行变革的燃烧平台。这些重组活动有的可能是在破产保护下进行的，有的则是公司为支撑其财务而采取的措施。无论如何，一些公司正在做的不仅仅是度过这场风暴——它们正在积极努力，以充分利用疫情后的环境，以及人们在工作、购物和生活方面的许多变化。

建立一个更强大、更灵活的网络

新冠疫情的经济影响使许多人、管理者和政治家感到惊讶，因为它揭示了每个人对全球经济中原本隐藏的复杂相互联系网络的依赖。

尽管自力更生看起来很诱人，但这是一种把所有鸡蛋放在一个篮子里的战略。如果生产因大流行病（或其他干扰）而关闭，或消费者的钱包因经济衰退而关闭，完全依靠国内生产来满足国内消费就会失败。在这个世界上，疾病的复发和政治上的奇思妙想可以使任何国家成为不可靠的供应商或善变的客户，因此，公司必须让它们的供应商和客户多样化。这意味着要争取更多（和更好）的联系，而不是更少。

新冠疫情所加速的许多趋势，都植根于连通性及对其利用的改善。物联网将人们与遥远事物的数据连接起来。云计算将人和公司与数据存储、应用程序、计算能力联系起来。移动设备、视频会议和协作应用程序将任何地方、任何时间的人联系起来。供应链的可视性和透明度将一家公司与全球其他公司联系起来。电子商务和全渠道零售将消费者与远方和当地的零售商联系起来。技术平台使人们和公司能够轻松地获得所需的资源或服务，并向别人提供他们的资源。

因此，新冠疫情的真正教训在于公司增长和改善联系的新机会。这些联系使公司对其供应商（以及供应商的供应商）和客户有更深的了解。这些连接使可视性、远程管理、居家办公、从任何地方购买、向任何地方销售成为可能。而快速、更好的连接促进了公司所需的灵活性和敏捷性，以应对中断的供应、中断的需求和囤积，并抓住长期的、全球性的机会。尽管新冠疫情可能暴露了潜伏在全球经济中的脆弱环节，但它也加速了许多技术和实践的采用，这些技术和实践将使全球经济在未来更加强大。

注　释

第一部分　发生了什么

1. Justin Davidson, "The Leader of the Free World Gives a Speech, and She Nails It," *Intelligencer* (blog), *New York Magazine*, March 18, 2020, https://nymag. com/intelligencer/2020/03/angela-merkel-nails-coronavirus-speech-unlike-trump. html.

1　病毒的蔓延

1. Matt Apuzzo, Selam Gebrekidan, and David D. Kirkpatrick, "How the World Missed Covid-19's Silent Spread," *New York Times*, June 27, 2020, https://www. nytimes. com/2020/06/27/world/europe/coronavirus-spread-asymptomatic. html.

2. Camilla Rothe et al., "Transmission of 2019-NCoV Infection from an Asymptomatic Contact in Germany," *New England Journal of Medicine 382*, no. 10 (March 5, 2020): 970 – 971, https://doi. org/10. 1056/NEJMc2001468.

3. Tangi Salaun, "Special Report: Five Days of Worship That Set a Virus Time Bomb in France," *Reuters*, March 30, 2020, https://www. reuters. com/article/us-health-coronavirus-france-church-spec-idUSK-BN21H0Q2.

4. Smriti Mallapaty, "What the Cruise-Ship Outbreaks Reveal about COVID-19," *Nature 580*, no. 7801 (March 26, 2020): 18, https://doi. org/10. 1038/d41586-020-00885-w.

5. Idrrees Ali and Phil Stewart, "Exclusive: In Navy Study, 60 Percent of Carrier Volunteers Have Coronavirus Antibodies," *Reuters*, June 9, 2020, https://www. reuters. com/article/us-health-coronavirus-usa-navy-exclusive-idUSKBN23F29Z.

6. "Coronavirus Disease (COVID-19) Situation Report 73," Coronavirus Disease (COVID-19) Situation Reports (Geneva: World Health Organization, April 2, 2020), https://www. who. int/docs/default-source/coronaviruse/situation-reports/20200402-sitrep-73-covid-19. pdf? sfvrsn = 5ae25bc7_6.

7. Apuzzo, Gebrekidan, and Kirkpatrick, "How the World Missed Covid-19's Silent Spread."

8. Kai Kupferschmidt, "Study Claiming New Coronavirus Can Be Transmitted by People without Symptoms Was Flawed," *Science*, February 3, 2020, https://www. sciencemag. org/news/2020/02/paper-non-symptomatic-patient-transmitting-coronavirus-wrong.

9. Robert Dillard, "The COVID-19 Pandemic: Fauci Calls Out WHO on Asymptomatic Carriers Comment; Global Economy Suffering Worst Peacetime Recession in a Century; and More" *DocWire News*, June 10, 2020, https://www. docwirenews. com/home-page-editor-picks/the-covid-19-pandemic-fauci-calls-out-who-on-asymptomatic-comment-global-economy-suffering-worst-peacetime-recession-in-a-century-and-more.

10. Apuzzo, Gebrekidan, and Kirkpatrick, "How the World Missed Covid-19's Silent Spread."

11. "Update: King County COVID-19 Case Numbers for March 6, 2020," Government, King County Public Health News and Blog, March 6, 2020, https://www. kingcounty. gov/depts/health/news/2020/March/6-covid-19-case-updates. aspx.

12. Laura Geggel, "How a Superspreader at Choir Practice Sickened 52 People with COVID-19" LiveScience, May 14, 2020, https://www. livescience. com/covid-19-superspreader-singing. html.

13. Richard Read, "A Choir Decided to Go Ahead with Rehearsal. Now Dozens of Members Have COVID-19 and Two Are Dead," *Los Angeles Times*, March 30, 2020, https://www. latimes. com/world-nation/ story/2020-03-29/coronavirus-choir-outbreak.

14. Nicole Brown, "What Is a Coronavirus 'Super-Spreading' Event?," *CBS News*, May 15, 2020, https:// www. cbsnews. com/news/super-spreader-coronavirus.

15. Lea Hamner et al. , "High SARS-CoV-2 Attack Rate Following Exposure at a Choir Practice — Skagit County, Washington, March 2020," Morbidity and Mortality Weekly Report (Atlanta: Centers for Disease Control and Prevention, May 15, 2020), https://www. cdc. gov/mmwr/volumes/69/wr/ mm6919e6. html.

16. Neel Patel, "What's a Coronavirus Superspreader?," *MIT Technology Review*, June 15, 2020, https:// www. technologyreview. com/2020/06/15/1003576/whats-a-coronavirus-superspreader.

17. Farah Stockman and Kim Barker, "How a Premier U. S. Drug Company Became a Virus 'Super Spreader,'" *New York Times*, April 12, 2020, https://www. nytimes. com/2020/04/12/us/coronavirus-biogen-boston-superspreader. html.

18. Christie Aschwanden, "How 'Superspreading' Events Drive Most COVID-19 Spread," *Scientific American*, June 23, 2020, https://www. scientificamerican. com/article/how-superspreading-events-drive-most-covid-19-spread1.

19. Choe Sang-Hun, "Shadowy Church Is at Center of Coronavirus Outbreak in South Korea," *New York Times*, February 21, 2020, https://www. nytimes. com/2020/02/21/world/asia/south-korea-coronavirus-shincheonji. html.

20. Raphael Rashid, "Being Called a Cult Is One Thing, Being Blamed for an Epidemic Is Quite Another," *New York Times*, March 9, 2020, https://www. nytimes. com/2020/03/09/opinion/coronavirus-south-korea-church. html.

21. Aylin Woodward, "70% of People Infected with the Coronavirus Did Not Pass It to Anyone, Preliminary Research Shows. Superspreading Events Account for Most Transmission," *Business Insider*, June 4, 2020, https://www. businessinsider. com/super-spreader-events-account-for-most-coronavirus-transmission-2020-6.

22. Dillon Adam et al. , "Clustering and Superspreading Potential of Severe Acute Respiratory Syndrome Coronavirus 2 (SARS-CoV-2) Infections," pre-print available on Research Square, May 22, 2020, https://doi. org/10. 21203/rs. 3. rs-29548/v1.

23. Aschwanden, "How 'Superspreading' Events Drive Most COVID-19 Spread."

24. Arnold Barnett, "Covid-19 Risk Among Airline Passengers: Should the Middle Seat Stay Empty?," pre-print available on medRxiv (Public and Global Health, July 5, 2020), https://doi. org/10. 1101/2020. 07. 02. 20143826.

25. "World Air Transport Statistics 2019," World Air Transport Statistics (Montreal: International Air Transport Association, 2019), https://www. iata. org/contentassets/a686ff624550453e8bf0c9b3f7f0ab26/ wats-2019-mediakit. pdf.

26. "France's First Coronavirus Case 'Was in December,'" *BBC News*, May 5, 2020, https://

www. bbc. com/news/world-europe-52526554.

27. Kate Kelland,"Italy Sewage Study Suggests COVID-19 Was There in December 2019," *Reuters*, June 19,2020, https://www. reuters. com/article/us-health-coronavirus-italy-sewage-idUSKBN23Q1J9.

28. Bill Chappell,"1st Known U. S. COVID-19 Death Was Weeks Earlier Than Previously Thought," *NPR*, April 22, 2020, https://www. npr. org/sections/coronavirus-live-updates/2020/04/22/840836618/1st-known-u-s-covid-19-death-was-on-feb-6-a-post-mortem-test-reveals.

29. Michelle A. Jorden et al.,"Evidence for Limited Early Spread of COVID-19 Within the United States, January-February 2020," Morbidity and Mortality Weekly Report, Morbidity and Mortality Weekly Report (Atlanta: Centers for Disease Control and Prevention, June 5,2020), https://www. cdc. gov/mmwr/volumes/69/wr/mm6922e1. html.

30. Mark Arsenault et al.,"How the Biogen Leadership Conference in Boston Spread the Coronavirus," *Boston Globe*, March 10, 2020, https://www. bostonglobe. com/2020/03/11/nation/how-biogen-leadership-conference-boston-spread-coronavirus.

31. Jacob Lemieux and Bronwyn MacInnis,"Introduction and Spread of SARS-CoV-2 in the Greater Boston Area," *Broadminded* (blog), Broad Institute of MIT and Harvard, June 4, 2020, https://www. broadinstitute. org/blog/introduction-and-spread-sars-cov-2-greater-boston-area.

32. "Health Equipment: Hospital Beds," Organisation for Economic Co-operation and Development, accessed July 28,2020, http://data. oecd. org/healtheqt/hospital-beds. html.

33. Gwynn Guilford and Sarah Chaney,"Nearly Three Million Sought Jobless Benefits Last Week," *Wall Street Journal*, May 14, 2020, https://www. wsj. com/articles/unemployment-benefits-weekly-jobless-claims-coronavirus-05-14-2020-11589410374.

34. Federal Reserve Bank of St. Louis,"Unemployment Rate," FRED Economic Data, accessed July 28, 2020, https://fred. stlouisfed. org/series/UNRATE.

35. "Aptiv PLC (APTV) Q1 2020 Earnings Call Transcript," The Motley Fool, May 5,2020, https://www. fool. com/earnings/call-transcripts/2020/05/05/aptiv-plc-aptv-q1-2020-earnings-call-transcript. aspx.

36. Alan Tovey,"Ford Chief:'There Is No Future,'" *Telegraph* (London), April 29, 2020, https://www. telegraph. co. uk/business/2020/04/29/no-future-says-ford-chief.

37. Blake Schmidt,"Shortage Rumors Spark Toilet Paper Panic Buying in Hong Kong," *Bloomberg*, February 5, 2020, https://www. bloomberg. com/news/articles/2020-02-05/hong-kong-went-from-face-mask-shortage-to-run-on-toilet-paper.

38. Frances Mao,"Why Are People Stockpiling Toilet Paper?," *BBC News*, March 4, 2020, https://www. bbc. com/news/world-australia-51731422.

39. Daniel Piotrowski,"Woman Pulls out a Knife during Fight over Toilet Paper," *Daily Mail*, March 4, 2020, https://www. dailymail. co. uk/news/article-8072347/Horror-Woolworths-shopper-pulls-KNIFE-near-toilet-paper-aisle. html.

40. Corina Knoll,"Panicked Shoppers Empty Shelves as Coronavirus Anxiety Rises," *New York Times*, March 13,2020, https://www. nytimes. com/2020/03/13/nyregion/coronavirus-panic-buying. html.

41. Bill Morrissey,"Leveraging Environmental Sustainability for Growth" (Sustainable Brands Conference, Monterey, Calif., June 3,2008).

42. Nathaniel Meyersohn, "Egg Prices Are Skyrocketing Because of Coronavirus Panic Shopping," *CNN*, March 25, 2020, https://www.cnn.com/2020/03/25/business/egg-prices-supermarkets-coronavirus/index.html.

43. Julia Rentsch, "Coronavirus-Fueled Panic Buying Cleared the Shelves of Eggs. What's next for Egg Markets?," *USA Today*, April 6, 2020, https://www.usatoday.com/story/money/2020/04/06/egg-demand-wipes-shelves-clean-raises-prices-covid-19/2954400001.

44. Janelle Nanos, "Coming to a Grocery Store near You: Meat Shortages," *Boston Globe*, April 29, 2020, https://www.bostonglobe.com/2020/04/29/business/coming-grocery-store-near-you-meat-shortages.

45. David Yaffe-Bellany and Michael Corkery, "Dumped Milk, Smashed Eggs, Plowed Vegetables: Food Waste of the Pandemic," *New York Times*, April 11, 2020, https://www.nytimes.com/2020/04/11/business/coronavirus-destroying-food.html.

46. "Food Waste FAQs," U.S. Department of Agriculture, accessed August 15, 2020, https://www.usda.gov/foodwaste/faqs.

47. "The United States Meat Industry at a Glance," North American Meat Institute, accessed September 21, 2020, https://www.meatinstitute.org/index.php?ht=d/sp/i/47465/pid/47465.

48. "Poultry & Eggs," Economic Research Service, U.S. Department of Agriculture, August 21, 2019, https://www.ers.usda.gov/topics/animal-products/poultry-eggs.

49. "The United States Meat Industry at a Glance."

50. "Turkey Sector: Background & Statistics," Economic Research Service, U.S. Department of Agriculture," November 20, 2019, https://www.ers.usda.gov/newsroom/trending-topics/turkey-sector-background-statistics.

51. Jen Skerritt and Deena Shanker, "Food Rationing Confronts Shoppers Once Spoiled for Choice," *Bloomberg*, April 21, 2020, https://www.bloomberg.com/news/articles/2020-04-21/food-rationing-is-new-reality-for-buyers-once-spoiled-for-choice.

52. Jenni Styrk, "Top 100 Fastest Growing & Declining Categories in E-Commerce," Stackline, March 31, 2020, https://www.stackline.com/news/top-100-gaining-top-100-declining-e-commerce-categories-march-2020.

53. Hardy Graupner, "Coronavirus Scare: When Will 'hamsterkauf' Become an English Word?," *Deutsche Welle*, May 3, 2020, https://www.dw.com/en/coronavirus-scare-when-will-hamsterkauf-become-an-english-word/a-52635400.

54. "The Great Toilet Paper Scare," editorial, *Wall Street Journal*, March 22, 2020, https://www.wsj.com/articles/the-great-toilet-paper-scare-11584918854.

55. Kelvin Chan, Beatrice Dupuy, and Arijeta Lajka, "Conspiracy Theorists Burn 5G Towers Claiming Link to Virus," *ABC News*, April 21, 2020, https://abcnews.go.com/Health/wireStory/conspiracy-theorists-burn-5g-towers-claiming-link-virus-70258811.

56. Kate Gibson, "Feds Charge Phony Church with Selling Toxic Bleach as COVID-19 Cure," *CBS News*, July 9, 2020, https://www.cbsnews.com/news/feds-charge-phony-church-with-selling-toxic-bleach-mms-as-covid-19-cure.

2 供应链中断

1. Matthew Heller, "Walmart Gets Big Boost From Pandemic Panic," *CFO*, May 19, 2020, https://

www. cfo. com/financial-performance/2020/05/walmart-gets-big-boost-from-pandemic-panic.

2. Jenni Styrk, "Top 100 Fastest Growing & Declining Categories in E-Commerce," Stackline, March 31, 2020, https://www. stackline. com/news/top-100-gaining-top-100-declining-e-commerce-categories-march-2020.

3. Melissa Repko and Courtney Reagan, "Walmart Earnings Soar as E-Commerce Sales Jump, Shoppers Flock to Stores," *CNBC*, May 19, 2020, https://www. cnbc. com/2020/05/19/walmart-wmt-earnings-q1-2021. html.

4. "How CEOs See Today's Coronavirus World," *Wall Street Journal*, June 11, 2020, https://www. wsj. com/articles/how-ceos-see-todays-coronavirus-world-11587720600.

5. Benjamin Franklin, "The Way to Wealth," *Poor Richard's Almanack*, June 1758 (Waterloo, Iowa: U. S. C. Publishing Company, 1914), 22.

6. Heather Ostis, Vice President of Supply Chain, Delta Air Lines, interview by Yossi Sheffi, June 3, 2020.

7. Mike Duffy, CEO, C&S Wholesales Grocers, interview by Yossi Sheffi, June 4, 2020.

8. Johanna Mayer, "Where Does the Word 'Quarantine' Come From?," Massive Science, accessed July 29, 2020, https://massivesci. com/articles/quarantine-coronavirus-covid19-etymology-science-friday.

9. "Amazon (AMZN) Q1 2020 Earnings Call Transcript," Rev, May 1, 2020, https://www. rev. com/blog/transcripts/amazon-amzn-q1-2020-earnings-call-transcript.

10. Federal Reserve Bank of St. Louis, "Imports of Goods and Services," FRED Economic Data (FRED, Federal Reserve Bank of St. Louis), accessed July 28, 2020, https://fred. stlouisfed. org/series/IMPGS.

11. Robert Peels et al. , "Responding to the Lehman Wave: Sales Forecasting and Supply Management during the Credit Crisis," working paper, BETA Working Paper Series no. 297 (Eindhoven: Beta Research School for Operations Management and Logistics, December 5, 2009), https://www. researchgate. net/publication/228718119_Responding_to_the_Lehman_wave_sales_forecasting_and_supply_management_during_the_credit_crisis.

12. Jan C. Fransoo and Maximiliano Udenio, "Exiting a COVID-19 Lockdown: The Bumpy Road Ahead for Many Supply Chains," pre-print available at SSRN, May 1, 2020, https://doi. org/10. 2139/ssrn. 3590153.

3 决战时刻

1. Jenna Tsui, "How the Grocery Industry Is Responding to New Consumer Behavior," *Supply Chain Brain*, July 24, 2020, https://www. supplychainbrain. com/blogs/1-think-tank/post/31659-how-the-grocery-industry-is-responding-to-new-consumer-behavior.

2. Eric Boehm, "Federal Regulations Are Making the Grocery Store Supply Crunch Worse," *Reason*, April 20, 2020, https://reason. com/2020/04/20/federal-regulations-are-making-the-grocery-store-supply-crunch-worse.

3. Jessica Fu, "FDA Loosens Nutrition Facts Labeling Requirements to Help Restaurants Sell Unused Food," *The Counter*, March 30, 2020, https://thecounter. org/fda-nutrition-facts-labeling-restaurants-unused-food-covid-19-coronavirus.

4. Lela Nargi, "Covid-19 Has Forced Large-Scale Farms That Supply Institutions to Dump Produce They Can't Sell. Why Can't It Just Feed Hungry People? We've Got Answers," *The Counter*, April 27, 2020, https://thecounter. org/covid-19-produce-dumping-food-banks.

5. Jake Bittle, "Beef Producers Are Grinding up Their Nicest Steaks, While Retailers Can't Meet Demand for Cheaper Cuts," *The Counter*, May 6, 2020, https://thecounter. org/beef-producers-grinding-steaks-ground-beef-coronavirus-covid-19-usda.

6. Kate Gibson, "Filet Mignon Is Cheapest in Decade as Coronavirus Upends Meat Supplies," *CBS News*, April 28, 2020, https://www. cbsnews. com/news/coronavirus-supply-filet-mignon-lowest-cost-decade.

7. Hannah Ritchie and Max Roser, "Crop Yields," Our World in Data, 2019, https://ourworldindata. org/crop-yields.

8. James Wong, "The Food Workers Producing Miracles in a Crisis," *Follow the Food*, BBC, accessed August 15, 2020, https://www. bbc. com/future/bespoke/follow-the-food/the-food-workers-producing-miracles-in-a-crisis. html.

9. International Foodservice Distributors Association (IFDA), "Food Industry Groups Form Partnership to Ensure Sufficient Food Supply Amid COVID-19 Crisis," *Food Logistics*, March 19, 2020, https://www. foodlogistics. com/transportation/press-release/21123237/international-foodservice-distributors-association-ifda-food-industry-groups-form-partnership-to-ensure-sufficient-food-supply-amid-covid19-crisis.

10. Jessica Donati and Alicia Caldwell, "U. S. Keeps Processing Seasonal Worker Visas After Warning From Farmers," *Wall Street Journal*, March 19, 2020, https://www. wsj. com/articles/u-s-keeps-processing-seasonal-worker-visas-after-warning-from-farmers-11584652889.

11. Evan Ramstad, "For General Mills, Outbreak Spurred a Run on Its Products and Rush in Its Factories," *Star Tribune* (Minneapolis), May 3, 2020, https://www. startribune. com/for-general-mills-outbreak-spurred-a-run-on-its-products-and-rush-in-its-factories/570162402.

12. Connor D. Wolf, "Food Distributors Play Key Role in Coronavirus Crisis," *Transport Topics*, March 26, 2020, https://www. ttnews. com/articles/food-distributors-play-key-role-coronavirus-crisis.

4 以灵活性打败脆弱性

1. "How to Rebound Stronger from COVID-19: Resilience in Manufacturing and Supply Systems" (World Economic Forum, May 1, 2020), https://www. weforum. org/whitepapers/how-to-rebound-stronger-from-covid-19-resilience-in-manufacturing-and-supply-systems.

2. Evan Ramstad, "For General Mills, Outbreak Spurred a Run on Its Products and Rush in Its Factories," *Star Tribune* (Minneapolis), May 3, 2020, https://www. startribune. com/for-general-mills-outbreak-spurred-a-run-on-its-products-and-rush-in-its-factories/570162402.

3. Scott Horsley, "At The Frozen Pizza Factory That Never Closed: Social Distancing In A Tent," *NPR*, May 7, 2020, https://www. npr. org/sections/coronavirus-live-updates/2020/05/07/850707023/at-the-frozen-pizza-factory-that-never-closed-social-distancing-in-a-tent.

4. General Mills Inc. , "General Mills Reports Results for Fiscal 2020 and Outlines Fiscal 2021 Priorities," news release, July 1, 2020, https://s22. q4cdn. com/584207745/files/doc_financials/2020/q4/General-Mills-Fiscal-2020-Fourth-Quarter-Earnings-Press-Release-(1)-(1). pdf.

5. "Helping the World Respond to COVID-19," 3M, accessed July 29, 2020, https://www. 3m. com/3M/en_US/company-us/coronavirus.

6. Saabira Chaudhuri, "Unilever Capitalizes on Coronavirus Cleaning Boom," *Wall Street Journal*, July 23, 2020, https://www. wsj. com/articles/americans-in-lockdown-buy-cleaning-products-and-ice-cream-lifting-unilever-11595495473.

7. David Williams, "More than 40 Employees Lived at Their Plant for 28 Days to Make Material to Protect Health Care Workers," *CNN*, April 20, 2020, https://www. cnn. com/2020/04/20/us/coronavirus-workers-go-home-trnd/index. html.

8. Jeff Fleck, Senior Vice President-Chief Supply Chain Officer for the Consumer Products Group, Georgia-Pacific, interview by Yossi Sheffi, June 15, 2020.

9. Sarah Nassauer, "Walmart Sales Surge as Coronavirus Drives Americans to Stockpile," *Wall Street Journal*, May 19, 2020, https://www. wsj. com/articles/walmart-sales-surge-as-coronavirus-drives-americans-to-stockpile-11589888464.

10. "Amazon Hiring on Once Again to Handle Pandemic's Online Shopping Surge," *Retail Customer Experience*, April 14, 2020, https://www. retailcustomerexperience. com/news/amazon-hiring-on-once-again-to-handle-pandemics-online-shopping-surge.

11. Annie Palmer, "Amazon Gives Front-Line Workers a $500 Coronavirus Bonus," *CNBC*, June 29, 2020, https://www. cnbc. com/2020/06/29/amazon-gives-front-line-workers-a-500-coronavirus-bonus. html.

12. Caroline Delbert, "With Few Willing to Fly, Airliners Are Transforming Into Cargo Planes," *Popular Mechanics*, March 24, 2020, https://www. popularmechanics. com/flight/airlines/a31914424/passenger-airliners-cargo-planes.

13. Meri Stevens, Worldwide Vice President, Consumer Health Supply Chain and Deliver, Johnson & Johnson, interview by Yossi Sheffi, June 4, 2020. (On the day of the interview, J&J announced that Stevens was also given the responsibility to run the company's consumer health supply chain.)

14. Ian Duncan, "Drug Industry Warns That Cuts to Passenger Airline Service Have Put Medical Supplies at Risk," *Washington Post*, May 2, 2020, https://www. washingtonpost. com/local/trafficandcommuting/drug-industry-warns-that-cuts-to-passenger-airline-service-has-put-medical-supplies-at-risk/2020/05/02/d34a7c96-83ff-11ea-ae26-989cfce1c7c7_story. html.

15. "Coronavirus & Shipping: Air Freight, Trucking & More," Freightos, accessed July 28, 2020, https://www. freightos. com/freight-resources/coronavirus-updates.

16. Heather Ostis, Vice President of Supply Chain, Delta Air Lines, interview by Yossi Sheffi, June 3, 2020.

17. Ostis.

18. James Graham, "Cargo Seat Bags for the Pax Cabin Launched," *Air Cargo Week*, April 7, 2020, https://www. aircargoweek. com/cargo-seat-bags-for-the-pax-cabin-launched.

19. Eric Kulisch, "Delta Air Lines Cabins to Go Naked," *FreightWaves*, August 14, 2020, https://www. freightwaves. com/news/exclusive-delta-air-lines-cabins-to-go-naked.

20. Thomas Pallini, "Air Canada Is Ripping Seats out of Aircraft across Its Fleet to Turn Them into Cargo Planes. See inside the New Boeing 777 and Dash 8-400 Temporary Conversions," *Business Insider*, April 28, 2020, https://www. businessinsider. com/coronavirus-air-canada-converting-three-boeing-777s-to-cargo-only-2020-4.

21. Kyunghee Park, "Korean Air Bucks Virus Challenges to Post Quarterly Profit," *Bloomberg*, August 6, 2020, https://www. bloomberg. com/news/articles/2020-08-06/korean-air-bucks-virus-challenges-to-post-quarterly-profit? sref = KgV4umfb.

22. Russell Redmann, "C&S Wholesale Grocers Partners with US Foods and Performance Food Group as

Coronavirus Disrupts Jobs," *Supermarket News*, March 24, 2020, https://www. supermarketnews. com/retail-financial/cs-wholesale-grocers-us-foods-partner-coronavirus-disrupts-jobs.

23. Redmann.

24. Mike Duffy, CEO, C&S Wholesale Grocers, interview by Yossi Sheffi, June 4, 2020.

25. "Frequently Asked Questions," Walmart Inc., accessed August 15, 2020, https://corporate. walmart. com/frequently-asked-questions.

26. Coral Murphy, "Walmart to Turn 160 Parking Lots into Drive-in Movie Theaters in August," *USA Today*, July 2, 2020, https://www. usatoday. com/story/money/2020/07/02/walmart-turn-160-parking-lots-into-drive-movie-theaters/5366693002.

27. Lauren Thomas, "Mall Owners Renting out Parking Lots during the Coronavirus Pandemic," *CNBC*, July 14, 2020, https://www. cnbc. com/2020/07/14/brookfield-other-us-mall-owners-rent-out-parking-lots-during-pandemic. html.

28. Tom Ryan, "Can Parking Lots Save the Mall?," *RetailWire* (blog), April 26, 2017, https://retailwire. com/discussion/can-parking-lots-save-the-mall.

29. Christina Jewett, Melissa Bailey, and Danielle Renwick, "Exclusive: Nearly 600 — And Counting — US Health Workers Have Died Of COVID-19," *Kaiser Health News*, June 6, 2020, https://khn. org/news/exclusive-investigation-nearly-600-and-counting-us-health-workers-have-died-of-covid-19.

30. Donald G. McNeil Jr., "Mask Hoarders May Raise Risk of a Coronavirus Outbreak in the U. S.," *New York Times*, January 29, 2020, https://www. nytimes. com/2020/01/29/health/coronavirus-masks-hoarding. html.

31. "Walmart (WMT) Earnings Call Transcript Q1 2020: Q1 FY2021 Earnings Release," Rev, accessed July 29, 2020, https://www. rev. com/blog/transcripts/walmart-wmt-earnings-call-transcript-q1-2020-q1-fy2021-earnings-release.

32. Robert Sherman, "Over 600 Distilleries, Big and Small, Now Making Hand Sanitizer during Coronavirus Outbreak," *Fox News*, April 9, 2020, https://www. foxnews. com/food-drink/distilleries-hand-sanitizer-coronavirus-hundreds.

33. Sherman.

34. Kacey Culliney, "COVID-19: LVMH Perfumes & Cosmetics to Produce Hydroalcoholic Gel for France," CosmeticsDesign-Europe, March 16, 2020, https://www. cosmeticsdesign-europe. com/Article/2020/03/16/LVMH-Perfumes-Cosmetics-producing-hydroalcoholic-gel-for-France-amid-COVID-19.

35. Thomas Parker, "880,000 Ventilators Needed to Meet Coronavirus Demand, Says Analyst," *NS Medical Devices*, March 25, 2020, https://www. nsmedicaldevices. com/analysis/coronavirus-ventilators-global-demand.

36. Dan Robinson, "Companies Helping to Plug Shortage of Ventilators and Other Medical Kit," *NS Medical Devices*, April 1, 2020, https://www. nsmedicaldevices. com/analysis/companies-ventilators-shortage-coronavirus.

37. Royal Philips N. V., "Philips Joins Forces with Flex and Jabil to Speed the Production of Hospital Ventilators," news release, April 14, 2020, https://www. philips. com/a-w/about/news/archive/standard/news/articles/2020/20200414-philips-joins-forces-with-flex-and-jabil-to-speed-the-production-

of-hospital-ventilators. html.

38. "Flex Ltd. Sets Goal of 30,000 Ventilators a Month," *Evertiq*, April 7, 2020, https://evertiq. com/news/48046.

39. Lynn Torrel, Chief Supply Chain and Procurement Officer, Flex, interview by Yossi Sheffi, June 1, 2020.

40. Vyaire Medical, "Vyaire Medical and Spirit AeroSystems Partner to Greatly Increase Ventilator Production in Response to COVID-19 Pandemic," news release, May 4, 2020, https://www. vyaire. com/news-events/vyaire-medical-and-spirit-aerosystems-partner-greatly-increase-ventilator-production.

41. Brad Templeton, "Car Companies Are Making Ventilators, But Ventilator Companies, Hackers And CPAP Companies Are Working Harder," *Forbes*, April 20, 2020, https://www. forbes. com/sites/bradtempleton/2020/04/20/car-companies-are-making-ventilators-but-ventilator-companies-hackers-and-cpap-companies-are-working-harder.

42. Mike Colias, "Detroit Auto Makers Near Finish Line in Covid-19 Ventilator Push," *Wall Street Journal*, August 15, 2020, https://www. wsj. com/articles/detroit-auto-makers-near-finish-line-in-covid-19-ventilator-push-11597489200.

43. Selina Hurley, "The Man Behind The Motor-William Morris And The Iron Lung," *Science Museum Blog*, March 7, 2013, https://blog. sciencemuseum. org. uk/the-man-behind-the-motor-william-morris-and-the-iron-lung.

44. David Chandler, "Inside MIT's Low-Cost Ventilator Project," *MIT Technology Review*, June 16, 2020, https://www. technologyreview. com/2020/06/16/1002980/inside-mits-low-cost-ventilator-project.

第二部分　与不确定性共存

1. Simon Farrant, Olivier Le Peuch, and Stephane Biguet, "Schlumberger First-Quarter 2020 Results Prepared Remarks," https://investorcenter. slb. com/static-files/62d4b006-39dd-464a-b3f5-ce913c079d93.

5　打地鼠式的恢复

1. Marc Santora, "Europe Braces for New Phase in Pandemic With Cases Surging," *New York Times*, August 21, 2020, https://www. nytimes. com/2020/08/21/world/europe/coronavirus-second-wave. html.

2. Heather Haddon, "McDonald's Sales Fall as Coronavirus Pandemic Changes Dining Habits," *Wall Street Journal*, April 30, 2020, https://www. wsj. com/articles/mcdonalds-sales-drop-6-11588248343.

3. Meri Stevens, Worldwide Vice President, Consumer Health Supply Chain and Deliver, Johnson & Johnson, interview by Yossi Sheffi, June 4, 2020.

4. Rob Stein, Carmel Wroth, and Alyson Hurt, "U. S. Coronavirus Testing Still Falls Short. How's Your State Doing?," *NPR*, May 7, 2020, https://www. npr. org/sections/health-shots/2020/05/07/851610771/u-s-coronavirus-testing-still-falls-short-hows-your-state-doing.

5. Christina Maxouris, "US Could Be in for 'a Bad Fall and a Bad Winter' If It's Unprepared for a Second Wave of Coronavirus, Fauci Warns," *CNN*, April 29, 2020, https://www. cnn. com/2020/04/29/health/us-coronavirus-wednesday/index. html.

6. Kristine A. Moore et al., "COVID-19: The CIDRAP Viewpoint" (Minneapolis: University of

Minnesota Center for Infectious Disease Research and Policy, April 30, 2020）, https://www. cidrap. umn. edu/sites/default/files/public/downloads/cidrap-covid19-viewpoint-part1_0. pdf.

7. Stacey L. Knobler et al. , The Story of Influenza, The Threat of Pandemic Influenza: Are We Ready? Workshop Summary（Washington, D. C.: National Academies Press, 2005）, https://www. ncbi. nlm. nih. gov/books/NBK22148.

8. Moore et al. , "COVID-19: The CIDRAP Viewpoint. "

9. James Hadfield et al. , "Narrative: August 2020 Update of COVID-19 Genomic Epidemiology," Organization（Nextstrain, August 14, 2020）, https://nextstrain. org/narratives/ncov/sit-rep/2020-08-14.

10. Yudith Ho and Claire Jiao, "Southeast Asia Detects Mutated Virus Strain Sweeping the World," *Bloomberg*, August 16, 2020, https://www. bloomberg. com/news/articles/2020-08-17/malaysia-detects-virus-strain-that-s-10-times-more-infectious? sref = KgV4umfb.

11. Jan Hoffman and Ruth Maclean, "Slowing the Coronavirus Is Speeding the Spread of Other Diseases," *New York Times*, June 14, 2020, https://www. nytimes. com/2020/06/14/health/coronavirus-vaccines-measles. html.

12. Hoffman and Maclean.

13. James Gallagher, "When Will the Coronavirus Outbreak End?," *BBC News*, March 23, 2020, https://www. bbc. com/news/health-51963486.

14. Gallagher.

15. Sharon Begley, "Covid-19's Future: Small Outbreaks, Monster Wave, or Ongoing Crisis," *STAT*, May 1, 2020, https://www. statnews. com/2020/05/01/three-potential-futures-for-covid-19.

16. Gallagher, "When Will the Coronavirus Outbreak End?"

17. "Draft Landscape of COVID-19 Candidate Vaccines"（Geneva: World Health Organization, August 13, 2020）, https://www. who. int/publications/m/item/draft-landscape-of-covid-19-candidate-vaccines.

18. Tung Thanh Le et al. , "The COVID-19 Vaccine Development Landscape," *Nature Reviews Drug Discovery* 19（April 9, 2020）: 305 – 306, https://doi. org/10. 1038/d41573-020-00073-5.

19. Tyler Clifford, "Developing a Vaccine Takes 10 Years. Sanofi Seeks to Do so within 18 Months," *CNBC*, March 27, 2020, https://www. cnbc. com/2020/03/27/vaccine-development-takes-10-years-sanofi-seeks-to-do-so-in-18-months. html.

20. Matt Simon, "Why Creating a Covid-19 Vaccine Is Taking So Long," *Wired*, May 20, 2020, https://www. wired. com/story/why-creating-a-covid-19-vaccine-is-taking-so-long.

21. Associated Press, "Only Half of Americans Would Get a COVID-19 Vaccine, Poll Shows," *CBS News*, May 27, 2020, https://www. cbsnews. com/news/coronavirus-vaccine-half-americans-would-get.

22. Nils Karlson, Charlotta Stern, and Daniel B. Klein, "Sweden's Coronavirus Strategy Will Soon Be the World's," *Foreign Affairs*, May 12, 2020, https://www. foreignaffairs. com/articles/sweden/2020-05-12/swedens-coronavirus-strategy-will-soon-be-worlds.

23. Bojan Pancevski, "Coronavirus Is Taking a High Toll on Sweden's Elderly. Families Blame the Government," *Wall Street Journal*, June 18, 2020, https://www. wsj. com/articles/coronavirus-is-taking-a-high-toll-on-swedens-elderly-families-blame-the-government-11592479430.

24. Gallagher, "When Will the Coronavirus Outbreak End?"

25. Antonio Regalado, "What If Immunity to Covid-19 Doesn't Last?," *MIT Technology Review*, April 27, 2020, https://www. technologyreview. com/2020/04/27/1000569/how-long-are-people-immune-to-covid-19.

26. Sergio Correia, Stephan Luck, and Emil Verner, "Pandemics Depress the Economy, Public Health Interventions Do Not: Evidence from the 1918 Flu," pre-print available at SSRN, June 5, 2020, https://doi. org/10. 2139/ssrn. 3561560.

27. Chris Isidorre, "A Flood of Corporate Debt Could Make the Economic Recovery More Difficult," *CNN*, April 25, 2020, https://www. cnn. com/2020/04/25/economy/corporate-debt/index. html.

28. "Corporate Bonds and Loans Are at the Centre of a New Financial Scare," *Economist*, March 12, 2020, https://www. economist. com/finance-and-economics/2020/03/12/corporate-bonds-and-loans-are-at-the-centre-of-a-new-financial-scare.

29. Matthew Fox, "Delinquent Mortgages Spike to the Highest Level in 21 Years as COVID-19 Stress Freezes Payments," *Business Insider*, July 17, 2020, https://markets. businessinsider. com/news/stocks/delinquent-mortgages-spike-covid19-stress-freezes-payments-past-due-coronavirus-2020-7-1029405332.

30. Cortney Moore, "Coronavirus Made 40% of Major Retailers Skip May Rent Payments," *Fox Business*, June 8, 2020, https://www. foxbusiness. com/money/coronavirus-retailers-skip-may-rent-payments.

31. Heather Long, "The next Big Problem: Businesses Can't or Won't Pay Their Rent. It's Setting off a Dangerous Chain Reaction," *Washington Post*, June 4, 2020, https://www. washingtonpost. com/business/2020/06/03/next-big-problem-businesses-cant-or-wont-pay-their-rent-its-setting-off-dangerous-chain-reaction.

32. Andrew Soergel and Shelbi Austin, "The 10 Countries With the Most Debt," *U. S. News & World Report*, December 19, 2019, https://www. usnews. com/news/best-countries/slideshows/top-10-countries-with-the-heaviest-burden-of-debt.

33. "How Deep Will Downturns in Rich Countries Be?," *Economist*, April 16, 2020, https://www. economist. com/finance-and-economics/2020/04/16/how-deep-will-downturns-in-rich-countries-be.

34. Emily Badger and Quoctrung Bui, "The Recession Is About to Slam Cities. Not Just the Blue-State Ones," *The Upshot* (blog), *New York Times*, August 17, 2020, https://www. nytimes. com/2020/08/17/upshot/pandemic-recession-cities-fiscal-shortfall. html.

35. Carmen Reinhart and Vincent Reinhart, "The Pandemic Depression," *Foreign Affairs*, August 6, 2020, https://www. foreignaffairs. com/articles/united-states/2020-08-06/coronavirus-depression-global-economy.

36. Carmen M. Reinhart and Kenneth S. Rogoff, "Recovery from Financial Crises: Evidence from 100 Episodes," working paper, NBER Working Paper Series no. 19823 (Cambridge, Mass. : National Bureau of Economic Research, January 2014), https://www. nber. org/papers/w19823. pdf.

37. Federico Caniato, Antonella Moretto, and James B. Rice Jr. , "A Financial Crisis Is Looming for Smaller Suppliers," *Harvard Business Review*, August 6, 2020, https://hbr. org/2020/08/a-financial-crisis-is-looming-for-smaller-suppliers.

38. "A Crisis Like No Other, An Uncertain Recovery," *World Economic Outlook Update* (Washington, D.

C. : Interrnational Monetary Fund, June 2020）, https: //www. imf. org/en/Publications/WEO/Issues/2020/06/24/WEOUpdateJune2020.

39. "Defund Police, Watch Crime Return," editorial, *Wall Street Journal*, June 8, 2020, https: //www. wsj. com/articles/defund-police-watch-crime-return-11591658454.

40. "How CEOs See Today's Coronavirus World," *Wall Street Journal*, June 11, 2020, https: //www. wsj. com/articles/how-ceos-see-todays-coronavirus-world-11587720600.

41. Ed Yong, "America's Patchwork Pandemic Is Fraying Even Further," *Atlantic*, May 20, 2020, https: //www. theatlantic. com/health/archive/2020/05/patchwork-pandemic-states-reopening-inequalities/611866.

42. Yossi Sheffi, "Are You Prepared to Manage a Whack-A-Mole Recovery?," *LinkedIn Influencer* (blog), April 24, 2020, https: //www. linkedin. com/pulse/you-prepared-manage-whack-a-mole-recovery-yossi-sheffi.

43. Will Douglas Heaven, "Our Weird Behavior during the Pandemic Is Messing with AI Models," *MIT Technology Review*, May 11, 2020, https: //www. technologyreview. com/2020/05/11/1001563/covid-pandemic-broken-ai-machine-learning-amazon-retail-fraud-humans-in-the-loop.

44. "Dana Incorporated (DAN) Q1 2020 Earnings Call Transcript," The Motley Fool, April 30, 2020, https: //www. fool. com/earnings/call-transcripts/2020/04/30/dana-incorporated-dan-q1-2020-earnings-call-transc. aspx.

45. "Aptiv PLC (APTV) Q1 2020 Earnings Call Transcript," The Motley Fool, May 5, 2020, https: //www. fool. com/earnings/call-transcripts/2020/05/05/aptiv-plc-aptv-q1-2020-earnings-call-transcript. aspx.

46. "How CEOs See Today's Coronavirus World."

47. Mike Bird, "The Coronavirus Savings Glut," *Wall Street Journal*, June 23, 2020, https: //www. wsj. com/articles/the-coronavirus-savings-glut-11592905053.

48. Oscar Jorda, Sanjay R. Singh, and Alan M. Taylor, "Longer-Run Economic Consequences of Pandemics," working paper (Federal Reserve Bank of San Francisco, June 30, 2020), https: //www. frbsf. org/economic-research/publications/working-papers/2020/09.

6 应对持续中断

1. "Honeywell International Inc. (NYSE: HON) Q1 2020 Earnings Call Transcript," AlphaStreet, May 1, 2020, https: //news. alphastreet. com/honeywell-international-inc-nyse-hon-q1-2020-earnings-call-transcript.

2. Simon Farrant, Olivier Le Peuch, and Stephane Biguet, "Schlumberger First-Quarter 2020 Results Prepared Remarks," https: //investorcenter. slb. com/static-files/62d4b006-39dd-464a-b3f5-ce913c079d93.

3. Sarah O'Brien, "Dividend Cuts May Mean Rethinking Your Retirement Income Strategy," *CNBC*, July 16, 2020, https: //www. cnbc. com/2020/07/16/dividend-cuts-may-mean-rethinking-your-retirement-income-strategy. html.

4. Heather Long and Andrew Van Dam, "Pay Cuts Are Becoming a Defining Feature of the Coronavirus Recession," *Washington Post*, July 1, 2020, https: //www. washingtonpost. com/business/2020/07/01/pay-cut-economy-coronavirus.

5. Kelly Yamanouchi,"Delta Cuts 70% of Flights,10,000 Employees to Take Unpaid Leave,"*Atlanta Airport Blog*,*Atlanta Journal-Constitution*,March 18,2020,https://www. ajc. com/blog/airport/more-than-000-delta-air-lines-employees-take-unpaid-leave/czzGXjjvfv8GQhDSzV4mIP.

6. "How CEOs See Today's Coronavirus World,"*Wall Street Journal*,June 11,2020,https://www. wsj. com/articles/how-ceos-see-todays-coronavirus-world-11587720600.

7. Mike Colias,"In Detroit,Scramble for Cash Upends High-Profile Vehicle Rollouts,"*Wall Street Journal*,May 6,2020,https://www. wsj. com/articles/general-motors-posts-profit-on-strong-trucks-sales-11588767852.

8. Ben Foldy and Mike Colias, "Auto Makers' Reopening Complicated by Worker Absences Amid Covid Cases,"*Wall Street Journal*,June 13,2020,https://www. wsj. com/articles/auto-makers-reopening-complicated-by-worker-absences-amid-covid-cases-11592074008.

9. Colias,"In Detroit,Scramble for Cash Upends High-Profile Vehicle Rollouts. "

10. Adam Hayes and Margaret James,"Cash Conversion Cycle(CCC)Definition,"Investopedia,April 12,2020,https://www. investopedia. com/terms/c/cashconversioncycle. asp.

11. Federico Caniato,Antonella Moretto,and James B. Rice Jr. ,"A Financial Crisis Is Looming for Smaller Suppliers,"*Harvard Business Review*,August 6,2020,https://hbr. org/2020/08/a-financial-crisis-is-looming-for-smaller-suppliers.

12. Lynn Torrel,Chief Supply Chain and Procurement Officer,Flex,interview by Yossi Sheffi,June 1,2020.

13. Olaf Schatteman,Drew Woodhouse,and Joe Terino, "Supply Chain Lessons from Covid-19: Time to Refocus on Resilience"(Sydney: Bain & Company,April 27,2020),https://www. bain. com/insights/supply-chain-lessons-from-covid-19.

14. Daniel Biran,Vice President,Security,Biogen,interview by Yossi Sheffi,June 26,2020.

15. Torrel,Chief Supply Chain and Procurement Officer,Flex.

16. Mike Duffy,CEO,C&S Wholesale Grocers,interview by Yossi Sheffi,June 4,2020.

17. Yossi Sheffi,*The Power of Resilience: How the Best Companies Manage the Unexpected*(Cambridge,Mass. : MIT Press,2015),64,https://mitpress. mit. edu/books/power-resilience.

18. Ralph Keyes,*The Quote Verifier: Who Said What,Where,and When*(New York: St. Martin's Griffin,2006),165 – 166,https://ralphkeyes. com/book/quote-verifier.

19. Yossi Sheffi, *The Resilient Enterprise: Overcoming Vulnerability for Competitive Advantage*(Cambridge,Mass. : MIT Press,2005),348,https://mitpress. mit. edu/books/resilient-enterprise.

20. Evan Ramstad,"For General Mills,Outbreak Spurred a Run on Its Products and Rush in Its Factories,"*Star Tribune*(Minneapolis),May 3,2020,https://www. startribune. com/for-general-mills-outbreak-spurred-a-run-on-its-products-and-rush-in-its-factories/570162402.

21. Dave Wheeler,Chief Operating Officer,New Balance,interview by Yossi Sheffi,May 27,2020.

22. Jonathan Tilley,"Analysis: Malaysia Airlines' Mishandled Response to the MH370 Crisis,"*PRWeek*,March 21, 2014, http://www. prweek. com/article/1286333/analysis-malaysia-airlines-mishandled-response-mh370-crisis? utm_source = website&utm_medium = social.

23. Ramstad,"For General Mills,Outbreak Spurred a Run on Its Products and Rush in Its Factories. "

7 管理打地鼠式的供应波动

1. Mayra Rodriguez Valladares, " U. S. Corporate Debt Continues To Rise As Do Problem Leveraged

Loans," *Forbes*, June 25, 2019, https://www. forbes. com/sites/mayrarodriguezvalladares/2019/07/25/u-s-corporate-debt-continues-to-rise-as-do-problem-leveraged-loans/#7a45d17d3596.

2. "Honeywell International Inc. (NYSE: HON) Q1 2020 Earnings Call Transcript," AlphaStreet, May 1, 2020, https://news. alphastreet. com/honeywell-international-inc-nyse-hon-q1-2020-earnings-call-transcript.

3. Yossi Sheffi, *The Resilient Enterprise: Overcoming Vulnerability for Competitive Advantage* (Cambridge, Mass.: MIT Press, 2005), https://mitpress. mit. edu/books/resilient-enterprise.

4. Yossi Sheffi, *The Power of Resilience: How the Best Companies Manage the Unexpected* (Cambridge, Mass.: MIT Press, 2015), https://mitpress. mit. edu/books/power-resilience.

5. Yossi Sheffi, "A Quake Breaks a Supply Chain," in *The Power of Resilience: How the Best Companies Manage the Unexpected* (Cambridge, Mass.: MIT Press, 2015), 1 – 26, https://mitpress. mit. edu/books/power-resilience.

6. Sheffi, Power of Resilience, 97.

7. Bindiya Vakil, CEO, Resilinc, interview by Sheffi Yossi, June 11, 2020.

8. Ravi Anupindi, "Supply Chain Risk Management at Cisco: Response to H1N1" (Ann Arbor, Mich.: WDI Publishing, July 17, 2012), https://wdi-publishing. com/product/supply-chain-risk-management-at-cisco-response-to-h1n1.

9. Vakil, CEO, Resilinc.

10. "How to Rebound Stronger from COVID-19: Resilience in Manufacturing and Supply Systems" (World Economic Forum, May 1, 2020), https://www. weforum. org/whitepapers/how-to-rebound-stronger-from-covid-19-resilience-in-manufacturing-and-supply-systems.

11. Tim Ryan et al., "PwC's COVID-19 CFO Pulse Survey" (PricewaterhouseCoopers, April 27, 2020), https://www. pwc. com/us/en/library/covid-19/pwc-covid-19-cfo-pulse-survey-4. html.

12. Sheffi, *Power of Resilience*, 97 – 99.

13. Yossi Sheffi, *Logistics Clusters: Delivering Value and Driving Growth* (Cambridge, Mass.: MIT Press, 2012), https://mitpress. mit. edu/books/logistics-clusters.

14. Michael E. Porter, "Clusters and the New Economics of Competition," *Harvard Business Review*, December 1998, https://hbr. org/1998/11/clusters-and-the-new-economics-of-competition.

15. Dina Gerdeman, "How the Coronavirus Is Already Rewriting the Future of Business," *Harvard Business School Working Knowledge*, March 16, 2020, http://hbswk. hbs. edu/item/how-the-coronavirus-is-already-rewriting-the-future-of-business.

16. Ryan et al., "PwC's COVID-19 CFO Pulse Survey."

17. Kate Connolly, "Meat Plant Must Be Held to Account for Covid-19 Outbreak, Says German Minister," *Guardian* (Manchester), June 22, 2020, https://www. theguardian. com/world/2020/jun/22/meat-plant-must-be-held-to-account-covid-19-outbreak-germany.

18. Sheffi, *Power of Resilience*, 129.

19. Rachel Jewett, "Lockheed Martin to Advance $ 50M to Supply Chain Businesses in COVID-19 Response," *Via Satellite*, March 27, 2020, https://www. satellitetoday. com/business/2020/03/27/lockheed-martin-to-advance-50m-to-supply-chain-businesses-in-covid-19-response.

20. Vodafone Group, "Vodafone Launches Five-Point Plan to Help Counter the Impacts of the COVID-19 Outbreak," news release, March 18, 2020, https://www.vodafone.com/news-and-media/vodafone-group-releases/news/vodafone-launches-five-point-plan-to-help-counter-the-impacts-of-the-covid-19-outbreak.

21. World Economic Forum, "How to Rebound Stronger from COVID-19."

22. Evan Ramstad, "For General Mills, Outbreak Spurred a Run on Its Products and Rush in Its Factories," *Star Tribune* (Minneapolis), May 3, 2020, https://www.startribune.com/for-general-mills-outbreak-spurred-a-run-on-its-products-and-rush-in-its-factories/570162402.

23. Micah Maidenberg, "Fewer Products, Localized Production—Companies Seek Supply-Chain Solutions," *Wall Street Journal*, April 26, 2020, https://www.wsj.com/articles/coronavirus-disrupted-supply-chains-that-companies-are-still-fixing-11587893401.

24. The National Personal Protective Technology Laboratory, "Counterfeit Respirators / Misrepresentation of NIOSH-Approval," Centers for Disease Control and Prevention, August 7, 2020, https://www.cdc.gov/niosh/npptl/usernotices/counterfeitResp.html.

8 应对打地鼠式的需求波动

1. "Amazon (AMZN) Q1 2020 Earnings Call Transcript," Rev, May 1, 2020, https://www.rev.com/blog/transcripts/amazon-amzn-q1-2020-earnings-call-transcript.

2. Mike Robuck, "Report: Despite Covid-19 Disruption in 2020, Data Center Capex Poised to Hit More than $200B over next Five Years," Fierce Telecom (blog), July 24, 2020, https://www.fiercetelecom.com/telecom/report-despite-covid-19-disruption-2020-data-center-capex-poised-to-hit-more-than-200b-over.

3. Alicia Wallace, "Walmart CEO Says We're in the 'Hair Color' Phase of Panic Buying," *CNN Business*, April 11, 2020, https://www.cnn.com/2020/04/11/business/panic-buying-walmart-hair-color-coronavirus/index.html.

4. Michael Raeford, "Walmart Handles More than 1 Million Customer Transactions Every Hour, Which Is Imported into Databases Estimated to Contain More than 2.5 Petabytes of Data," GrabStats, accessed August 10, 2020, http://www.grabstats.com/stats/2036.

5. "Google Trends," Google Trends, accessed August 10, 2020, https://trends.google.com/trends/?geo=US.

6. Alyssa Fowers, "Last Year, We Searched Google for How to Tie a Tie. Now We're Using It to Find Toilet Paper," *Washington Post*, April 17, 2020, https://www.washingtonpost.com/business/2020/04/17/last-year-we-searched-google-how-tie-tie-now-were-using-it-find-toilet-paper.

7. Will Douglas Heaven, "Our Weird Behavior during the Pandemic Is Messing with AI Models," *MIT Technology Review*, May 11, 2020, https://www.technologyreview.com/2020/05/11/1001563/covid-pandemic-broken-ai-machine-learning-amazon-retail-fraud-humans-in-the-loop.

8. Martin Reeves et al., "How Chinese Companies Have Responded to Coronavirus," *Harvard Business Review*, March 10, 2020, https://hbr.org/2020/03/how-chinese-companies-have-responded-to-coronavirus.

9. Yossi Sheffi, "Reducing the White-Space," in *The Power of Resilience: How the Best Companies Manage the Unexpected* (Cambridge, Mass.: MIT Press, 2015), 53–78, https://mitpress.mit.edu/books/power-resilience.

10. Micah Maidenberg, "Fewer Products, Localized Production—Companies Seek Supply-Chain Solutions," *Wall Street Journal*, April 26, 2020, https://www. wsj. com/articles/coronavirus-disrupted-supply-chains-that-companies-are-still-fixing-11587893401.

11. Evan Ramstad, "For General Mills, Outbreak Spurred a Run on Its Products and Rush in Its Factories," *Star Tribune* (Minneapolis), May 3, 2020, https://www. startribune. com/for-general-mills-outbreak-spurred-a-run-on-its-products-and-rush-in-its-factories/570162402.

12. Mike Duffy, CEO, C&S Wholesale Grocers, interview by Yossi Sheffi, June 4, 2020.

13. Heather Zenk, "How Do Allocations Work for the Pharma Supply Chain?," AmerisourceBergen, April 16, 2020, https://www. amerisourcebergen. com/insights/how-do-allocations-work-for-the-pharma-supply-chain.

14. Jason Aten, "Amazon Says It Will Prioritize Essentials and Stop All Shipments of Other Products to Its Warehouses," *Inc.*, March 18, 2020, https://www. inc com/jason-aten/amazon-says-it-will-prioritize-essentials-stop-all-shipments-of-other-products-to-its-warehouses. html.

15. Michael Bartiromo, "Danish Market Creatively Prices Hand Sanitizer to Discourage Coronavirus Hoarding," *Fox News*, March 23, 2020, https://www. foxnews. com/lifestyle/danish-market-prices-hand-sanitizer-coronavirus-hoarding.

16. "Auctions," Federal Communications Commission, accessed August 10, 2020, https://www. fcc. gov/auctions.

17. Nick McKenzie and Anthony Galloway, "Coronavirus: Former CCP General Accused of COVID-19 Mask Mark-Ups," *Sydney Morning Herald*, April 1, 2020, https://www. smh. com. au/national/profiting-from-a-pandemic-former-chinese-officer-accused-of-huge-covid-19-mark-ups-20200401-p54g4h. html.

18. Suhauna Hussain, "EBay Bans Sales of Masks and Hand Sanitizer in Response to Coronavirus Price Gouging," *Los Angeles Times*, March 6, 2020, https://www. latimes. com/business/technology/story/2020-03-06/ebay-bans-n95-masks-hand-sanitizer-coronavirus-price-gouging.

19. Larry Olmsted, "Whiskey Or Water? Marketing Nightmare As Bourbon Fans Incensed Over Choice," *Forbes*, February 14, 2013, https://www. forbes. com/sites/larryolmsted/2013/02/14/whiskey-or-water-marketing-nightmare-as-bourbon-fans-incensed-over-choice/#2cfd9ae277fa.

20. Associated Press, "Whiskey Lovers Cheer as Maker's Mark Restores Proof," *CBS News*, February 17, 2013, https://www. cbsnews. com/news/whiskey-lovers-cheer-as-makers-mark-restores-proof.

21. Yossi Sheffi, "Who Gets What When Supply Chains Are Disrupted?," *MIT Sloan Management Review*, May 27, 2020, https://sloanreview. mit. edu/article/who-gets-what-when-supply-chains-are-disrupted.

22. Sheffi, "Who Gets What When Supply Chains Are Disrupted?"

9 更多业务弹性规划和测试

1. "Ford Motor Co. (F) Q1 2020 Earnings Call Transcript," The Motley Fool, April 28, 2020, https://www. fool. com/earnings/call-transcripts/2020/04/28/ford-motor-co-f-q1-2020-earnings-call-transcript. aspx.

2. Matt Apuzzo, Selam Gebrekidan, and David D. Kirkpatrick, "How the World Missed Covid-19's Silent Spread," *New York Times*, June 27, 2020, sec. World, https://www. nytimes. com/2020/06/27/world/europe/coronavirus-spread-asymptomatic. html.

3. Christopher Chadwick, The next flu pandemic: a matter of 'when', not 'if,' interview by World Health Organization Regional Office for the Eastern Mediterranean, February 2019, http://www. emro. who. int/pandemic-epidemic-diseases/news/the-next-flu-pandemic-a-matter-of-when-not-if. html.

4. Ralf Busche, Senior Vice President, Global Supply Chain Strategy & Management, BASF Group, interview by Yossi Sheffi, June 8, 2020.

5. Shardul Phadnis, Chris Caplice, and Yossi Sheffi, "How Scenario Planning Influences Strategic Decisions," *MIT Sloan Management Review*, June 2016, http://sloanreview. mit. edu/article/how-scenario-planning-influences-strategic-decisions.

6. Phadnis, Caplice, and Sheffi.

7. "Kimberly-Clark Corp. (KMB) Q1 2020 Earnings Call Transcript," The Motley Fool, April 22, 2020, https://www. fool. com/earnings/call-transcripts/2020/04/22/kimberly-clark-corp-kmb-q1-2020-earnings-call-tran. aspx.

8. "How to Rebound Stronger from COVID-19: Resilience in Manufacturing and Supply Systems" (World Economic Forum, May 1, 2020), https://www. weforum. org/whitepapers/how-to-rebound-stronger-from-covid-19-resilience-in-manufacturing-and-supply-systems.

9. "Ludwigshafen Site Strong in the Verbund" (Ludwigshafen am Rhein, Germany: BASF SE), accessed August 10, 2020, https://www. basf. com/global/de/documents/Ludwigshafen/2020 _ site _ brochure _ Ludwigshafen_EN. pdf.

10. "Verbund," BASF SE, accessed August 10, 2020, https://www. basf. com/us/en/who-we-are/strategy/verbund. html.

11. Busche, Senior Vice President, Global Supply Chain Strategy & Management, BASF Group.

12. Stefan Brüggemann et al. , "Support of Strategic Business Decisions at BASF's Largest Integrated Production Site Based on Site-Wide Verbund Simulation," ed. Bertrand Braunschweig and Xavier Joulia, *Computer Aided Chemical Engineering* 25 (2008): 925 – 930, https://doi. org/10. 1016/S1570-7946(08)80160-5.

13. Jon Brodkin, "Netflix Attacks Own Network with 'Chaos Monkey'—and Now You Can Too," *Ars Technica*, July 30, 2012, https://arstechnica. com/information-technology/2012/07/netflix-attacks-own-network-with-chaos-monkey-and-now-you-can-too.

14. Lorin Hochstein and Casey Rosenthal, "Netflix Chaos Monkey Upgraded," *Netflix Technology Blog*, Medium, March 24, 2018, https://netflixtechblog. com/netflix-chaos-monkey-upgraded-1d679429be5d.

15. "Principles of Chaos Engineering," Principles of Chaos Engineering, May 2018, http://principlesofchaos. org.

16. "Red Team vs Blue Team," *EC-Council Blog*, June 15, 2019, https://blog. eccouncil. org/red-team-vs-blue-team.

第三部分　必要调整

1. "How CEOs See Today's Coronavirus World," *Wall Street Journal*, June 11, 2020, https://www. wsj. com/articles/how-ceos-see-todays-coronavirus-world-11587720600.

2. Thomson Reuters, "Q1 2020 AT&T Inc Earnings Call," 2020, https://investors. att. com/ ~ /media/Files/

A/ATT-IR/financial-reports/quarterly-earnings/2020/Final%201Q20%20earnings%20transcript. pdf.

3. "United Parcel Service Inc. (UPS) Q1 2020 Earnings Call Transcript," The Motley Fool, April 28, 2020, https://www. fool. com/earnings/call-transcripts/2020/04/28/united-parcel-service-inc-ups-q1-2020-earnings-cal. aspx.

4. Evan Ramstad, "For General Mills, Outbreak Spurred a Run on Its Products and Rush in Its Factories," *Star Tribune* (Minneapolis), May 3, 2020, https://www. startribune. com/for-general-mills-outbreak-spurred-a-run-on-its-products-and-rush-in-its-factories/570162402.

10 创建安全区

1. Emily Badger and Alicia Parlapiano, "Government Orders Alone Didn't Close the Economy. They Probably Can't Reopen It," The Upshot (blog), *New York Times*, May 7, 2020, https://www. nytimes. com/2020/05/07/upshot/pandemic-economy-government-orders. html.

2. Austan Goolsbee and Chad Syverson, "Fear, Lockdown, and Diversion: Comparing Drivers of Pandemic Economic Decline 2020," working paper (Becker Friedman Institute for Economics at the University of Chicago, June 2020), https://bfi. uchicago. edu/wp-content/uploads/BFI_WP_202080v2. pdf.

3. John Maynard Keynes, *The General Theory of Employment, Interest and Money* (London: Macmillan, 1936), 161 – 162.

4. William Wan and Carolyn Y. Johnson, "Coronavirus May Never Go Away, Even with a Vaccine," *Washington Post*, May 27, 2020, https://www. washingtonpost. com/health/2020/05/27/coronavirus-endemic.

5. "Sharing What We've Learned: A Blueprint for Businesses" (The Kroger Co. , July 15, 2020), https://www. thekrogerco. com/wp-content/uploads/2020/04/Krogers-Blueprint-for-Businesses. pdf.

6. Christina Prignano, "Read the Safety Standards Workplaces Must Implement Once They're Allowed to Reopen," *Boston Globe*, May 11, 2020, https://www. bostonglobe. com/2020/05/11/metro/read-safety-standards-workplaces-must-implement-before-reopening.

7. "How CEOs See Today's Coronavirus World," *Wall Street Journal*, June 11, 2020, https://www. wsj. com/articles/how-ceos-see-todays-coronavirus-world-11587720600.

8. Polly J. Price, "How a Fragmented Country Fights a Pandemic," *Atlantic*, March 19, 2020, https://www. theatlantic. com/ideas/archive/2020/03/how-fragmented-country-fights-pandemic/608284.

9. Nina Strochlic and Riley Champine, "How Some Cities 'Flattened the Curve' during the 1918 Flu Pandemic," *National Geographic*, March 27, 2020, https://www. nationalgeographic. com/history/2020/03/how-cities-flattened-curve-1918-spanish-flu-pandemic-coronavirus.

10. Grace Hauck and Jorge L. Ortiz, "Coronavirus in the US: How All 50 States Are Responding and Why Eight Still Refuse to Issue Stay-at-Home Orders," *USA Today*, March 30, 2020, https://www. usatoday. com/story/news/nation/2020/03/30/coronavirus-stay-home-shelter-in-place-orders-by-state/5092413002.

11. Brian Welk and Samson Amore, "GameStop Says Work From Home Products-Not Just Video Games-Makes Them 'Essential Retail,'" *Yahoo Entertainment*, March 20, 2020, https://www. yahoo. com/entertainment/gamestop-stores-stay-open-amid-221944632. html? guccounter = 15.

12. "City of Atlanta Coronavirus Disease 2019 (COVID-19) Response," City of Atlanta, accessed August 11, 2020, https://www. atlantaga. gov/government/mayor-s-office/city-of-atlanta-covid-19-response.

13. Ana L. P. Mateus et al. , " Effectiveness of Travel Restrictions in the Rapid Containment of Human Influenza: A Systematic Review, " *Bulletin of the World Health Organization* 92 (September 24, 2014): 868 – 880D, https://doi. org/10. 2471/BLT. 14. 135590.

14. Mona O'Brien and Samuel Cohn, " Contact Tracing: How Physicians Used It 500 Years Ago to Control the Bubonic Plague, " *The Conversation*, June 3, 2020, http://theconversation. com/contact-tracing-how-physicians-used-it-500-years-ago-to-control-the-bubonic-plague-139248.

15. Mark Zastrow, " Coronavirus Contact-Tracing Apps: Can They Slow the Spread of COVID-19?" *Nature*, May 19, 2020, https://www. nature. com/articles/d41586-020-01514-2.

16. Zastrow.

17. Kelly Servick, " COVID-19 Contact Tracing Apps Are Coming to a Phone near You. How Will We Know Whether They Work?, " *Science*, May 21, 2020, https://www. sciencemag. org/news/2020/05/countries-around-world-are-rolling-out-contact-tracing-apps-contain-coronavirus-how.

18. Heesu Lee, " These Elite Contact Tracers Show the World How to Beat Covid-19, " *BloombergQuint*, July 26, 2020, https://www. bloombergquint. com/coronavirus-outbreak/these-elite-contact-tracers-show-the-world-how-to-beat-covid-19.

19. Zastrow, " Coronavirus Contact-Tracing Apps. "

20. Russell Brandom, " Answering the 12 Biggest Questions about Apple and Google's New Coronavirus Tracking Project, " *The Verge*, April 11, 2020, https://www. theverge. com/2020/4/11/21216803/apple-google-coronavirus-tracking-app-covid-bluetooth-secure.

21. Sara Morrison, " Perhaps Months Too Late, a Covid-19 Contact Tracing App Comes to America, " *Vox*, August 6, 2020, https://www. vox. com/recode/2020/8/6/21357098/apple-google-exposure-notification-virginia-contact-tracing.

22. Alison Sider and Michelle Hackman, " TSA Preparing to Check Passenger Temperatures at Airports Amid Coronavirus Concerns, " *Wall Street Journal*, May 16, 2020, https://www. wsj. com/articles/tsa-preparing-to-check-passenger-temperatures-11589579570.

23. " General Motors Co. (GM) Q1 2020 Earnings Call Transcript, " The Motley Fool, May 6, 2020, https://www. fool. com/earnings/call-transcripts/2020/05/06/general-motors-co-gm-q1-2020-earnings-call-transcr. aspx.

24. Nicole Jawerth, " How Is the COVID-19 Virus Detected Using Real Time RT-PCR?, " International Atomic Energy Agency, March 27, 2020, https://www. iaea. org/newscenter/news/how-is-the-covid-19-virus-detected-using-real-time-rt-pcr.

25. Kay Lazar, " Do-It-Yourself Coronavirus Testing Sparks Kudos, and Caution, " Boston Globe, August 22, 2020, https://www. bostonglobe. com/2020/08/22/metro/do-it-yourself-coronavirus-testing-sparks-kudos-caution/? s_campaign = breakingnews: newsletter.

26. " Health Pass, " CLEAR, accessed August 11, 2020, https://www. clearme. com/healthpass.

27. A. Wilder-Smith and D. R. Hill, " International Certificate of Vaccination or Prophylaxis, " *Lancet* 370, no. 9587 (August 18, 2007): 565, https://doi. org/10. 1016/S0140-6736(07)61291-4.

28. " 'Immunity Passports' in the Context of COVID-19 " (Geneva: World Health Organization, April 24, 2020), https://www. who. int/news-room/commentaries/detail/immunity-passports-in-the-context-of-covid-19.

29. " COVID-19 Pandemic Planning Scenarios " (Centers for Disease Control and Prevention, July 10,

2020），https://www. cdc. gov/coronavirus/2019-ncov/hcp/planning-scenarios. html.

30. Marija Zivanovic-Smith, Senior Vice President, Corporate Marketing, Communications, and External Affairs of NCR, interview by Yossi Sheffi, May 26,2020.

31. Zivanovic-Smith.

32. Stefan Lazarevic, General Manager, NCR Serbia & EMEA External Affairs Director, interview by Yossi Sheffi, May 26,2020.

33. Alex Williams, "The Drones Were Ready for This Moment," *New York Times*, May 23,2020, https://www. nytimes. com/2020/05/23/style/drones-coronavirus. html.

34. Jennifer Nalewicki, "Singapore Is Using a Robotic Dog to Enforce Proper Social Distancing During COVID-19," *Smithsonian Magazine*, May 21, 2020, https://www. smithsonianmag. com/smart-news/singapore-using-robotic-dog-enforce-proper-social-distancing-during-covid-19-180974912.

35. Annie Palmer, "Amazon Is Testing a Wearable Device That Lights up and Beeps When Warehouse Workers Get Too Close to Each Other," *CNBC*, June 16,2020, https://www. cnbc. com/2020/06/16/amazon-tests-wearable-social-distancing-device-for-warehouse-workers. html.

36. Allison Aubrey, "No-Touch Greetings Take Off: People Are Getting Creative About Saying ' Hi, '" *NPR*, March 15,2020, https://www. npr. org/sections/health-shots/2020/03/15/814540484/no-touch-greetings-take-off-people-are-getting-creative-about-saying-hi.

37. "Google Search: Gadgets for Contactless World," Google, accessed August 11, 2020, https://www. google. com/search? source = univ&tbm = isch&q = gadgets + for + contactless + world.

38. "How to Rebound Stronger from COVID-19: Resilience in Manufacturing and Supply Systems" (World Economic Forum, May 1, 2020), https://www. weforum. org/whitepapers/how-to-rebound-stronger-from-covid-19-resilience-in-manufacturing-and-supply-systems.

39. Nancy Cleeland, "Masks On? What Employers Need to Know About Face Coverings at Work," Society for Human Resource Management, June 15,2020, https://www. shrm. org/resourcesandtools/hr-topics/employee-relations/pages/face-masks. aspx.

40. "Legal Alert: Businesses That Mandate Masks For Employees And Customers Need To Consider ADA Issues," Fisher Phillips LLP, May 30, 2020, https://www. fisherphillips. com/resources-alerts-businesses-that-mandate-masks-for-employees-and.

41. "Considerations for Wearing Masks," Centers for Disease Control and Prevention, August 7,2020, https://www. cdc. gov/coronavirus/2019-ncov/prevent-getting-sick/cloth-face-cover-guidance. html.

42. Rupert Wingfield-Hayes, "The Puzzle of Japan's Low Virus Death Rate," *BBC News*, July 4,2020, https://www. bbc. com/news/world-asia-53188847.

43. Joel Rush, "Mask Use Still Widespread In Slowly Reopening Japan As Coronavirus Cases Remain Low," *Forbes*, June 22, 2020, https://www. forbes. com/sites/joelrush/2020/06/22/mask-use-still-widespread-in-slowly-reopening-japan-as-coronavirus-cases-remain-low.

44. Stephen Chen, "Face Masks Save Lives, Japanese Coronavirus Study Says," *South China Morning Post*, June 25,2020, https://www. scmp. com/news/china/science/article/3090440/coronavirus-face-masks-save-lives-japanese-study-says.

45. Thomas Parker, "Will Covid-19 Change the Future of the Hand Sanitiser Market?," *NS Medical Devices*, May 20,2020, https://www. nsmedicaldevices. com/analysis/hand-sanitiser-future-market.

46. Lauren Gelman, "40 + of the Most Trusted Brands In America," *Reader's Digest*, September 11, 2018, https://www.rd.com/list/most-trusted-brands-america.

47. Jamie Bell, "Germ-Zapping Robots That Could Clean Offices and Hotels after Covid-19," *NS Medical Devices*, May 21, 2020, https://www.nsmedicaldevices.com/news/germ-zapping-robots-covid-19-xenex.

48. Heather Ostis, Vice President of Supply Chain, Delta Air Lines, interview by Yossi Sheffi, June 3, 2020.

49. E. C. Riley, G. Murphy, and R. L. Riley, "Airborne Spread of Measles in a Suburban Elementary School," *Journal of Epidemiology* 107, no. 5 (May 1978): 421 – 432, https://doi.org/10.1093/oxfordjournals.aje.a112560.

50. Timo Smieszek, Gianrocco Lazzari, and Marcel Salathé, "Assessing the Dynamics and Control of Droplet- and Aerosol-Transmitted Influenza Using an Indoor Positioning System," *Scientific Reports* 9 (February 18, 2019): 2185, https://doi.org/10.1038/s41598-019-38825-y.

51. "Communities, Schools, Workplaces, & Events," Centers for Disease Control and Prevention, April 30, 2020, https://www.cdc.gov/coronavirus/2019-ncov/community/office-buildings.html.

52. Olivia Mayes, "Air Filtration Systems Help Keep Aircraft Cabins Safe," Delta News Hub, Delta Air Lines, March 14, 2020, https://news.delta.com/video-air-filtration-systems-help-keep-aircraft-cabins-safe.

53. Evan Ramstad, "For General Mills, Outbreak Spurred a Run on Its Products and Rush in Its Factories," *Star Tribune* (Minneapolis), May 3, 2020, https://www.startribune.com/for-general-mills-outbreak-spurred-a-run-on-its-products-and-rush-in-its-factories/570162402.

54. Bojan Pancevski, "Countries That Kept a Lid on Coronavirus Look to Each Other to Revive Their Economies," *Wall Street Journal*, May 2, 2020, https://www.wsj.com/articles/countries-that-kept-a-lid-on-coronavirus-look-to-each-other-to-revive-their-economies-11588424855.

11　炫酷的家庭办公室

1. Sarah Moseley, "Top 4 Interactive Whiteboard Apps," *Highfive* (blog), accessed August 23, 2020, https://highfive.com/blog/top-4-interactive-whiteboard-apps-remote-meetings.

2. Board of Governors of the Federal Reserve System, "Report on the Economic Well-Being of U.S. Households in 2019, Featuring Supplemental Data from April 2020" (Washington, D.C.: Federal Reserve System, May 2020), https://www.federalreserve.gov/publications/2020-economic-well-being-of-us-households-in-2019-financial-repercussions-from-covid-19.html.

3. "How to Rebound Stronger from COVID-19: Resilience in Manufacturing and Supply Systems" (World Economic Forum, May 1, 2020), https://www.weforum.org/whitepapers/how-to-rebound-stronger-from-covid-19-resilience-in-manufacturing-and-supply-systems.

4. Lee Clifford, "Working from Home Is Going So Well That This Fortune 100 Company Is Going to Keep Doing It—Permanently," *Fortune*, May 11, 2020, https://fortune.com/2020/05/11/permanent-work-from-home-coronavirus-nationwide-fortune-100.

5. "Microsoft Corp. (MSFT) CEO Satya Nadella on Q3 2020 Results," Seeking Alpha, April 30, 2020, https://seekingalpha.com/article/4341291-microsoft-corp-msft-ceo-satya-nadella-on-q3-2020-results-earnings-call-transcript.

6. Sascha Segan, "What Is 5G?," *PCMag*, April 6, 2020, https://www.pcmag.com/news/what-is-5g.

7. Darren Allan, "Wi-Fi 6: Everything You Need to Know," *TechRadar*, October 29, 2019, https://www. techradar. com/news/wi-fi-6-release-date-news-and-rumors.

8. Jon Brodkin, "Millimeter-Wave 5G Will Never Scale beyond Dense Urban Areas, T-Mobile Says," *Ars Technica*, April 22, 2019, https://arstechnica. com/information-technology/2019/04/millimeter-wave-5g-will-never-scale-beyond-dense-urban-areas-t-mobile-says.

9. Thomson Reuters, "Q1 2020 AT&T Inc Earnings Call," 2020, https://investors. att. com/~/media/Files/A/ATT-IR/financial-reports/quarterly-earnings/2020/Final%201Q20%20earnings%20transcript. pdf.

10. Dennis Flynn, Senior Director, Supply Chain and Inventory Management, Walmart eCommerce, interview by Yossi Sheffi, June 12, 2020.

11. Asa Fitch, "Intel Reports Profit Surge but Warns of Further Delays on Advanced Chips," *Wall Street Journal*, July 23, 2020, https://www. wsj. com/articles/intel-reports-profit-surge-but-warns-of-further-delays-on-advanced-chips-11595536707.

12. Clifford, "Working from Home Is Going So Well That This Fortune 100 Company Is Going to Keep Doing It—Permanently. "

13. Sarah Frier, "Tech Workers Consider Escaping Silicon Valley's Sky-High Rents," *Bloomberg*, May 14, 2020, https://www. bloomberg. com/news/articles/2020-05-14/tech-workers-consider-escaping-silicon-valley-s-sky-high-rents.

14. Lynn Torrel, Chief Supply Chain and Procurement Officer, Flex, interview by Yossi Sheffi, June 1, 2020.

15. "How CEOs See Today's Coronavirus World," *Wall Street Journal*, June 11, 2020, https://www. wsj. com/articles/how-ceos-see-todays-coronavirus-world-11587720600.

16. Uri Berliner, "Get A Comfortable Chair: Permanent Work From Home Is Coming," *NPR*, June 22, 2020, https://www. npr. org/2020/06/22/870029658/get-a-comfortable-chair-permanent-work-from-home-is-coming.

17. Drew Harwell, "Managers Turn to Surveillance Software, Always-on Webcams to Ensure Employees Are (Really) Working from Home," *Washington Post*, April 30, 2020, https://www. washingtonpost. com/technology/2020/04/30/work-from-home-surveillance.

18. "Latest Work-at-Home/Telecommuting/Mobile Work/Remote Work Statistics," Global Workplace Analytics, accessed August 12, 2020, https://globalworkplaceanalytics. com/telecommuting-statistics.

19. Nicole Spector, "Why Are Big Companies Calling Their Remote Workers Back to the Office?," *NBC News*, July 27, 2017, https://www. nbcnews. com/business/business-news/why-are-big-companies-calling-their-remote-workers-back-office-n787101.

20. Joel Stein, "The Video Call Is Starting. Time to Put on Your Zoom Shirt," *New York Times*, June 29, 2020, https://www. nytimes. com/2020/06/29/business/zoom-shirt. html.

21. Katie Deighton, "Miss Your Office? Some Companies Are Building Virtual Replicas," *Wall Street Journal*, May 27, 2020, https://www. wsj. com/articles/miss-your-office-some-companies-are-building-virtual-replicas-11590573600.

22. Kimberly Holland, "What COVID-19 Is Doing to Our Mental Health," Healthline, May 8, 2020, https://www. healthline. com/health-news/what-covid-19-is-doing-to-our-mental-health.

23. Meri Stevens, Worldwide Vice President, Consumer Health Supply Chain and Deliver, Johnson & Johnson, interview by Yossi Sheffi, June 4, 2020.

24. World Economic Forum, "How to Rebound Stronger from COVID-19. "

25. Hannah Sampson and Natalie Compton, "11 Ways the Pandemic Will Change Travel," *Washington Post*, June 15, 2020, https://www. washingtonpost. com/travel/2020/06/15/11-ways-pandemic-will-change-travel.

26. Frier, "Tech Workers Consider Escaping Silicon Valley's Sky-High Rents. "

27. Magdalena Petrova and Michael Sheetz, "Why in the next Decade Companies Will Launch Thousands More Satellites than in All of History," *CNBC*, December 15, 2019, https://www. cnbc. com/2019/12/14/spacex-oneweb-and-amazon-to-launch-thousands-more-satellites-in-2020s. html.

28. Mark Travers, "What Percentage Of Workers Can Realistically Work From Home? New Data From Norway Offer Clues," *Forbes*, April 24, 2020, https://www. forbes. com/sites/traversmark/2020/04/24/what-percentage-of-workers-can-realistically-work-from-home-new-data-from-norway-offer-clues/#af479c78fee0.

29. Sophie-Claire Hoeller, "Barbados Is Officially Letting People Move There to Work Remotely for a Year, and All You Need to Do Is Fill out an Application," *Insider*, July 23, 2020, https://www. insider. com/work-remote-live-caribbean-barbados-new-visa-2020-7.

30. "Digital Nomad Visa," Republic of Estonia e-Residency, accessed August 23, 2020, https://e-resident. gov. ee/nomadvisa.

31. Adam Taylor, "Barbados Wants You to Work from Its Beaches during the Pandemic," *Washington Post*, July 16, 2020, https://www. washingtonpost. com/world/2020/07/16/barbados-work-remote-coronavirus.

32. "Portugal Golden Visa 2020 Guide," Property Lisbon, February 17, 2020, https://www. propertylisbon. com/portugal-golden-visa-2020-guide.

33. "Golden Visa Investment Almost Triples," *Portugal News*, June 12, 2020, https://www. theportugalnews. com/news/golden-visa-investment-almost-triples/54458.

12 高等教育可能不再是原来的样子

1. "The History of Online Schooling," OnlineSchools. org, accessed August 12, 2020, https://www. onlineschools. org/visual-academy/the-history-of-online-schooling.

2. "Open University," in *Encyclopedia Britannica*, December 17, 2008, https://www. britannica. com/topic/Open-University-British-education.

3. Steve Bradt, "Online Courses + Time on Campus = a New Path to an MIT Master's Degree," *MIT News*, Massachusetts Institute of Technology, October 7, 2015, http://news. mit. edu/2015/online-supply-chain-management-masters-mitx-micromasters-1007.

4. Institute-Wide Task Force on the Future of MIT Education, "Final Report" (Cambridge, Mass. : Massachusetts Institute of Technology, July 28, 2014), https://jwel. mit. edu/sites/mit-jwel/files/assets/files/document_task_force_foe_final_140728. pdf.

5. Michael D. Smith, "Are Universities Going the Way of the CDs and Cable TV?," *Atlantic*, June 22, 2020, https://www. theatlantic. com/ideas/archive/2020/06/university-like-cd-streaming-age/613291.

6. Michael B. Horn, "Will Half Of All Colleges Really Close In The Next Decade?," *Forbes*, December

13, 2018, https://www. forbes. com/sites/michaelhorn/2018/12/13/will-half-of-all-colleges-really-close-in-the-next-decade/#4325b12852e5.

7. Lydia Saad, "Majority of U. S. Workers Say Job Doesn't Require a Degree," *Gallup*, September 9,2013, https://news. gallup. com/poll/164321/majority-workers-say-job-require-degree. aspx.

8. Bryan Alexander, "Academia after Peak Higher Education," personal blog, May 29, 2018, https://bryanalexander. org/future-of-education/academia-after-peak-higher-education.

9. Kevin Carey, *The End of College: Creating the Future of Learning and the University of Everywhere* (New York: Riverhead, 2015), https://www. penguinrandomhouse. com/books/314571/the-end-of-college-by-kevin-carey.

10. U. S. Department of Education, National Center for Education Statistics, Integrated Postsecondary Education Data System, "Postsecondary Institution Revenues," The Condition of Education, May 2020, https://nces. ed. gov/programs/coe/indicator_cud. asp.

11. Justin Bariso, "Google Has Announced a Plan to Disrupt the College Degree," Inc. , August 19,2020, https://www. inc. com/justin-bariso/google-plan-disrupt-college-degree-university-higher-education-certificate-project-management-data-analyst. html.

13　更大的社会、经济和信息差距

1. Brian Rosenthal et al. , "Why Surviving Covid Might Come Down to Which NYC Hospital Admits You," *New York Times*, July 31, 2020, https://www. nytimes. com/2020/07/01/nyregion/Coronavirus-hospitals. html.

2. Rachel Siegel, "Hard-Hit Retailers Projected to Shutter as Many as 25,000 Stores This Year, Mostly in Malls," *Washington Post*, June 9, 2020, https://www. washingtonpost. com/business/2020/06/09/retail-store-closure-mall.

3. Tami Luhby, "Nearly 40% of Low-Income Workers Lost Their Jobs in March," *CNN*, May 15,2020, https://www. cnn. com/2020/05/14/economy/low-income-layoffs-coronavirus/index. html.

4. Davide Furceri et al. , "COVID-19 Will Raise Inequality If Past Pandemics Are a Guide," *VoxEU* (Centre for Economic Policy Research, May 8, 2020), https://voxeu. org/article/covid-19-will-raise-inequality-if-past-pandemics-are-guide.

5. Vicky McKeever, "Coronavirus Could Push Half a Billion More People into Poverty Globally, UN Warns," *CNBC*, April 9, 2020, https://www. cnbc. com/2020/04/09/coronavirus-could-push-half-a-billion-people-into-poverty-globally. html.

6. "Covid-19 Threatens Europe's Success at Fighting Inequality," *Economist*, June 6, 2020, https://www. economist. com/europe/2020/06/06/covid-19-threatens-europes-success-at-fighting-inequality.

7. "The Covid-19 Pandemic Will Be Over by the End of 2021, Says Bill Gates," *Economist*, August 18, 2020, https://www. economist. com/international/2020/08/18/the-covid-19-pandemic-will-be-over-by-the-end-of-2021-says-bill-gates.

8. "The Covid-19 Pandemic Will Be Over by the End of 2021, Says Bill Gates. "

9. Board of Governors of the Federal Reserve System, "Report on the Economic Well-Being of U. S. Households in 2019, Featuring Supplemental Data from April 2020" (Washington, D. C. : Federal Reserve System, May 2020), https://www. federalreserve. gov/publications/2020-economic-well-being-of-us-households-in-2019-financial-repercussions-from-covid-19. html.

10. "How Deep Will Downturns in Rich Countries Be?" *Economist*, April 16, 2020, https://www. economist. com/finance-and-economics/2020/04/16/how-deep-will-downturns-in-rich-countries-be.

11. Amanda L. Gordon, "They're the Last Rich People Left on the Upper East Side," *Bloomberg*, March 27, 2020, https://www. bloomberg. com/news/articles/2020-03-27/they-re-the-last-rich-people-left-on-the-upper-east-side.

12. Stefanos Chen and Sydney Franklin, "Real Estate Prices Fall Sharply in New York," *New York Times*, July 2, 2020, https://www. nytimes. com/2020/07/02/realestate/coronavirus-real-estate-price-drop. html.

13. Laura Begley Bloom, "Want To Escape From America? 12 Countries Where You Can Buy Citizenship (And A Second Passport)," *Forbes*, July 28, 2020, https://www. forbes. com/sites/laurabegleybloom/2020/07/28/escape-america-countries-buy-citizenship-second-passport.

14. Stephanie Condon, "As Snapchat Use Soars during Pandemic, Infrastructure Costs Also Climb," *ZDNet*, April 21, 2020, https://www. zdnet. com/article/as-snapchat-use-soars-during-pandemic-infrastructure-costs-also-climb.

15. John Busby and Julia Tanberk, "FCC Underestimates Americans Unserved by Broadband Internet by 50%," BroadbandNow Research, February 3, 2020, https://broadbandnow. com/research/fcc-underestimates-unserved-by-50-percent.

16. Dana Goldstein, Adam Popescu, and Nikole Hannah-Jones, "As School Moves Online, Many Students Stay Logged Out," *New York Times*, April 6, 2020, https://www. nytimes. com/2020/04/06/us/coronavirus-schools-attendance-absent. html.

17. "July Global Statshot," Digital 2020 (DataReport, July 2020), https://datareportal. com/global-digital-overview.

18. Deyan Georgiev, "67 + Revealing Statistics about Smartphone Usage in 2020," *TechJury* (blog), March 28, 2019, https://techjury. net/blog/smartphone-usage-statistics.

19. Bhaskar Chakravorti and Ravi Shankar Chaturvedi, "Which Countries Were (And Weren't) Ready for Remote Work?," *Harvard Business Review*, April 29, 2020, https://hbr. org/2020/04/which-countries-were-and-werent-ready-for-remote-work.

20. Hadas Gold, "Netflix and YouTube Are Slowing down in Europe to Keep the Internet from Breaking," *CNN*, March 19, 2020, https://www. cnn. com/2020/03/19/tech/netflix-internet-overload-eu/index. html.

21. Patricia Cohen and Ben Casselman, "Minority Workers Who Lagged in a Boom Are Hit Hard in a Bust," *New York Times*, June 6, 2020, https://www. nytimes. com/2020/06/06/business/economy/jobs-report-minorities. html.

22. Bill Hathaway, "New Analysis Quantifies Risk of COVID-19 to Racial, Ethnic Minorities," *YaleNews*, Yale University, May 19, 2020, https://news. yale. edu/2020/05/19/new-analysis-quantifies-risk-covid-19-racial-ethnic-minorities.

23. Jonathan Daw, "Contribution of Four Comorbid Conditions to Racial/Ethnic Disparities in Mortality Risk," *American Journal of Preventive Medicine* 52, no. 1S1 (January 2017): S95 – S102, https://doi. org/10. 1016/j. amepre. 2016. 07. 036.

24. Alvaro Sanchez, "Toward Digital Inclusion: Broadband Access in the Third Federal Reserve District"

（Federal Reserve Bank of Philadelphia, March 2020）, https://www. philadelphiafed. org/-/media/ egmp/resources/reports/toward-digital-inclusion-broadband-access-in-the-third-federal-reserve-district. pdf.

25. Clive Cookson, Hannah Kuchler, and Richard Milne, "Nations Look into Why Coronavirus Hits Ethnic Minorities so Hard," *Financial Times*, April 29, 2020, https://www. ft. com/content/5fd6ab18-be4a-48de-b887-8478a391dd72.

26. Frank Snowden, *Epidemics and Society* （New Haven, Conn.: Yale University Press, 2019）, https:// yalebooks. yale. edu/book/9780300192216/epidemics-and-society.

27. Ana Ionova, Nabih Bulos, and Kate Linthicum, "The Economic Devastation Wrought by the Pandemic Could Ultimately Kill More People than the Virus Itself," *Los Angeles Times*, May 11, 2020, https:// www. latimes. com/world-nation/story/2020-05-11/more-than-a-billion-people-escaped-poverty-in-the-last-20-years-the-coronavirus-could-erase-those-gains.

第四部分　未来的供应链

1. "How to Rebound Stronger from COVID-19: Resilience in Manufacturing and Supply Systems" （World Economic Forum, May 1, 2020）, https://www. weforum. org/whitepapers/how-to-rebound-stronger-from-covid-19-resilience-in-manufacturing-and-supply-systems.

14　一个看得见、摸不着的未来

1. Jennifer L. Schenker, "How To Rebound Stronger From COVID-19," *The Innovator* （blog）, Medium, May 8, 2020, https://innovator. news/how-to-rebound-stronger-from-covid-19-675b20602178.

2. Sharon Terlep, "The U. S. Consumer Is Nesting. Will That Last?," *Wall Street Journal*, May 2, 2020, https://www. wsj. com/articles/the-u-s-consumer-is-nesting-will-that-last-11588392011.

3. Stephen Whiteside, "How P&G Is Approaching the next Tide of Market Research," *Informa Connect*, March 12, 2019, https://informaconnect. com/how-pg-is-approaching-the-next-tide-of-market-research.

4. Lorne Darnell, Founder and Chairman, *FreightVerify*, interview by Yossi Sheffi, August 21, 2020.

5. Rich Pirrotta, Chief Revenue Officer, FreightVerify, interview by Yossi Sheffi, August 14, 2020.

6. Rephrased from Denise M. Rousseau et al. , "Not So Different After All: A Cross-Discipline View of Trust," *Academy of Management Review* 23, no. 3 （July 1998）: 393 – 404, https://doi. org/10. 5465/ AMR. 1998. 926617.

7. "Etsy, Inc. （ETSY） CEO Joshua Silverman on Q1 2020 Results - Earnings Call Transcript," Seeking Alpha, May 7, 2020, https://seekingalpha. com/article/4343941-etsy-inc-etsy-ceo-joshua-silverman-on-q1-2020-results-earnings-call-transcript.

8. Lynn Torrel, Chief Supply Chain and Procurement Officer, Flex, interview by Yossi Sheffi, June 1, 2020.

9. Meri Stevens, Worldwide Vice President, Consumer Health Supply Chain and Deliver, Johnson & Johnson, interview by Yossi Sheffi, June 4, 2020.

10. Jennifer Smith, "Coronavirus Upheaval Triggers Corporate Search for Supply-Chain Technology," *Wall Street Journal*, April 29, 2020, https://www. wsj. com/articles/coronavirus-upheaval-triggers-corporate-search-for-supply-chain-technology-11588189553.

11. Daniel E. Murray, "History and Development of the Bill of Lading," *University of Miami Law Review* 37, no. 3 （September 1, 1983）: 689 – 732, https://repository. law. miami. edu/umlr/vol37/iss3/13.

12. Jan Keil, "Blockchain in Supply Chain Management: Key Use Cases and Benefits," *Infopulse* (blog), August 8, 2019, https://www. infopulse. com/blog/blockchain-in-supply-chain-management-key-use-cases-and-benefits.

13. Nick Statt, "Amazon Is Expanding Its Cashierless Go Model into a Full-Blown Grocery Store," *The Verge*, February 25, 2020, https://www. theverge. com/2020/2/25/21151021/amazon-go-grocery-store-expansion-open-seattle-cashier-less.

14. Torrel, Chief Supply Chain and Procurement Officer, Flex.

15. Emily A. Vogels, "About One-in-Five Americans Use a Smart Watch or Fitness Tracker," *Fact Tank* (blog), Pew Research Center, January 9, 2020, https://www. pewresearch. org/fact-tank/2020/01/09/about-one-in-five-americans-use-a-smart-watch-or-fitness-tracker.

16. Sophia Kunthara, "Telemedicine Is Becoming More Popular. That's Good for Prescription Delivery Startups" *Crunchbase News*, May 14, 2020, https://news. crunchbase. com/news/telemedicine-is-becoming-more-popular-thats-good-for-prescription-delivery-startups/?

17. Jeff Bendix and Logan Lutton, "How Doctors Can Develop Patient Relationships Using Just Telehealth Visits," *Medical Economics*, July 21, 2020, https://www. medicaleconomics. com/view/how-doctors-can-develop-patient-relationships-using-just-telehealth-visits.

18. Kat Fu Lee, "Covid-19 Will Accelerate the AI Health Care Revolution," *Wired*, May 22, 2020, https://www. wired. com/story/covid-19-will-accelerate-ai-health-care-revolution.

19. Mollman.

15 自动化程度提高

1. "Tyson Foods Inc. 2020 Q2 - Results - Earnings Call Presentation (NYSE: TSN)," Seeking Alpha, May 5, 2020, https://seekingalpha. com/article/4343089-tyson-foods-inc-2020-q2-results-earnings-call-presentation.

2. Tyson Foods Inc., "New Facility to Boost Tyson Foods' Automation and Robotics Efforts," news release, August 8, 2019, https://www. tysonfoods. com/news/news-releases/2019/8/new-facility-boost-tyson-foods-automation-and-robotics-efforts.

3. "Tyson Foods Inc. 2020 Q2 Earnings Call."

4. Dean Best, "Meat Industry to Step up Spending on Automation, Tyson Foods Forecasts," *Just-Food*, May 6, 2020, https://www. just-food. com/news/meat-industry-to-step-up-spending-on-automation-tyson-foods-forecasts_id143641. aspx.

5. David Greenfield, "BMW Outfits Robots with Artificial Intelligence," *Automation World*, June 24, 2020, https://www. automationworld. com/factory/robotics/article/21138274/bmw-outfits-robots-with-artificial-intelligence.

6. Simon Duval Smith, "BMW-Revolutionising Logistics through Robotics and Virtual Reality," *Automotive Purchasing and Supply Chain*, January 24, 2019, https://weekly. automotivepurchasingandsupplychain. com/210119/features/bmw-future-logistics. php.

7. Jessica Young, "US Ecommerce Sales Grow 14. 9% in 2019," *Digital Commerce* 360, February 19, 2020, https://www. digitalcommerce360. com/article/us-ecommerce-sales.

8. Hayley Peterson, "More than 9,300 Stores Are Closing in 2019 as the Retail Apocalypse Drags on — Here's the Full List," *Business Insider*, December 23, 2019, https://www. businessinsider. com/stores-closing-in-2019-list-2019-3.

9. Lauren Thomas, "25,000 Stores Are Predicted to Close in 2020, as the Coronavirus Pandemic Accelerates Industry Upheaval," *CNBC*, June 9, 2020, https://www. cnbc. com/2020/06/09/coresight-predicts-record-25000-retail-stores-will-close-in-2020. html.

10. Tech Insider, "Inside A Warehouse Where Thousands Of Robots Pack Groceries," May 9, 2018, YouTube video, 0:03:20, https://www. youtube. com/watch? v = 4DKrcpa8Z_E.

11. "Robot Hand Is Soft and Strong," Education, *Robotics @ MIT* (blog), Massachusetts Institute of Technology, March 16, 2019, https://robotics. mit. edu/robot-hand-soft-and-strong.

12. Gary Wollenbaupt, "Move over Delivery Drones, Warehouse Drones Are Ready for the Spotlight," *Supply Chain Dive*, August 28, 2018, https://www. supplychaindive. com/news/move-over-delivery-drones-warehouse-drones-are-ready-for-the-spotlight/531038.

13. International Federation of Robotics, "Robot Investment Reaches Record 16.5 Billion USD-IFR Presents World Robotics," news release, September 18, 2019, /2019-09-18_Press_Release_IFR_World_Robotics_2019_Industrial_Robots_English. pdf.

14. Jennifer Smith, "Coronavirus Upheaval Triggers Corporate Search for Supply-Chain Technology," *Wall Street Journal*, April 29, 2020, https://www. wsj. com/articles/coronavirus-upheaval-triggers-corporate-search-for-supply-chain-technology-11588189553.

15. Starship Technologies, "Starship Campus Delivery Service with Robots," April 30, 2018, YouTube video, 0:02:57, https://www. youtube. com/watch? v = P_zRwq9c8LY.

16. Kirsten Korosec, "Starship Technologies Is Sending Its Autonomous Robots to More Cities as Demand for Contactless Delivery Rises," *TechCrunch* (blog), April 9, 2020, https://techcrunch. com/2020/04/09/starship-technologies-is-sending-its-autonomous-robots-to-more-cities-as-demand-for-contactless-delivery-rises/? _guc_consent_skip = 1594259929.

17. Timothy B. Lee, "The Pandemic Is Bringing Us Closer to Our Robot Takeout Future," *Ars Technica*, April 24, 2020, https://arstechnica. com/tech-policy/2020/04/the-pandemic-is-bringing-us-closer-to-our-robot-takeout-future.

18. Joanna Stern, "Like Amazon, UPS Also Considering Using Unmanned Flying Vehicles," *ABC News*, December 3, 2013, https://abcnews. go. com/Technology/amazon-ups-drone-delivery-options/story? id = 21086160.

19. Miriam McNabb, "Drone Delivery Heroes Zipline Launch World's Largest Vaccine Delivery Network in Ghana," *DroneLife*, April 24, 2019, https://dronelife. com/2019/04/24/drone-delivery-heroes-zipline-launch-worlds-largest-vaccine-delivery-network-in-ghana.

20. Jake Bright, "Zipline Begins US Medical Delivery with Drone Program Honed in Africa," *TechCrunch* (blog), May 27, 2020, https://social. techcrunch. com/2020/05/26/zipline-begins-us-medical-delivery-with-uav-program-honed-in-africa.

21. Anne D'Innocenzio, "Walmart to Test Drone Delivery with Zipline in Latest Deal," *ABC News*, September 14, 2020, https://abcnews. go. com/Business/wireStory/walmart-test-drone-delivery-zipline-latest-deal-72999412.

22. Felicia Shivakumar, "Giant Cargo Drones Will Deliver Packages Farther and Faster," *The Verge*, June 10, 2019, https://www.theverge.com/2019/6/10/18657150/autonomous-cargo-drones-delivery-boeing-aircraft-faa-regulation.

23. Aaron Brown, "Mercedes-Benz Turns a Van Into a Delivery Drone Mothership," *The Drive* (blog), September 7, 2016, https://www.thedrive.com/news/5118/mercedes-benz-turns-a-van-into-a-delivery-drone-mothership.

24. Jared Wade, "RPA: How 5 Financial Firms Are Using Robotic Process Automation," *Finance Americas* (blog), September 3, 2017, https://financetnt.com/rpa-real-world-practical-ways-5-financial-services-firms-use-robotic-process-automation.

25. Kasey Panetta, "How Chinese Companies Successfully Adapted to COVID-19," *Smarter with Gartner* (blog), Gartner Inc., June 16, 2020, //www.gartner.com/smarterwithgartner/how-successful-chinese-companies-adapted-to-covid-19.

26. Meri Stevens, Worldwide Vice President, Consumer Health Supply Chain and Deliver, Johnson & Johnson, interview by Yossi Sheffi, June 4, 2020.

16 调整精益生产

1. Stephen Long, "'Just-in-Time' Economy out of Time as Pandemic Exposes Fatal Flaws," *ABC News* (Australian Broadcasting Corporation), May 1, 2020, https://www.abc.net.au/news/2020-05-02/coronavirus-pandemic-exposes-just-in-time-economy/12206776.

2. Evan Fraser, "Coronavirus: The Perils of Our 'Just Enough, Just in Time' Food System," *The Conversation*, March 16, 2020, http://theconversation.com/coronavirus-the-perils-of-our-just-enough-just-in-time-food-system-133724.

3. Lynn Torrel, Chief Supply Chain and Procurement Officer, Flex, interview by Yossi Sheffi, June 1, 2020.

4. Taiichi Ohno, *Toyota Production System: Beyond Large-Scale Production*, trans. Productivity Press (New York: Taylor & Francis, 1988), https://www.amazon.com/Toyota-Production-System-Beyond-Large-Scale/dp/0915299143.

5. Yossi Sheffi, *The Resilient Enterprise: Overcoming Vulnerability for Competitive Advantage* (Cambridge, Mass.: MIT Press, 2005), 173 – 174, https://mitpress.mit.edu/books/resilient-enterprise.

6. Yossi Sheffi, "Supply Chain Management under the Threat of International Terrorism," *International Journal of Logistics Management* 12, no. 2 (July 2001): 1 – 11, https://doi.org/10.1108/09574090110806262.

7. Sheffi, *Resilient Enterprise*, 174.

8. "Honeywell International Inc. (NYSE: HON) Q1 2020 Earnings Call Transcript," AlphaStreet, May 1, 2020, https://news.alphastreet.com/honeywell-international-inc-nyse-hon-q1-2020-earnings-call-transcript.

9. Tim Ryan et al., "PwC's COVID-19 CFO Pulse Survey" (PricewaterhouseCoopers, April 27, 2020), https://www.pwc.com/us/en/library/covid-19/pwc-covid-19-cfo-pulse-survey-4.html.

第五部分 政治和大流行病

1. Christopher Alessi, "'All Hands Should Be on Deck' – Key Quotes from Leaders on the Fight against COVID-19," World Economic Forum, April 8, 2020, https://www.weforum.org/agenda/2020/04/covid-19-action-call-8-apr.

2. David Dayen, "Corporate Rescue: How the Fed Bailed Out the Investor Class Without Spending a Cent," *The Intercept*, May 27, 2020, https://theintercept.com/2020/05/27/federal-reserve-corporate-debt-coronavirus.

17 贸易战和经济民族主义的愚蠢之处

1. Bureau of Economic Analysis, "Gross Domestic Product, 2nd Quarter 2020 (Advance Estimate) and Annual Update," news release no. BEA 20 – 37, July 30, 2020, https://www.bea.gov/news/2020/gross-domestic-product-2nd-quarter-2020-advance-estimate-and-annual-update.

2. John Steele Gordon, "Smoot-Hawley Tariff: A Bad Law, Badly Timed," *Barron's Magazine*, April 21, 2017, https://www.barrons.com/articles/smoot-hawley-tariff-a-bad-law-badly-timed-1492833567.

3. Lynda Bryant-Work, "U. S. Growers, Ag Industry In Crosshairs Of Trump Trade War," *National Compass* (blog), July 5, 2018, https://www.nationalcompass.net/2018/07/05/u-s-growers-ag-industry-in-crosshairs-trump-trade-war.

4. Douglas A. Irwin, "From Smoot-Hawley to Reciprocal Trade Agreements: Changing the Course of U. S. Trade Policy in the 1930s," working paper, NBER Working Paper Series no. 5895 (Cambridge, Mass.: National Bureau of Economic Research, January 1997), https://doi.org/10.3386/w5895.

5. Irwin.

6. Thomas J. Bollyky and Chad P. Bown, "The Tragedy of Vaccine Nationalism," *Foreign Affairs*, October 2020.

7. United Nations, "Everyone, Everywhere Must Have Access to Eventual COVID-19 Immunization, Secretary-General Says in Video Message for Global Vaccine Summit," news release no. SG/SM/20108, June 4, 2020, https://www.un.org/press/en/2020/sgsm20108.doc.html.

8. Bollyky and Bown, "The Tragedy of Vaccine Nationalism."

9. Jason Douglas, "As Countries Bar Medical Exports, Some Suggest Bans May Backfire," *Wall Street Journal*, April 4, 2020, https://www.wsj.com/articles/as-countries-bar-medical-exports-some-suggest-bans-may-backfire-11585992600.

10. "The Raid on Remdesivir," editorial, *Wall Street Journal*, July 21, 2020, https://www.wsj.com/articles/the-raid-on-remdesivir-11595373207.

11. Mireya Solís, "The Post COVID-19 World: Economic Nationalism Triumphant?," *Brookings* (blog), Brookings Institution, July 10, 2020, https://www.brookings.edu/blog/order-from-chaos/2020/07/10/the-post-covid-19-world-economic-nationalism-triumphant.

12. UN Conference on Trade and Development, "Global Trade Update" (Geneva: United Nations, June 2020), https://unctad.org/en/PublicationsLibrary/ditcmisc2020d2_en.pdf.

13. "Global Foreign Direct Investment Projected to Plunge 40% in 2020," United Nations Conference on Trade and Development, June 16, 2020, https://unctad.org/en/pages/newsdetails.aspx?OriginalVersionID=2396.

14. Adam Smith, *An Inquiry into the Nature and Causes of the Wealth of Nations*, 3 vols. (London: W. Strahan and T. Cadell, 1776).

15. David Ricardo, *On the Principles of Political Economy and Taxation*, 3rd ed. (London: John Murray, 1821), https://www.econlib.org/library/Ricardo/ricP.html.

16. Matt Ridley, "Third Culture," Edge, accessed August 27, 2020, https://www. edge. org/3rd_culture/serpentine07/Ridley. html.

17. "Why Trade Is Good for You," Economist, October 1, 1998, https://www. economist. com/special-report/1998/10/01/why-trade-is-good-for-you.

18. "A Healthy Re-Examination of Free Trade's Benefits and Shocks," Economist, May 4, 2019, https://www. economist. com/open-future/2018/05/04/a-healthy-re-examination-of-free-trades-benefits-and-shocks.

19. Hitesh Bhasin, "6 Reasons Competition Is Good for Business & Benefits of Competition," Marketing91 (blog), March 9, 2018, https://www. marketing91. com/benefits-of-competition.

20. Vinny Ricciardi, "Are Cell Phones Becoming More Popular than Toilets?," World Bank Blogs, August 26, 2019, https://blogs. worldbank. org/opendata/are-cell-phones-becoming-more-popular-toilets.

21. Teresa Ghilarducci, "Tariffs Are Taxes: Raising Costs And Killing Jobs," Forbes, June 6, 2019, https://www. forbes. com/sites/teresaghilarducci/2019/06/06/tariffs-are-taxes-raising-costs-and-killing-jobs/#3353c76c60ab.

22. Ghilarducci.

23. Al Root, "How Tariffs Really Work," Barron's, May 11, 2019, https://www. barrons. com/articles/are-tariffs-just-another-tax-on-consumers-51557581400.

24. "Saving Global Trade," Bloomberg New Economy Conversation Series (Bloomberg Markets, July 28, 2020), https://www. bloomberg. com/news/videos/2020-07-29/bloomberg-new-economy-conversation-series-saving-global-trade-video.

25. "Saving Global Trade."

26. "Canada Retaliatory Tariffs on US Goods Come into Force," BBC News, July 1, 2018, https://www. bbc. com/news/world-us-canada-44635490.

27. Ana Swanson and Ian Austen, "Trump Reinstates Tariff on Canadian Aluminum," New York Times, August 6, 2020, https://www. nytimes. com/2020/08/06/business/economy/trump-canadian-aluminum-tariffs. html.

28. Nithya Nagarajan and Camron Greer, "USTR Rescinds 10% Tariff on Canadian Aluminum, Expecting Imports to 'Normalize,'" International Trade Insights (blog), Husch Blackwell LLP, September 16, 2020, https://www. internationaltradeinsights. com/2020/09/ustr-rescinds-10-tariff-on-canadian-alumi-num-expecting-imports-to-normalize.

29. Bollyky and Bown, "The Tragedy of Vaccine Nationalism."

30. Drusilla K. Brown, Alan Deardorff, and Robert Stern, "The Effects of Multinational Production on Wages and Working Conditions in Developing Countries," in Challenges to Globalization: Analyzing the Economics, ed. Robert E. Baldwin and L. Alan Winters (Chicago: University of Chicago Press, 2004), 279 – 330, https://www. nber. org/chapters/c9541.

31. "Saving Global Trade."

32. "In Theory There Is No Difference Between Theory and Practice, While In Practice There Is," Quote Investigator, April 14, 2018, https://quoteinvestigator. com/2018/04/14/theory.

33. Joseph E. Stiglitz, "On the Wrong Side of Globalization," The Opinionator (blog), New York Times, March

15, 2014, https://opinionator. blogs. nytimes. com/2014/03/15/on-the-wrong-side-of-globalization.

34. Stiglitz.

35. Sylwia Bialek and Alfons J. Weichenrieder, "Do Stringent Environmental Policies Deter FDI? M&A versus Greenfield" (CESIfo Working Paper Series no. 5262, Munich: Center for Economic Studies and Info Institute, April 9, 2015), https://www. mcgill. ca/economics/files/economics/alfons_weichenrieder. pdf; Sunghoon Chung, "Environmental Regulation and Foreign Direct Investment: Evidence from South Korea," *Journal of Development Economics* 108 (May 2014): 222 – 236, https://doi. org/10. 1016/j. jdeveco. 2014. 01. 003.

36. Ralph E. Gomory and William J. Baumol, *Global Trade and Conflicting National Interests* (Cambridge, Mass.: MIT Press, 2001), https://mitpress. mit. edu/books/global-trade-and-conflicting-national-interests.

37. "Anticompetitive Practices," Federal Trade Commission, accessed August 27, 2020, https://www. ftc. gov/enforcement/anticompetitive-practices.

38. Friedrich List and Karl Theodor Eheberg, *Das nationale System der Politischen Oekonomie* [The National System of Political Economy] (Stuttgart: Cotta, 1841), https://oll. libertyfund. org/titles/list-das-national-system-der-politischen-oekonomie.

39. Immanuel Kant, *Perpetual Peace*, 1795, first English edition reprinted with an introduction by Nicholas Butler Murray (New York: Columbia University Press, 1939), https://www. amazon. com/Perpetual-Intro-Nicholas-Murray-Immanuel/dp/B001PAS2GI.

40. Thomas L. Friedman, *The Lexus and the Olive Tree: Understanding Globalization* (New York: Farrar, Straus and Giroux, 1999), https://us. macmillan. com/books/9781250013743.

41. Branko Milanovic, "The World Is Becoming More Equal," *Foreign Affairs*, August 28, 2020, https://www. foreignaffairs. com/articles/world/2020-08-28/world-economic-inequality.

18 优化医疗供应链

1. Bindiya Vakil, CEO, Resilinc, interview by Sheffi Yossi, June 11, 2020.

2. Amy Goldstein, Lena H. Sun, and Beth Reinhard, "Desperate for Medical Equipment, States Encounter a Beleaguered National Stockpile," *Washington Post*, March 28, 2020, https://www. washingtonpost. com/national/health-science/desperate-for-medical-equipment-states-encounter-a-beleaguered-national-stockpile/2020/03/28/1f4f9a0a-6f82-11ea-aa80-c2470c6b2034_story. html.

3. "An Act Making Omnibus Consolidated and Emergency Appropriations for the Fiscal Year Ending September 30, 1999, and for Other Purposes," Pub. L. No. 105 – 277 (1998), https://www. congress. gov/105/plaws/publ277/PLAW-105publ277. pdf.

4. Norimitsu Onishi and Constant Méheut, "How France Lost the Weapons to Fight a Pandemic," *New York Times*, May 17, 2020, https://www. nytimes. com/2020/05/17/world/europe/france-coronavirus. html.

5. Yossi Sheffi, *The Resilient Enterprise: Overcoming Vulnerability for Competitive Advantage* (Cambridge, Mass.: MIT Press, 2005), https://mitpress. mit. edu/books/resilient-enterprise.

6. Jared S. Hopkins, "Hospitals Stock Up on Covid-19 Drugs to Prepare for Second Wave in Fall," *Wall Street Journal*, July 14, 2020, https://www. wsj. com/articles/hospitals-stock-up-on-covid-19-drugs-to-prepare-for-second-wave-in-fall-11594719000.

7. Troy Segal, "Bank Stress Test," Investopedia, August 23, 2020, https://www. investopedia. com/terms/

b/bank-stress-test. asp.

8. Onishi and Méheut, "How France Lost the Weapons to Fight a Pandemic. "

9. Hirsh Chitkara, "A Newly Proposed Bipartisan Bill Would Earmark $22 Billion to Lure Chip Manufacturers to US," *Business Insider*, June 12, 2020, https://www. businessinsider. com/chips-for-america-act-will-shift-chip-manufacturing-to-us-2020-6.

10. Archana Chaudhary, "EU to Focus on Diversifying Crucial Supply Chains, Says Borrell," *Bloomberg*, July 14, 2020, https://www. bloomberg. com/news/articles/2020-07-14/eu-to-focus-on-diversifying-crucial-supply-chains-says-borrell.

11. Vince Chadwick and Michael Igoe, "After the Pandemic: How Will COVID-19 Transform Global Health and Development?," *Devex*, April 13, 2020, https://www. devex. com/news/after-the-pandemic-how-will-covid-19-transform-global-health-and-development-96936.

12. "The Face Mask Global Value Chain in the COVID-19 Outbreak: Evidence and Policy Lessons," Organisation for Economic Co-Operation and Development, May 4, 2020, http://www. oecd. org/coronavirus/policy-responses/the-face-mask-global-value-chain-in-the-covid-19-outbreak-evidence-and-policy-lessons-a4df866d.

13. Camila Domonoske, "Automakers Might Retool To Make Ventilators," *NPR*, March 19, 2020, https://www. npr. org/sections/coronavirus-live-updates/2020/03/19/818402194/automakers-could-retool-to-make-ventilators.

14. Robert Sherman, "Over 600 Distilleries, Big and Small, Now Making Hand Sanitizer during Coronavirus Outbreak," *Fox News*, April 9, 2020, https://www. foxnews. com/food-drink/distilleries-hand-sanitizer-coronavirus-hundreds.

15. Melanie Evans and Austen Hufford, "Critical Component of Protective Masks in Short Supply," *Wall Street Journal*, March 7, 2020, https://www. wsj. com/articles/coronavirus-pressures-supply-chain-for-protective-masks-11583552527.

16. Ed Edwards, "What Is Melt-Blown Extrusion and How Is It Used for Making Masks?," ThomasNet, accessed August 27, 2020, https://www. thomasnet. com/articles/machinery-tools-supplies/what-is-melt-blown-extrusion.

17. "Polypropylene Market To Reach USD 155. 57 Billion By 2026," *Globe Newswire*, August 1, 2019, http://www. globenewswire. com/news-release/2019/08/01/1895698/0/en/Polypropylene-Market-To-Reach-USD-155-57-Billion-By-2026-Reports-And-Data. html.

19 绿色环保在复苏中占据次要地位

1. Jean Pisani-Ferry, "Building a Post-Pandemic World Will Not Be Easy," *Project Syndicate*, April 30, 2020, https://www. project-syndicate. org/commentary/environmental-and-economic-tradeoffs-in-covid19-recovery-by-jean-pisani-ferry-2020-04.

2. Corinne Le Quéré et al. , "Temporary Reduction in Daily Global CO2 Emissions during the COVID-19 Forced Confinement," *Nature Climate Change* 10, no. 7 (July 2020): 647 – 653, https://doi. org/10. 1038/s41558-020-0797-x.

3. Chris Mooney, Brady Dennis, and John Muyskens, "Global Emissions Plunged an Unprecedented 17 Percent during the Coronavirus Pandemic," *Washington Post*, May 19, 2020, https://www. washingtonpost. com/climate-environment/2020/05/19/greenhouse-emissions-coronavirus.

4. Martin Brudermüller, Climate Protection, interview by BASF, June 3, 2019, https://www. basf. com/us/ en/who-we-are/sustainability/whats-new/sustainability-news/2019/climate-protection-interview-with-Martin-Brudermueller. html.

5. UN General Assembly, Resolution 43/53, Protection of Global Climate for Present and Future Generations of Mankind, A/RES/43/53 (December 6, 1988), https://www. ipcc. ch/site/assets/uploads/2019/02/ UNGA43-53. pdf.

6. "Climate Change 2014: AR5 Synthesis Report" (Geneva: Intergovernmental Panel on Climate Change, 2014), https://www. ipcc. ch/report/ar5/syr.

7. Chelsea Harvey, "CO2 Emissions Reached an All-Time High in 2018," *Scientific American*, December 6, 2018, https://www. scientificamerican. com/article/co2-emissions-reached-an-all-time-high-in-2018.

8. Yossi Sheffi, "Climate Change: The Real Inconvenient Truth," *Management and Business Review* 1 (forthcoming).

9. Melanie Curtin, "73 Percent of Millennials Are Willing to Spend More Money on This 1 Type of Product," *Inc.*, March 30, 2018, https://www. inc. com/melanie-curtin/73-percent-of-millennials-are-willing-to-spend-more-money-on-this-1-type-of-product. html.

10. Gregory Unruh, "No, Consumers Will Not Pay More for Green," *Forbes*, July 28, 2011, https:// www. forbes. com/sites/csr/2011/07/28/no-consumers-will-not-pay-more-for-green.

11. Jonas Lehmann and Yossi Sheffi, "Consumers' (Not So) Green Purchase Behavior," *Journal of Marketing Development and Competitiveness* 14, no. 4 (forthcoming).

12. Hal Bernton, "Washington State Voters Reject Carbon-Fee Initiative," *Seattle Times*, November 6, 2018, https://www. seattletimes. com/seattle-news/politics/voters-rejecting-carbon-fee-in-first-day-returns.

13. Pádraig Collins, "How Not to Introduce a Carbon Tax: The Australian Experience," *Irish Times*, January 3, 2019, https://www. irishtimes. com/news/environment/how-not-to-introduce-a-carbon-tax-the-australian-experience-1. 3746214.

14. "Violence Flares as Yellow Vests Mark One Year," *BBC News*, November 16, 2019, https:// www. bbc. com/news/world-europe-50447733.

15. Robert P. Murphy, "Plastic Bans Are Symbolism Over Substance," *Institute for Energy Research Blog*, July 24, 2019, https://www. instituteforenergyresearch. org/regulation/plastic-bans-are-symbolism-over-substance.

16. Rob Picheta, "McDonald's New Paper Straws Aren't Recyclable — But Its Axed Plastic Ones Were," *CNN Business*, August 5, 2019, https://www. cnn. com/2019/08/05/business/mcdonalds-paper-straws-recyclable-scli-gbr-intl/index. html.

17. John Tierney, "Plastic Bags Help the Environment," *Wall Street Journal*, February 18, 2020, https:// www. wsj. com/articles/plastic-bags-help-the-environment-11582048449.

18. BlackRock Inc. to BlackRock clients, "Sustainability as BlackRock's New Standard for Investing," 2020, https://www. blackrock. com/uk/individual/blackrock-client-letter.

19. Owen Walker and Attracta Mooney, "BlackRock Seeks to Regain Lost Ground in Climate Fight," *Financial Times*, January 14, 2020, https://www. ft. com/content/36282d86-36e4-11ea-a6d3-9a26f8c3cba4.

20. Attracta Mooney, "BlackRock Accused of Climate Change Hypocrisy," *Financial Times*, May 17, 2020, https://www. ft. com/content/0e489444-2783-4f6e-a006-aa8126d2ff46.

21. World Bank, "Nearly Half the World Lives on Less than ＄5. 50 a Day," news release no. 2019/044/ DEC-GPV, October 17, 2018, https://www. worldbank. org/en/news/press-release/2018/10/17/ nearly-half-the-world-lives-on-less-than-550-a-day.

22. "How CEOs See Today's Coronavirus World," *Wall Street Journal*, June 11, 2020, https:// www. wsj. com/articles/how-ceos-see-todays-coronavirus-world-11587720600.

23. Karl Mathiesen, "Coal to Power India for 'Decades to Come', Says Government Planning Body," *Climate Home News*, August 28, 2017, https://www. climatechangenews. com/2017/08/28/coal-power-india-decades-come-says-government-planning-body.

24. Sushmita Patthak, "With Coronavirus Lockdown, India's Cities See Clear Blue Skies As Air Pollution Drops," *NPR*, April 10, 2020, https://www. npr. org/sections/coronavirus-live-updates/2020/04/10/ 831592401/with-coronavirus-lockdown-indias-cities-see-clear-blue-skies-as-air-pollution-dr.

25. Matt McGrath, "Climate Change and Coronavirus: Five Charts about the Biggest Carbon Crash," *BBC News*, May 6, 2020, https://www. bbc. com/news/science-environment-52485712.

26. "Employment Outlook 2020: Facing the Jobs Crisis," Organisation for Economic Co-Operation and Development, 2020, http://www. oecd. org/employment-outlook/#report.

27. European Commission, "Summer 2020 Economic Forecast: An Even Deeper Recession with Wider Divergences," news release no. IP/20/1269, July 7, 2020, https://ec. europa. eu/commission/ presscorner/detail/en/ip_20_1269.

28. Liz Alderman and Matina Stevis-Gridneff, "The Pandemic's Economic Damage Is Growing," *New York Times*, July 7, 2020, https://www. nytimes. com/2020/07/07/business/EU-OECD-coronavirus-economic-reports. html.

29. Ursula von der Leyen, "Statement by Ursula von Der Leyen, President of the EC, on the Role of the European Green Deal in the Economic Recovery," European Commission, April 28, 2020, https:// audiovisual. ec. europa. eu/en/video/I-190013.

30. von der Leyen.

31. Steven Erlanger, "Will the Coronavirus Crisis Trump the Climate Crisis?," *New York Times*, May 11, 2020, https://www. nytimes. com/2020/05/09/world/europe/will-the-coronavirus-crisis-trump-the-climate-crisis. html.

32. Ronald Bailey, "Biden's New Green New Deal Is the Same as the Old Green New Deal," *Reason*, July 16, 2020, https://reason. com/2020/07/16/bidens-new-green-new-deal-is-the-same-as-the-old-green-new-deal.

33. Erlanger, "Will the Coronavirus Crisis Trump the Climate Crisis?"

34. Bryan Brammer, "Biden: Only 9 Years Left to Save Earth from Climate Change," *Disrn* (blog), July 15, 2020, https://disrn. com/news/biden-only-9-years-left-to-save-earth-from-climate-change.

35. "Global Warming of 1. 5 oC," Intergovernmental Panel on Climate Change, 2020, https://www. ipcc. ch/sr15.

36. Bailey, "Biden's Green New Deal."

37. Zeke Hausfather (@ hausfath), "Climate change is a problem of degrees, not thresholds. We shouldn't give up hope if reducing emissions takes longer than we'd like. Indeed, in some ways action becomes all the more important the longer we delay, as the marginal impact of our emissions increases," Twitter, July

24,2020,11:47 a. m. ,https://twitter. com/hausfath/status/1154055387001307147.

38. Erlanger, "Will the Coronavirus Crisis Trump the Climate Crisis?"

39. Drew DeSilver, "Renewable Energy Is Growing Fast in the U. S. , but Fossil Fuels Still Dominate, " *Fact Tank* (blog), Pew Research Center, January 15, 2020, https://www. pewresearch. org/fact-tank/2020/ 01/15/renewable-energy-is-growing-fast-in-the-u-s-but-fossil-fuels-still-dominate.

40. Mary Hoff, "8 Ways to Sequester Carbon to Avoid Climate Catastrophe, " *EcoWatch*, July 19, 2017, https://www. ecowatch. com/carbon-sequestration-2461971411. html.

41. Thomas L. Friedman, "Coronavirus Showed How Globalization Broke the World, " *New York Times*, May 30, 2020, https://www. nytimes. com/2020/05/30/opinion/sunday/coronavirus-globalization. html.

42. Sam Fleming, Mehreen Khan, and Jim Brunsden, "EU Recovery Fund: How the Plan Will Work, " *Financial Times*, July 21, 2020, https://www. ft. com/content/2b69c9c4-2ea4-4635-9d8a-1b67852c0322.

43. Solemn Declaration on European Union, European Council, Jun. 19, 1983, Bull. EC 6-1983.

44. Fitch Ratings, "EU Recovery Fund Is a Step Towards a More Resilient Eurozone, " news release, July 23, 2020, https://www. fitchratings. com/research/sovereigns/eu-recovery-fund-is-step-towards-more-resilient-eurozone-23-07-2020.

45. Daniel R. Coats, "Statement for the Record to the Senate Senate Committee on Intelligence: Worldwide Threat Assesment of The U. S. Intelligence Community " (Office of the Director of National Intelligence, January 29, 2019), https://www. dni. gov/files/ODNI/documents/2019-ATA-SFR—SSCI. pdf.

20　政府和疫情后的经济

1. "New Deal Programs, " Living New Deal, Department of Geography at the University of California, Berkeley, accessed August 27, 2020, https://livingnewdeal. org/what-was-the-new-deal/programs.

2. "World War II: Causes (1919 – 1939)" (Fairfax County (VA) Public Schools High School Social Studies, 2014), https://www. lcps. org/cms/lib/VA01000195/Centricity/Domain/10599/Causes% 20of% 20WWII. pdf.

3. John B. Emerson, " The Importance of a Rules-Based International Order " (14th Berlin Security Conference, Berlin, November 17, 2015), https://de. usembassy. gov/the-importance-of-a-rules-based-international-order.

4. John McCormick and Gerald F. Seib, "Coronavirus Means the Era of Big Government Is⋯Back, " *Wall Street Journal*, April 26, 2020, https://www. wsj. com/articles/coronavirus-means-the-era-of-big-government-isback-11587923184.

5. Consumer Financial Protection Bureau, " Mortgage and Housing Assistance during the Coronavirus National Emergency, " accessed August 27, 2020, https://www. consumerfinance. gov/coronavirus/ mortgage-and-housing-assistance.

6. Erin Duffin, "Value of COVID-19 Stimulus Packages in the G20 as Share of GDP 2020, " Statista, August 12, 2020, https://www. statista. com/statistics/1107572/covid-19-value-g20-stimulus-packages-share-gdp.

7. "Rough Sleepers in London Given Hotel Rooms, " *BBC News*, March 21, 2020, https://www. bbc. com/ news/uk-england-london-51987345.

8. William Pearse, "How COVID-19 Could Change the Role of Government, " *INOMICS* (blog), April 28, 2020, https://inomics. com/blog/how-covid-19-could-change-the-role-of-government-1459149.

9. Robert P. Murphy, "The Fed and the Ratchet Effect," *Mises Daily Articles* (blog), Mises Institute, September 6, 2010, https://mises. org/library/fed-and-ratchet-effect.

10. Zvi Horacio Hercowitz and Michel Strawczynnski, "Cyclical Ratcheting in Government Spending: Evidence from the OECD," *Review of Economics and Statistics* 86, no. 1 (February 2004): 353 – 361, https://doi. org/10. 1162/003465304323023868.

11. "Little Public Support for Reductions in Federal Spending" (Washington, D. C.: Pew Research Center, April 11, 2019), https://www. pewresearch. org/politics/2019/04/11/little-public-support-for-reductions-in-federal-spending.

12. James Crabtree et al., "How the Coronavirus Pandemic Will Permanently Expand Government Powers," *Foreign Policy*, May 16, 2020, https://foreignpolicy. com/2020/05/16/future-government-powers-coronavirus-pandemic.

13. "Reg Stats," George Washington University Center for Regulatory Studies, accessed August 27, 2020, https://regulatorystudies. columbian. gwu. edu/reg-stats.

14. "The History of the European Union," European Union, June 16, 2016, https://europa. eu/european-union/about-eu/history_en.

15. Dimiter Toshkov, "55 Years of European Legislation," online presentation, http://www. dimiter. eu/ Eurlex. html.

16. "A Crisis Like No Other, An Uncertain Recovery," *World Economic Outlook Update* (Washington, D. C.: International Monetary Fund, June 2020), https://www. imf. org/en/Publications/WEO/Issues/ 2020/06/24/WEOUpdateJune2020.

17. John P. Ehrenberg et al., "Strategies Supporting the Prevention and Control of Neglected Tropical Diseases during and beyond the COVID-19 Pandemic," *Infectious Diseases of Poverty* 9, no. 86 (July 10, 2020), https://doi. org/10. 1186/s40249-020-00701-7.

18. Apoorva Mandavilli, "'The Biggest Monster' Is Spreading. And It's Not the Coronavirus," *New York Times*, August 3, 2020, https://www. nytimes. com/2020/08/03/health/coronavirus-tuberculosis-aids-malaria. html.

19. Louise Sheiner and Sage Belz, "How Will the Coronavirus Affect State and Local Government Budgets?," *Brookings* (blog), Brookings Institution, March 23, 2020, https://www. brookings. edu/ blog/up-front/2020/03/23/how-will-the-coronavirus-affect-state-and-local-government-budgets.

20. UN Department of Ecnomic and Social Affairs, "COVID-19 and Sovereign Debt," UN/DESA Policy Brief no. 72 (New York: United Nations, May 14, 2020), https://www. un. org/development/desa/ dpad/publication/un-desa-policy-brief-72-covid-19-and-sovereign-debt.

21. Chris Giles and Robin Harding, "Richest Nations Face $17tn Government Debt Burden from Coronavirus," *Financial Times*, May 24, 2020, https://www. ft. com/content/66164bbc-40c7-4d91-a318-a0b4dbe4193e.

第六部分　下一个机会

1. "How CEOs See Today's Coronavirus World," *Wall Street Journal*, June 11, 2020, https:// www. wsj. com/articles/how-ceos-see-todays-coronavirus-world-11587720600.

2. Courtney Connley, "Why Many Employees Are Hoping to Work from Home Even after the Pandemic Is Over," *CNBC*, May 4, 2020, https://www. cnbc. com/2020/05/04/why-many-employees-are-hoping-

to-work-from-home-even-after-the-pandemic-is-over. html.

21 更多电子商务

1. Courtney Connley,"Why Many Employees Are Hoping to Work from Home Even after the Pandemic Is Over," *CNBC*, May 4, 2020, https://www. cnbc. com/2020/05/04/why-many-employees-are-hoping-to-work-from-home-even-after-the-pandemic-is-over. html.

2. Connley.

3. Heather Kelly,"Small Businesses Turned to Technology to Survive the Pandemic. But It May Not Be Enough," *Washington Post*, June 22, 2020, https://www. washingtonpost. com/technology/2020/06/22/small-business-tech-pandemic.

4. Sapna Maheshwari,"Lord & Taylor Files for Bankruptcy as Retail Collapses Pile Up," *New York Times*, August 2,2020, https://www. nytimes. com/2020/08/02/business/Lord-and-Taylor-Bankruptcy. html.

5. Suzanne Kapner,"Once the Innovators, Department Stores Fight to Stay Alive," *Wall Street Journal*, August 4, 2020, https://www. wsj. com/articles/once-the-innovators-department-stores-fight-to-stay-alive-11596533403.

6. Daniela Santamariña, Abha Bhattarai, and Kevin Uhrmacher,"The Iconic Brands That Could Disappear Because of Coronavirus," *Washington Post*, May 8,2020, https://www. washingtonpost. com/business/2020/04/29/which-iconic-brands-could-disappear-because-coronavirus.

7. Sarah E. Wyeth,"Shakeout In Retail, Restaurant Sectors Begins With J. Crew"(New York: S&P Global Ratings, May 4, 2020), https://www. spglobal. com/ratings/en/research/articles/200504-shakeout-in-retail-restaurant-sectors-begins-with-j-crew-11472558.

8. Santamariña, Bhattarai, and Uhrmacher,"The Iconic Brands That Could Disappear."

9. "The Running List of 2020 Retail Bankruptcies," *Retail Dive*, August 17, 2020, https://www. retaildive. com/news/the-running-list-of-2020-retail-bankruptcies/571159.

10. Nicole Serino and Sudeep K. Kesh,"Credit Trends: Transportation Leads Distress Ratios As Demand Collapses Across U. S. Sectors"(New York: S&P Global Ratings, May 26, 2020), https://www. spglobal. com/ratings/en/research/articles/200526-credit-trends-transportation-leads-distress-ratios-as-demand-collapses-across-u-s-sectors-11504506.

11. "How Did Alibaba Help Retailer Lin Qingxuan Cope with the Coronavirus Outbreak?," Alibaba Cloud (blog), March 5, 2020, https://www. alibabacloud. com/blog/how-did-alibaba-help-retailer-lin-qingxuan-cope-with-the-coronavirus-outbreak_595950.

12. Martin Reeves et al.,"How Chinese Companies Have Responded to Coronavirus," *Harvard Business Review*, March 10, 2020, https://hbr. org/2020/03/how-chinese-companies-have-responded-to-coronavirus.

13. Joelle Ayala,"5 ECommerce Tips to Increase Sales during COVID-19," *Happy Returns* (blog), March 27,2020, https://retailers. happyreturns. com/blog/5-ecommerce-tips-to-increase-sales-during-covid-19.

14. "How Did Alibaba Help Retailer Lin Qingxuan Cope with the Coronavirus Outbreak?"

15. Robin Givhan,"Fashion Was Broken Even before the Pandemic. A Reboot Could Be Just What It Needs," *Washington Post*, June 15, 2020, https://www. washingtonpost. com/lifestyle/style/fashion-retail-business-bankrupt-stores/2020/06/12/463572b0-9c56-11ea-ac72-3841fcc9b35f_story. html.

16. "Sephora Virtual Artist," Sephora, accessed August 30, 2020, https://sephoravirtualartist.com.

17. Walmart Inc., "Walmart Q1 FY21 Earnings Release," May 19, 2020, https://corporate.walmart.com/media-library/document/q1-fy21-earnings-release/_proxyDocument? id = 00000172-29ed-d3ff-a3f6-bded2c350000.

18. Nathaniel Meyersohn, "Target's Digital Sales Climb 141%," *CNN*, May 20, 2020, https://www.cnn.com/2020/05/20/business/target-earnings-coronavirus/index.html.

19. Dennis Flynn, Senior Director, Supply Chain and Inventory Management, Walmart eCommerce, interview by Yossi Sheffi, June 12, 2020.

20. Adobe Analytics, "Adobe Digital Economy Index" (San Jose, Calif.: Adobe Inc., July 2020), https://www.adobe.com/content/dam/www/us/en/experience-cloud/digital-insights/pdfs/adobe_analytics-digital-economy-index-2020.pdf.

21. Gregory Magana, "Almost 70% of US Consumers Use BOPIS," *Business Insider*, February 22, 2019, https://www.businessinsider.com/us-consumers-use-buy-online-pickup-in-store-2019-2.

22. Walmart Inc., "Walmart Introduces Express Delivery," news release, April 30, 2020, https://corporate.walmart.com/newsroom/2020/04/30/walmart-introduces-express-delivery.

23. Esther Fung and Sebastian Herrera, "Amazon and Mall Operator Look at Turning Sears, J. C. Penney Stores Into Fulfillment Centers," *Wall Street Journal*, August 9, 2020, https://www.wsj.com/articles/amazon-and-giant-mall-operator-look-at-turning-sears-j-c-penney-stores-into-fulfillment-centers-11596992863.

24. Lisa D'Ambrosio and Alexis Bateman, "Grocery Shopping Habits in the US," Covid-19 Generational and Life Style Study (Cambridge, Mass.: MIT AgeLab, August 2020).

25. Tyler Clifford, "'It Was Suddenly Cyber Monday' — Etsy CEO Says Sales Spiked 79% in April," *CNBC*, May 7, 2020, https://www.cnbc.com/2020/05/07/etsy-ceo-says-sales-jumped-79percent-in-april-likens-it-to-cyber-monday.html.

26. "Etsy, Inc. (ETSY) CEO Joshua Silverman on Q1 2020 Results - Earnings Call Transcript," Seeking Alpha, May 7, 2020, https://seekingalpha.com/article/4343941-etsy-inc-etsy-ceo-joshua-silverman-on-q1-2020-results-earnings-call-transcript.

27. "Etsy, Inc. (ETSY) CEO Joshua Silverman on Q1 2020 Results - Earnings Call Transcript."

28. Teresa Rivas, "Mom and Pop Retailers Are Struggling During the Lockdowns. Big Box Giants Are Thriving," *Barron's Magazine*, May 24, 2020, https://www.barrons.com/articles/retail-giants-will-keep-gaining-ground-in-a-post-coronavirus-world-51590193284.

29. Bridget Goldschmidt, "C&S, Instacart Offer E-Commerce Solutions to Independent Grocers," *Progressive Grocer*, June 4, 2020, https://progressivegrocer.com/cs-instacart-offer-e-commerce-solutions-independent-grocers.

30. Alexandra Alter, "Bookstores Are Struggling. Is a New E-Commerce Site the Answer?," *New York Times*, June 16, 2020, https://www.nytimes.com/2020/06/16/books/bookshop-bookstores-coronavirus.html.

31. Sam Dean et al., "What a Reopened California Will Look like — and Businesses' Odds of Survival," *Los Angeles Times*, May 6, 2020, https://www.latimes.com/business/story/2020-05-06/reopening-economy-restaurants-retail-movies-sports.

32. Armando Roggio, "Facebook Shops Are an Ecommerce Game Changer," *Practical Ecommerce*, May 22, 2020, https://www. practicalecommerce. com/facebook-shops-are-an-ecommerce-game-changer.

33. Natalie Wong, "Warehouse Giant Seeing Insatiable Demand From Amazon, Walmart," *Bloomberg*, May 5, 2020, https://www. bloomberg. com/news/articles/2020-05-05/warehouse-giant-seeing-insatiable-demand-from-amazon-walmart.

34. Kate Conger and Erin Griffith, "The Results Are In for the Sharing Economy. They Are Ugly," *New York Times*, May 7, 2020, https://www. nytimes. com/2020/05/07/technology/the-results-are-in-for-the-sharing-economy-they-are-ugly. html.

35. Mike Isaac, Erin Griffith, and Adam Satariano, "Uber Buys Postmates for $2. 65 Billion," *New York Times*, July 5, 2020, https://www. nytimes. com/2020/07/05/technology/uber-postmates-deal. html.

36. Lizette Chapman, "Uber Eats Ditches Seven Countries, Subsidiary Careem Cuts Staff," *Bloomberg*, May 4, 2020, https://www. bloomberg. com/news/articles/2020-05-04/uber-eats-ditches-seven-countries-where-food-delivery-lags? sref = KgV4umfb.

37. Jane Black and Brent Cunningham, "The Pandemic Is Changing How We Eat. But Not for the Better," *Washington Post*, May 7, 2020, https://www. washingtonpost. com/outlook/the-pandemic-is-changing-how-we-eat-but-not-for-the-better/2020/05/07/5e4623e6-906b-11ea-a9c0-73b93422d691_story. html.

38. Natasha Mascarenhas, "Instacart Announces New COVID-19 Policies and Plans to Hire 250,000 More Shoppers," *TechCrunch* (blog), April 23, 2020, https://social. techcrunch. com/2020/04/23/instacart-announces-new-covid-19-policies-and-plans-to-hire-250000-more-shoppers.

39. Deena M. Amato-McCoy, "Study: Consumers' Shipping Expectations Higher than Ever," *Chain Store Age*, June 27, 2017, https://chainstoreage. com/operations/study-consumers-shipping-expectations-higher-ever.

40. Heather Lalley, "Chipotle Fast Tracks Its Drive-Thrus," *Restaurant Business*, July 15, 2020, https://www. restaurantbusinessonline. com/operations/chipotle-fast-tracks-its-drive-thrus.

41. "curbFlow," curbFlow, accessed August 31, 2020, https://curbflow. com.

42. Brian Barth, "Curb Control," *Planning*, June 2019, https://www. planning. org/planning/2019/jun/curbcontrol.

22 重塑城市

1. Amy Gamerman, "Wealthy City Dwellers Seek Refuge From Coronavirus at Remote Ranches," *Wall Street Journal*, April 8, 2020, https://www. wsj. com/articles/wealthy-city-dwellers-seek-refuge-from-coronavirus-at-remote-ranches-11586373662.

2. Marie Patino, "Urban Living Might Just Survive Coronavirus," *Bloomberg*, June 15, 2020, https://www. bloomberg. com/graphics/2020-coronavirus-dash.

3. "Big Offices May Be in the Past, Says Barclays Boss," *BBC News*, April 29, 2020, https://www. bbc. com/news/business-52467965.

4. Uri Berliner, "Get A Comfortable Chair: Permanent Work From Home Is Coming," *NPR*, June 22, 2020, https://www. npr. org/2020/06/22/870029658/get-a-comfortable-chair-permanent-work-from-home-is-coming.

5. Lee Clifford, "Working from Home Is Going So Well That This Fortune 100 Company Is Going to Keep Doing It—Permanently," *Fortune*, May 11, 2020, https://fortune. com/2020/05/11/permanent-work-from-home-coronavirus-nationwide-fortune-100.

6. Kevin Rebong, "'Much Less Real Estate': Morgan Stanley CEO On Firm's Future," *The Real Deal*, April 17, 2020, https://therealdeal. com/2020/04/17/morgan-stanley-on-firms-future-much-less-real-estate.

7. Kim Peterson, "Companies Are Packing Workers in like Sardines," *CBS News*, March 9, 2015, https://www. cbsnews. com/news/companies-are-packing-workers-in-like-sardines.

8. Laura Bliss, "Elevators Changed Cities. Will Coronavirus Change Elevators?," *Bloomberg*, May 21, 2020, https://www. bloomberg. com/news/articles/2020-05-21/the-fate-of-elevators-in-the-post-pandemic-city.

9. Anjelica Tan, "Americans Leave Large Cities for Suburban Areas and Rural Towns," *The Hill*, July 5, 2020, https://thehill. com/opinion/finance/505944-americans-leave-large-cities-for-suburban-areas-and-rural-towns.

10. Marco della Cava, "San Francisco Is Losing Residents Because It's Too Expensive for Nearly Everyone," *USA Today*, October 19, 2019, https://www. usatoday. com/story/news/nation/2019/10/19/california-housing-crisis-residents-flee-san-francisco-because-costs/3985196002.

11. Diana Olick, "Homebuilders Just Saw the Strongest June Sales since the Last Housing Boom, as Pandemic Pushes More Buyers to the Suburbs," *CNBC*, July 13, 2020, https://www. cnbc. com/2020/07/13/homebuilders-just-saw-the-strongest-june-sales-since-the-last-housing-boom. html.

12. Michael Wilson, "The Virus Turns Midtown Into a Ghost Town, Causing an Economic Crisis," *New York Times*, July 26, 2020, https://www. nytimes. com/2020/07/26/nyregion/nyc-coronavirus-time-life-building. html.

13. Rachel Siegel, "Hard-Hit Retailers Projected to Shutter as Many as 25,000 Stores This Year, Mostly in Malls," *Washington Post*, June 9, 2020, https://www. washingtonpost. com/business/2020/06/09/retail-store-closure-mall.

14. Yelp Inc. , "Increased Consumer Interest in May Correlates with COVID-19 Hot Spots in June, According to the Yelp Economic Average," Yelp Economic Average, June 2020, https://www. yelpeconomicaverage. com/yea-q2-2020.

15. Liam O'Connell, "Number of Retail Stores in the U. S. 2019," Statista, July 22, 2020, https://www. statista. com/statistics/887112/brick-and-mortar-store-count-us-by-channel.

16. Lauren Thomas, "25,000 Stores Are Predicted to Close in 2020, as the Coronavirus Pandemic Accelerates Industry Upheaval," *CNBC*, June 9, 2020, https://www. cnbc. com/2020/06/09/coresight-predicts-record-25000-retail-stores-will-close-in-2020. html.

17. Margaret J. Krauss, "One-Way Sidewalks And Parking Lot Dining Rooms: Is This The Future?," *NPR*, May 8, 2020, https://www. npr. org/sections/coronavirus-live-updates/2020/05/08/852222980/one-way-sidewalks-and-parking-lot-dining-rooms-is-this-the-future.

18. Justin Gillis and Heather Thompson, "Take Back the Streets From the Automobile," *New York Times*, June 20, 2020, https://www. nytimes. com/2020/06/20/opinion/pandemic-automobile-cities. html.

19. Susanne Rust, "Bicycles Have Enjoyed a Boom during the Pandemic. Will It Last as Car Traffic Resumes?," *Los Angeles Times*, June 25, 2020, https://www. latimes. com/california/story/2020-06-25/bicycle-business-is-exploding-during-covid-19-will-it-last.

20. Michael Laris, "Cities, Including D. C, Are Closing Streets to Make Way for Restaurants and Pedestrians," *Washington Post*, May 29, 2020, https://www. washingtonpost. com/local/trafficandcommuting/cities-

are-closing-streets-to-make-way-for-restaurants-and-pedestrians/2020/05/25/1f1 af634-9b73-11ea-ad09-8da7ec214672_story. html.

21. Christopher Mims, "The Next Phase of the Retail Apocalypse: Stores Reborn as E-Commerce Warehouses," *Wall Street Journal*, July 18, 2020, https://www. wsj. com/articles/the-next-phase-of-the-retail-apocalypse-stores-reborn-as-e-commerce-warehouses-11595044859.

22. Paul Ziobro, "FedEx, Strained by Coronavirus, Caps How Much Retailers Can Ship From Stores," *Wall Street Journal*, May 14, 2020, https://www. wsj. com/articles/fedex-strained-by-coronavirus-caps-how-much-retailers-can-ship-from-stores-11589454006.

23. Krishna Thakker, "Raley's Opens 'Dark' Store in Response to COVID-19," *Grocery Dive*, June 22, 2020, https://www. grocerydive. com/news/raleys-opens-dark-store-in-response-to-covid-19/580228.

24. Mims, "Stores Reborn as E-Commerce Warehouses."

23 谁将胜出? 尚无定论

1. Daniel Roberts, "Amid Coronavirus, Walmart Says It's Seeing Increased Sales of Tops — But Not Bottoms," *Yahoo Finance*, March 26, 2020, https://finance. yahoo. com/news/amid-coronavirus-walmart-says-its-seeing-increased-sales-of-tops-but-not-bottoms-202959379. html.

2. Monica Watrous, "Hershey Preparing for a Post-Pandemic World," *Food Business News*, April 23, 2020, https://www. foodbusinessnews. net/articles/15890-hershey-preparing-for-a-post-pandemic-world? v = preview.

3. Archie Mitchell, "Deodorant Sales Fall Due to Social Distancing but Locked down Consumers Send Ice-Cream Sales Soaring, Says Unilever," *MarketWatch*, July 23, 2020, https://www. marketwatch. com/story/deodorant-sales-fall-due-to-social-distancing-but-locked-down-consumers-send-ice-cream-sales-soaring-says-unilever-11595532255.

4. Tom Ryan, "Will Dollar Stores Be the Biggest Post-COVID-19 Winners?," *RetailWire* (blog), June 2, 2020, https://retailwire. com/discussion/will-dollar-stores-be-the-biggest-post-covid-19-winners.

5. Raj Chetty et al. , "How Did COVID-19 and Stabilization Policies Affect Spending and Employment? A New Real-Time Economic Tracker Based on Private Sector Data," working paper, NBER Working Paper Series no. 27431 (Cambridge, Mass. : National Bureau of Economic Research, June 2020), https://www. nber. org/papers/w27431.

6. LVMH Mo? t Hennessy Louis Vuitton, "LVMH Shows Good Resilience in the First Half of 2020," news release, July 27, 2020, https://www. lvmh. com/news-documents/press-releases/lvmh-shows-good-resilience-in-the-first-half-of-2020.

7. Maggie Fitzgerald, "U. S. Savings Rate Hits Record 33% as Coronavirus Causes Americans to Stockpile Cash, Curb Spending," *CNBC*, May 29, 2020, https://www. cnbc. com/2020/05/29/us-savings-rate-hits-record-33percent-as-coronavirus-causes-americans-to-stockpile-cash-curb-spending. html.

8. Emma Cosgrove, "Coca-Cola, Mondelez Trim SKUs as CPGs Tackle Pandemic Stresses," *Supply Chain Dive*, June 2, 2020, https://www. supplychaindive. com/news/coronavirus-supply-chains-SKUs-pandemic-Mondelez-Procter-Gamble-Coca-Cola/579017.

9. Annie Gasparro, Jacob Bunge, and Heather Haddon, "Why the American Consumer Has Fewer Choices—Maybe for Good," *Wall Street Journal*, June 27, 2020, https://www. wsj. com/articles/why-the-american-consumer-has-fewer-choicesmaybe-for-good-11593230443.

10. "Procter & Gamble Co. （PG） Q3 2020 Earnings Call Transcript," The Motley Fool, April 17, 2020, https://www. fool. com/earnings/call-transcripts/2020/04/17/procter-gamble-co-pg-q3-2020-earnings-call-transcr. aspx.

11. Gasparro, Bunge, and Haddon, "Why the American Consumer Has Fewer Choices."

12. Mary Ellen Shoup, "Mondelēz to Cut SKUs and 'significantly' Reduce Innovation Projects: 'We Are Working on Making Our Business Simpler, '" *FoodNavigator-USA*, April 30, 2020, https://www. foodnavigator-usa. com/Article/2020/04/30/Mondelez-to-reduce-SKUs-and-innovation-projects-We-are-working-on-making-our-business-simpler.

13. Jeff Gelski, "Mondelez to Reduce Number of SKUs by 25%," *Food Business News*, July 29, 2020, https://www. foodbusinessnews. net/articles/16515-mondelez-to-reduce-number-of-skus-by-25? v = preview.

14. Cathy Hart, "The Retail Accordion and Assortment Strategies: An Exploratory Study," *International Review of Retail, Distribution and Consumer Research* 9, no. 2 （1999）: 111 – 126, https://doi. org/10. 1080/095939699342598.

15. Sergei Klebnikov, "Best Buy Earnings Fall, Target Sales Soar: Here's How All The Big Retailers Fared In The First Quarter," *Forbes*, May 21, 2020, https://www. forbes. com/sites/sergeiklebnikov/2020/05/21/best-buy-earnings-tank-target-sales-soar-heres-how-all-the-big-retailers-fared-in-the-first-quarter/#382eb2245b34.

16. Mike Snider, "Despite Coronavirus Pandemic, Consumers Still Turned on by Big-Screen TVs," *USA Today*, July 20, 2020, https://www. usatoday. com/story/tech/2020/07/20/coronavirus-effect-big-tvs-have-helped-some-homes-navigate-pandemic/5432582002.

17. Tiffany Kary, "Stockpiling Germaphobes Ignite Unlikely Boom: Appliances," *Bloomberg*, May 13, 2020, https://www. bloomberg. com/news/articles/2020-05-13/deep-freezers-bread-makers-sell-out-in-coronavirus-spending-boom.

18. Briann Sozzi, "Mattress Sales Awakened by Need to Feel Cozy and Comfortable at Home during Coronavirus," *Yahoo News*, May 26, 2020, https://www. yahoo. com/now/mattress-sales-awakened-by-need-to-feel-cozy-and-comfortable-at-home-during-coronavirus-121258107. html.

19. Elizabeth Crawford, "HelloFresh, Blue Apron See Bump in Sales as Americans Turn to Meal Kits during the Pandemic," *FoodNavigator-USA*, May 5, 2020, https://www. foodnavigator-usa. com/Article/2020/05/06/HelloFresh-Blue-Apron-see-bump-in-sales-as-Americans-turn-to-meal-kits-during-the-pandemic.

24　未来的灵活性

1. Jeff Kotzen and Elyssa Kotzen, J. W. Lopes and New England Country Mart, interview by Yossi Sheffi, June 12, 2020.

2. Barbara Spector, "Family Creates New Business Line during COVID-19 Pandemic," *Family Business*, August 2020, https://www. familybusinessmagazine. com/jw-lopes.

3. Kotzen and Kotzen, J. W. Lopes and New England Country Mart.

4. Eric Westervelt, "As Food Supply Chain Breaks Down, Farm-To-Door CSAs Take Off," *Weekend Edition Sunday* （NPR, May 10, 2020）, https://www. npr. org/2020/05/10/852512047/as-food-supply-chain-breaks-down-farm-to-door-csas-take-off.

5. Heather Kelly, "Small Businesses Turned to Technology to Survive the Pandemic. But It May Not Be Enough," *Washington Post*, June 22, 2020, https://www.washingtonpost.com/technology/2020/06/22/small-business-tech-pandemic.

6. Dave Wheeler, Chief Operating Officer, New Balance, interview by Yossi Sheffi, May 27, 2020.

7. New Balance, "Making PPE Face Masks," news release, June 9, 2020, https://www.newbalance.com/making-ppe-face-masks.

8. "How to Rebound Stronger from COVID-19: Resilience in Manufacturing and Supply Systems" (World Economic Forum, May 1, 2020), https://www.weforum.org/whitepapers/how-to-rebound-stronger-from-covid-19-resilience-in-manufacturing-and-supply-systems.

9. "FDA Efforts to Connect Manufacturers and Health Care Entities: The FDA, Department of Veterans Affairs, National Institutes of Health, and America Makes Form a COVID-19 Response Public-Private Partnership," Food and Drug Administration, June 18, 2020, https://www.fda.gov/emergency-preparedness-and-response/coronavirus-disease-2019-covid-19/fda-efforts-connect-manufacturers-and-health-care-entities-fda-department-veterans-affairs-national.

10. Food and Drug Administration, "FDA Efforts to Connect Manufacturers and Health Care Entities."

11. World Economic Forum, "How to Rebound Stronger from COVID-19."

12. Karl Siebrecht, Co-Founder & CEO of FLEXE, interview by Yossi Sheffi, June 2, 2020.

25 逆境和意志成就未来

1. "Timeline: Boeing 737 Max Jetliner Crashes and Aftermath," *Chicago Tribune*, October 14, 2019, https://www.chicagotribune.com/business/ct-biz-viz-boeing-737-max-crash-timeline-04022019-story.html.

2. Clare Duffy, "Jeff Bezos Tells Shareholders to 'take a Seat' as Company Manages Covid-19," *CNN*, April 30, 2020, https://www.cnn.com/2020/04/30/tech/amazon-earnings-coronavirus/index.html.

3. Levi Sumagaysay, "Amazon Reaches 1 Million Workers amid Pandemic Hiring Frenzy," *MarketWatch*, July 20, 2020, https://www.marketwatch.com/story/amazon-reaches-1-million-workers-as-pandemic-pushes-total-up-11596136565.

4. "Amazon Global Supply Chain and Fulfillment Center Network," MWPVL International, accessed September 5, 2020, https://www.mwpvl.com/html/amazon_com.html.

5. Eric Kulisch, "Amazon Air to Expand Fleet with 12 Freighters," *FreightWaves*, June 3, 2020, https://www.freightwaves.com/news/breaking-amazon-air-to-expand-fleet-with-12-freighters.

6. "Texas Instruments Inc. (TXN) Q1 2020 Earnings Call Transcript," The Motley Fool, April 21, 2020, https://www.fool.com/earnings/call-transcripts/2020/04/22/texas-instruments-inc-txn-q1-2020-earnings-call-tr.aspx.

7. Barrett Brunsman, "P&G Ramps Up to Meet 'Strong Demand,' CFO Says," *Cincinnati Business Courier*, June 11, 2020, https://www.bizjournals.com/cincinnati/news/2020/06/11/p-g-ramps-up-to-meet-strong-demand-cfo-says.html.

8. "Facebook Inc. (FB) Q1 2020 Earnings Call Transcript," The Motley Fool, April 29, 2020, https://www.fool.com/earnings/call-transcripts/2020/04/29/facebook-inc-fb-q1-2020-earnings-call-transcript.aspx.

9. "Chipotle Mexican Grill Inc. (CMG) Q1 2020 Earnings Call Transcript," The Motley Fool, April 21, 2020, https://www.fool.com/earnings/call-transcripts/2020/04/21/chipotle-mexican-grill-inc-cmg-q1-2020-earnings-ca.aspx.

10. Heather Lalley, "Chipotle Plots Its Post-Pandemic Expansion," *Restaurant Business*, April 21, 2020, https://www.restaurantbusinessonline.com/operations/chipotle-plots-its-post-pandemic-expansion.

11. James Davies and Pearl Agyemfra, "International Approaches to Covid-19 Job Retention and Wage Subsidy Schemes," *Lewis Silkin* (blog), Lewis Silkin LLP, May 7, 2020, https://www.lewissilkin.com/en/insights/international-approaches-to-covid-19-job-retention-and-wage-subsidy-schemes.